Gisela Keil

Mein Gartenjahr

Monatsratgeber für Zier-, Nutz- und Obstgärten

NEUER HONOS VERLAG

Wichtiger Hinweis: Pflanzen verbreiten nicht nur Freude, manche enthalten Giftstoffe in Blättern, Blüten oder Früchten. Achten Sie streng darauf, daß Kinder und Haustiere nicht davon essen. Schwere gesundheitliche Schäden können die Folge sein. In den Arten- und Sortenempfehlungen von Blumen, Ziersträuchern und Bäumen wurden stark giftige Pflanzen weitgehend ausgegrenzt. Bei Gemüse, das nur unter besonderen Bedingungen genießbar ist, befinden sich Angaben jeweils an Ort und Stelle des Textes.

Symbole in den Tabellen und ihre Bedeutung:

○ volle Sonne
◍ Halbschatten
● Schatten

Bildnachweis:
Burda GmbH, Offenburg: Seite 46, 55, 60, 67, 75, 95, 119, 129, 142, 146, 156, 167, 179, 186
Hermann Eisenbeiss, Egling: Seite 21, 33, 68, 107, 141
Naturbild AG, Hannover: Seite 9, 43, 65, 85, 86, 135, 145, 163
Andreas Riedmiller, Martinszell: Seite 15, 40, 61, 133, 151
Karin Skogstad, München: Seite 90, 115, 121
Max F. Wetterwald, Offenburg: Seite 44, 70, 73, 143, 185, 187
Alle übrigen Abbildungen stammen aus dem Verlagsarchiv.

Gesamtherstellung: NEUER HONOS VERLAG, Köln
Titelmotiv: ZEFA, Düsseldorf

Was ist ein Gartenjahr? Ein Jahr voller Erlebnisse, neuer Erfahrungen und Möglichkeiten, etwas über die Natur und ihre Wachstumsgeheimnisse zu erkunden. Ein Garten ist auch eine Herausforderung an die Kreativität und Gestaltungsfreude – und nicht zuletzt ein Ort der Muße und Erholung.

Dieser IMMERWÄHRENDE GARTENKALENDER möchte Ihnen ein enger Vertrauter werden auf dem abwechslungsreichen Weg durchs Gartenjahr. Ganz gleich, ob es ums Planen und Vorbereiten, Säen und Pflanzen, um die richtige Pflege oder ums Ernten zur richtigen Zeit geht, in allen wichtigen Fragen des Gärtnerns wird er Ihnen von Januar bis Dezember beiseite stehen.

Monat für Monat erfahren Sie, was jetzt im Ziergarten, im Obst- und Gemüsegarten getan werden kann oder sollte. Und wer den berühmten „grünen Daumen“ von Natur aus besitzt, findet sicher wertvolle Planungs- und Einkaufshilfen in den zahlreichen informativen Tabellen.

Aber wohlgemerkt: Alle zeitlichen Hinweise sind nur Richtwerte. Denn die natürlichen Jahreszeiten und das Wetter sind bekanntermaßen kapriziös. Sie richten sich nur allzu selten nach dem Kalender und halten schon gar nicht überall gleichzeitig ihren Einzug. Wachstum, Blüte und Ernte hängen also von der regionalen Lage wie vom Klima, aber auch vom jeweiligen Wetter ab.

Und was Sie noch wissen sollten: Dieser IMMERWÄHRENDE GARTENKALENDER orientiert sich weitgehend an den neueren Erkenntnissen des biologischen Gartenbaus mit seinen sanften, bodengesundenden Maßnahmen. Am Ende jeden Monats finden Sie spezielle weiterführende Bio-Tips, zum Beispiel über Schädlingsabwehr, natürliche Dünger oder die Anlage von Biotopen.

Mit diesem Kalender haben Sie einen zuverlässigen Ratgeber zur Hand – und darüber hinaus auch ein lebendiges Buch, das mit Ihrem Garten wachsen und gedeihen kann. Ein reizvoll gestaltetes Kalendarium – mit Platz für eigene Aufzeichnungen und Notizen – ist jedem Monat vorangestellt. Sie werden staunen, wieviel persönlicher Erfahrungsschatz sich dort über die Jahre ansammelt.

Und so liegt vor Ihnen die attraktive Kombination aus Fertigem und Werdendem – profunder Ratgeber und Garten-Tagebuch in einem.

Viel Spaß mit dem IMMERWÄHRENDEN GARTENKALENDER und schöne Tage in Ihrer grünen Oase!

JANUAR

JANUAR

Viel Frost und Schnee im Januar,
verspricht ein reich gesegnet Jahr.

1 Neujahr
Morgenrot am ersten Tag,
Unwetter bringt's und große Plag'.

2

3

4

5

6 *Hl. Dreikönig sonnig und still,*
der Winter vor Ostern nicht weichen will.

7

8

9

10

11

12

13

14

15

16

17

18

19

20 Fabian Sebastian
Sturm und Frost an Sebastian
ist den Saaten wohlgetan.

21

22

23

24

St. Pauli Bekehrung
St. Paulus kalt mit Sonnenschein,
wird das Jahr wohl fruchtbar sein.

25

26

27

28

29

30

31

Das neue Jahr kann auch für den Hobbygärtner mit vielen guten Vorsätzen beginnen, die – wenn sie in die Tat umgesetzt werden – ihm eine heitere Gartenidylle bescheren mit zauberhaften Blüten und reicher Ernte. Zugegeben: Der Januar zählt im Volksmund zur vielbesungenen »stillen« Zeit, aber es ist eine konzentrierte Ruhe, in der Sie wie die Pflanzen Energie sammeln können. Jetzt haben Sie Zeit, um zu planen und die nötigen Vorbereitungsarbeiten zu erledigen. Wer's noch nicht gemacht hat, kann auch in Ruhe seine Gartengeräte warten und aufräumen. Und denken Sie daran, Pflanzenschutzmittel immer frostfrei zu lagern.

Staudenpflanzungen planen

Stauden sind krautige Pflanzen, an denen Sie viele Jahre Ihre Freude haben können. Im Winter frieren bei den meisten die oberirdischen Teile zurück, im Frühjahr aber treibt der Wurzelstock neu aus. Einmal richtig ausgewählt und am richtigen Standort sind sie ausgesprochen pflegeleicht. Die meisten von ihnen sollten in größeren Gruppen und im März gepflanzt werden. Von Januar aus gesehen eine Zeitspanne, die derjenige unbedingt braucht, der sich mit Stauden noch nicht so gut auskennt, denn Stauden sind weiß Gott ein weites Feld.

Es gibt Wildstauden, die weniger Ansprüche an einen kultivierten Boden stellen, sich also gut zum Verwildern eignen, und Prachtstauden fürs Beet, mit seinem nahrhaften, gelockerten Boden. Es gibt Stauden für jede Lage – manche sind wahre Sonnenanbeter, andere ziehen den Schatten oder Halbschatten vor – und für nahezu jeden Boden. Sie finden Stauden, die Sie unter Gehölze pflanzen können, solche für freie Flächen (wie Wiese, Heide oder Beete), Stauden für Steingärten und Abhänge oder welche für Gartenteiche oder Wassernähe.

Zu Stauden zählen Gewächse, die nahezu mannshoch werden können, aber auch Bodendecker, die es nicht über 20 cm Höhe bringen. Die Blütezeit reicht vom März bis in den Spätherbst hinein und umfaßt die ganze Farbpalette.

Die meiste Freude haben Sie an Stauden, wenn Sie sie in größeren Gruppen pflanzen. Planen Sie die Zusammenstellung sorgfältig im Hinblick auf Standortbedingungen, Höhe, Blütezeit und Farbgebung – denn es ist ein Werk für viele Jahre (siehe Tabellen, Seite 41 und 189). Hilfreich können auch Gartenkataloge sein. Die fürs Frühjahr werden bereits im Herbst versandt.

Rosen auch im Winter hegen

Haben Sie sich beim Kauf Ihrer Rosen erkundigt, ob sie einen Winterschutz brauchen oder nicht? Falls nicht, hier ein Tip, wie Sie es herausfinden können:

Wildrosen sind generell winterhart, die meisten Edelrosen jedoch kommen ohne Schutz im Winter nur schlecht aus. Winterharte Rosen verlieren ihr Laub beizeiten, empfindliche oft erst im Frühjahr.

Und so sieht der richtige Winterschutz aus: Im Spätherbst Rose anhäufeln (mit Erde, abgelagertem Stallmist oder Kompost – nie mit Torf!). Wer's bis jetzt versäumt hat, sollte sofort damit beginnen. Pflanzen oben mit Fichtenzweigen schützen. Sie sind als Abdeckung besser als Tannenzweige geeignet, weil sie mit der Zeit austrocknen und dabei ihre Nadeln abwerfen. So kann sich die Rose im Jahreszeitenwechsel schrittweise an wärmere Temperaturen gewöhnen. Kontrollieren Sie gelegentlich den Schutz und entfernen Sie zu schwere Schneelasten.

Immergrüne Gehölze haben Durst

Gehölze, die im Winter ihr Laub oder ihre Nadeln behalten, verdunsten viel Wasser. Herrscht längere Zeit Trockenheit ohne Frost (!), sollten Sie auch im Winter gießen. Junge oder erst im Herbst gepflanzte Immergrüne brauchen einen zusätzlichen Verdunstungsschutz vor der Wintersonne und austrocknenden Winden. Gut geeignet sind Abdekkungen aus Reisig, Stroh oder Staudenstengeln.

Schnitt von sommerblühenden Sträuchern möglich

Gehölze, die im Sommer (also nach dem Flieder) blühen, können jetzt geschnitten werden. Wohlgemerkt, dies ist kein verpflichtender »Schnitt-Termin«, sondern eine Möglichkeit um vergreiste Ziersträucher zu verjüngen. Zu erkennen ist es daran, daß der Strauch im vorhergehenden Jahr zu wenig geblüht hat, weil er zu viele alte Zweige mitversorgen mußte, oder wenn er unten kahl und licht geworden, dafür aber hoch hinausgeschossen ist.

Wichtig beim Schneiden: Blütenge-

Die zierliche Zaubernuß (*Hamamelis*) paßt in jeden Kleingarten. Sie blüht von Januar bis März und zeigt im Herbst eine wunderschöne rote oder gelbe Blattfärbung.

hölze nie oben oder außen herum »in Form« bringen. Geschnitten wird altes, krankes oder abgestorbenes Holz und zwar von ganz unten oder von Vergabelungen weg.
Wem es für diese Arbeit jetzt zu kalt draußen ist, kann sie guten Gewissens verschieben: Hauptschnittzeit für sommerblühende Ziersträucher ist erst im März (siehe Seite 44).

TIP: Schneiden Sie jetzt keine frühjahrsblühenden Sträucher (z. B. Flieder, Forsythie, Deutzie). Sie haben schon im Herbst ihre Blütenknospen angesetzt und würden nach einem Winterschnitt im Frühling nur noch schwach blühen. Ihre Schnittzeit kommt nach der Blüte. Auch Rosen erhalten ihren Schnitt nicht jetzt, sondern erst im März (siehe Seite 42).

Vorsicht Salz!

Bäume und Sträucher (vor allem Hecken) neben einer vielbefahrenen Straße, an der Salz gestreut wird, brauchen einen Schutz. Vom laufenden Meter können Sie Kunststoff-Folien oder -Matten kaufen, die die Gehölze vom Wurzelbereich an bis nach oben vor salzigem Spritzwasser abschirmen sollten.

Zuviel Schnee?

Schnee ist eigentlich für Pflanzen ein idealer Schutz vor Frost, austrocknenden Winden und Sonne. Unter hohen, nassen Schneelasten können Gehölze jedoch brechen. Entfernen Sie den Schnee regelmäßig von allen sich stark biegenden Ästen (Koniferen, Ziersträucher, Hecken). Einzelstehende Rhododendren überbaut man am besten mit einem Holzgerüst, das den Schnee auffängt.

Schnee, Frost und Rasen

Im Unterschied zu Gehölzen hat Ihr Rasen gar nichts gegen eine dicke weiche Schneedecke. Lassen Sie den Schnee liegen, er ist der beste Winterschutz für das Gras, allerdings nur, solange er locker und leicht liegt. Betreten Sie die Schneefläche also möglichst nicht, die Gräser darunter können Schaden nehmen.

Im Obstgarten brauchen Sie in diesem Monat vor allem Schere und Besen. Die Schere, um Beerensträuchern und Obstbäumen durch einen gezielten Schnitt die richtigen Impulse zum Austreiben zu geben – den Besen, um auch von den Obstgehölzen notfalls zu schwere Schneelasten zu kehren.
Übrigens: Sparen Sie nicht bei der Anschaffung einer Obstbaumschere. Sie ist eine Anschaffung fürs Leben. Ein glatter, sauberer Schnitt verhindert, daß sich Krankheiten ansiedeln können.

Beerensträucher schneiden

Jetzt ist spätester Termin für diesen Schnitt, denn Beerenobstgehölze treiben früh aus. Besser freilich ist der Schnitt gleich nach der Ernte. Wichtig zu wissen: Für Beerensträucher gelten keine einheitlichen Schnittregeln.
Rote Johannisbeeren tragen am besten am zwei- bis dreijährigen Holz. Deshalb jedes Jahr (nach der Ernte oder im folgenden Januar) Triebe, die älter als 5 Jahre sind (erkennbar am dunklen Holz) ganz unten herausschneiden und dafür 2–3 kräftige Jungtriebe belassen. Alle anderen Jungtriebe ebenfalls entfernen. Der Strauch sollte nicht mehr als 8–12 vom Boden ausgehende Triebe besitzen.
Schwarze Johannisbeeren tragen am besten an einjährigen Triebspitzen. Beim Januar-Schnitt Zweige bis auf Jungtriebe im unteren Drittel kürzen. Einfacher ist dieser Schnitt nach der Ernte: Da entfernen Sie die oberen Triebteile mit den Beeren und können so auch leichter ernten.
Gehen genug Neutriebe aus dem Wurzelstock hervor, so können Schwarze Johannisbeeren wie die Roten am Boden abgeschnitten werden.
Stachelbeeren werden wie Rote Johannisbeeren geschnitten.
Himbeeren tragen am vorjährigen Trieb. Nach der Ernte oder im Januar deshalb die abgetragenen Ruten knapp über dem Boden abschneiden. Auch schwache, junge Triebe sollten Sie entfernen, so daß pro Meter höchstens 8–12 Ruten stehen. Wer diese im Januar noch etwas einkürzt, erntet zwar weniger, dafür aber größere Früchte.
Brombeeren sind kälteempflindlich, deshalb erst im Februar/März schneiden.
Wenn die Temperaturen unter –15 °C sinken, drohen Brombeerranken ernstliche Frostschäden. Brombeeren treiben zwar danach aus dem Wurzelstock wieder neu aus, Sie müssen jedoch auf eine Jahresernte verzichten. Hier ein Tip, damit dies nicht passiert: Legen Sie schon im Spätherbst (spätestens jetzt) die jungen Ranken auf den Boden und bedecken Sie sie mit Fichtenzweigen oder Stroh.

Himbeeren oder Brombeeren in Planung?

Möchten Sie in diesem Jahr nicht länger auf diese köstlichen Früchte verzichten und sich eine kleine Himbeer- oder Brombeeranlage im Garten schaffen? Dann ist jetzt der richtige Zeitpunkt, um die nötigen Stützgerüste zu errichten. Besonders bewährt haben sich mindestens 2 m lange, kräftige Pfähle, die senkrecht in den Boden getrieben werden. Dazwischen spannen Sie im Abstand von etwa 50 cm waagrechte Drähte. Die Him- oder Brombeeren werden im Frühjahr unter das Stützgerüst gepflanzt, die wachsenden Ranken später daran festgebunden.
Bei Himbeeren können Sie sich das Festbinden sparen, wenn Sie die Konstruktion doppelt bauen mit einem Abstand von etwa 30 cm. Die Ruten wachsen dann dazwischen hoch.

Ältere Apfel-, Birn- und Pflaumenbäume jetzt schneiden

Obstbäume, die nicht geschnitten werden, vergreisen vorzeitig und tragen nur noch spärlich. Wählen Sie zum Schnitt der Bäume einen sonnigen, möglichst frostfreien Tag. Bei Temperaturen unter –5 °C ist das Holz zu brüchig und die Schnittwunden heilen schlecht.
Welches Schnittprogramm Sie wählen, hängt vom Zustand der Bäume

So sehen gut ausgelichtete Schwarze Johannisbeeren aus.

ab. Wer sich noch nicht auskennt, sollte einen Baumschneidekurs besuchen, den Gartenbauvereine fast regelmäßig durchführen oder sich bei einem Fachmann (Gärtner) beraten lassen.
In Frage kommen jetzt der Auslichtungs- oder Verjüngungsschnitt. Beim Auslichten werden engstehende, schwächliche Äste oder Wassertriebe herausgenommen. Alte Bäume, die kaum mehr neue Triebe bilden, erhalten hingegen einen Verjüngungsschnitt, bei dem die Krone etwa um ein Drittel zurückgeschnitten wird. Dieser starke Schnitt regt sogar alte Bäume zu einem erstaunlichen Austreiben an. Säubern Sie den Schnittrand und streichen Sie auf die Schnittflächen LacBalsam oder Baumharz auf, damit sich in den offenen Stellen keine Krankheitserreger einnisten können. Noch nicht geschnitten werden jüngere Obstbäume, die einen Erziehungsschnitt brauchen sowie Kirschen, Pfirsiche, Aprikosen und Brombeersträucher.

Frostrisse unerwünscht

Je dicker der Stamm, um so nötiger hat Ihr Obstbaum nun einen Sonnenschutz. Streichen Sie ihn deshalb mit einem speziellen Baumanstrich-Präparat. Sehr zu empfehlen ist Preicobakt. Es schützt nicht nur vor Frostrissen, sondern hemmt Moos- und Flechtenbildung, beugt Krankheiten und Schädlingsbefall vor und fördert ganz allgemein Wachstum und Gesundheit der Rinde. Dieses Mittel ist besser als Kalkmilch, die der Rinde Feuchtigkeit entzieht. Ein solcher Schutz ist nötig, weil im Winter bei starker Sonneneinstrahlung im Baumstamm hohe Temperaturunterschiede entstehen können. So ist beispielsweise die nach Norden hin gerichtete Seite oft noch eiskalt und bereift, während sich die Sonnenseite schon recht erwärmt. Innerhalb des Stammes kommt es zu einem Temperaturgefälle, das die Rinde sprengen kann. Eine ähnliche Wirkung haben hohe Temperaturschwankungen zwischen Tag und Nacht.
Der Schutzanstrich ist immer weiß, eine Farbe, die Wärme abhält. Notfalls tut es sogar eine weiße Fassadenfarbe. Wem dies alles zu viel Aufwand ist, kann sich mit einem Brett behelfen, das an die Südseite des Baumstammes gelehnt wird und ihm Schatten spendet.
Ist es bereits passiert, so umwickelt man die Stellen mit der eingerissenen Rinde fest mit Schnur oder verstreicht sie luftdicht mit Baumwachs oder LacBalsam. Hat der Frost ganze Rindenplatten abgesprengt, dann müssen Sie die verbliebenen Rindenränder sorgfältig glätten und anschließend die ganze Wunde mit Baumwachs oder LacBalsam verstreichen.

Wildverbiß verhindern

Je nachdem, wo Sie wohnen, können Hasen und Rehe im winterlichen Obstgarten recht unliebsame Gäste werden, wenn der Hunger sie zu Ihren Obstbaumrinden führt.
Am besten umgeben Sie die Stämme mit einer abwehrenden Draht- oder Kunststoffmanschette. Manche schwören auf Schweineschmalz, das, auf die Rinde aufgetragen, angeblich jedes Wild vergrault. Ein Preicobaktanstrich soll übrigens sogar Hasen abwehren. Wer die Möglichkeit hat, kann ja für ein Alternativ-Futterangebot sorgen. Legen Sie Heu oder Zweige aus dem Baumschnitt in eine geschützte Ecke, wo das Wild es annehmen kann.

Pfropfen – etwas für Fortgeschrittene

Haben Sie schon einmal einen Obstbaum veredelt? Wer's versuchen will, muß jetzt ans Werk gehen und das Pfropfmaterial auswählen. Es sollten etwa 30 cm lange, bleistiftdicke Triebe von gesunden Obstbäumen mit wohlschmeckenden Früchten sein, die im vergangenen Jahr gebildet wurden. Wenn sie von der »Sonnenseite« des Baumes stammen, sind sie besonders kräftig. Schneiden Sie sie ab und kennzeichnen Sie oben und unten. Das Reiserbündel wird dann an einer schattigen Stelle in den Boden gelegt und mit Erde bedeckt. Die Reiser dürfen weder austrocknen noch ausschlagen, sie bleiben dort bis sie im März aufgepfropft werden.
Beste Schnittzeit für Steinobst-Reiser: Januar bis Anfang Februar. Beste Schnittzeit für Kernobst-Reiser: Mitte Januar bis Mitte Februar.

TIP: Das gleiche können Sie übrigens mit Schwarzen Johannisbeeren machen, wenn Sie sie eigenhändig vermehren wollen. Die Triebe werden ebenfalls in eine Miete gelegt und dann im März einfach zum Bewurzeln in die Erde gesteckt.

Für den späteren Gemüseertrag ist Planung jetzt alles. Damit die Beetflächen möglichst wirtschaftlich genutzt werden, sollten Sie einen Anbauplan entwerfen. Es empfiehlt sich für die Anlage der einzelnen Beete Skizzen anzufertigen. Tragen Sie sie doch in diesen Ratgeber ein, dann haben Sie bereits eine wichtige Grundlage für die Planung des folgenden Jahres.

Fruchtfolge in Planung?

Der intensive Anbau von Kulturpflanzen über mehrere Jahre hinweg belastet den Boden einseitig und laugt ihn aus. Seit über 1000 Jahren ist dies bekannt und hat die Menschen auf die Idee der Fruchtfolge gebracht. Zudem hat man beobachtet, daß die einzelnen Gemüsearten in ganz unterschiedlichem Maß Nährstoffe verbrauchen. Man teilt sie deshalb in Starkzehrer, Mittel- und Schwachzehrer ein (siehe Tabelle, Seite 190). Wenn Sie diese Erfahrungen auf die Planung Ihres Gemüsegartens übertragen, werden Sie mit Sicherheit höhere Erträge erwirtschaften.

Vorschlag: Teilen Sie Ihre Gemüseanbaufläche in 3 Bereiche ein.

Im 1. Jahr kommen in den 1. Bereich die Starkzehrer, in den 2. Bereich die Mittel- und in den 3. Bereich die Schwachzehrer.

Im 2. Jahr verschiebt sich die Einteilung: In den 1. Bereich rücken die Schwachzehrer, in den 2. die Stark- und in den 3. die Mittelzehrer.

Im 3. Jahr wird weiter versetzt, so daß im 4. wieder die Ausgangslage herrscht. Der Boden wird dadurch unterschiedlich stark belastet. Natürlich muß trotzdem jeder Bereich gut gedüngt werden.

Mischkultur auf dem Plan

Auch bei der Mischkultur kommen Sie um das Planen nicht herum. Das Ziel ist, eine harmonische Gemeinschaft von Pflanzen in einem Beet zu schaffen, die sich sowohl ober- als auch unterirdisch ergänzen. Man hat längst herausgefunden, daß sich manche Pflanzen einfach nicht mögen und kümmern, wenn man sie nebeneinder in ein Beet zwingt. Andere fühlen sich miteinander um so wohler. Bei der Mischkultur können also Stark-, Mittel- und Schwachzehrer nebeneinander im Beet gedeihen. Die Gewächse haben meist nicht nur unterschiedliche Nährstoffansprüche, sondern auch verschiedene Erntezeiten.

Wichtig ist, daß der Hobbygärtner bei seinen Überlegungen auf folgendes achtet:

- Die Pflanzen sollen sich gegenseitig vertragen und fördern (siehe Tabelle, Seite 191).
- Die Pflanzen sollen sich oberirdisch ergänzen; wechseln Sie daher ausladend buschige und schmale Gemüse miteinander ab.
- Die Pflanzen sollen sich auch unterirdisch miteinander vertragen; denken Sie daran, daß sich Flach- und Tiefwurzler ergänzen.

Mischkultur bringt viele Vorteile: Der Ertrag ist bei richtiger Planung und Pflege höher als bei „Monokultur"-Beeten – und Sie haben weniger Arbeit. Die dichte Bepflanzung läßt weniger Unkraut aufkommen und verhindert ein Austrocknen und Verhärten des Bodens eher als die herkömmlichen Beete. Sie müssen also weniger hacken und meist auch weniger gießen. Darüber hinaus bringt Mischkultur Abwechslung in die Küche, denn Sie können die einzelnen Gemüse zeitlich versetzt kombinieren und ernten. Und letztendlich ist Mischkultur etwas fürs Auge. Wie in den beschaulichen Bauerngärten, wo das alte Wissen um die Verträglichkeit der Pflanzen untereinander noch lebendig ist, können Sie Blumen und Gemüse in einem Beet kombinieren. Ringelblumen und Tagetes beispielsweise fördern das Wachstum und auch die Gesundheit von Gemüse.

Lassen Sie sich als Anfänger nicht entmutigen. Noch haben Sie reichlich Zeit sich zu informieren und zu planen. Hier für den Start einige bewährte Kombinationen:

- Kopfsalat mit Kohlrabi, Radieschen.
- Erbsen mit Salat, Kohlrabi, Radieschen.
- Möhren mit Zwiebeln, Lauch.
- Tomaten mit Kopfsalat, Radieschen, Petersilie, Möhren, Lauch oder Zwiebeln.
- Kohl mit Buschbohnen.

Folgekulturen bedenken

Für welche Art des Anbaus Sie sich entscheiden, bei der Planung des Gemüsegartens ist auch noch der Jahresablauf zu bedenken. Die meisten Gemüse sind nach relativ kurzer Zeit geerntet – und wer mag schon ein Beet brachliegen lassen! Planen Sie also auch die Folgesaaten oder -pflanzungen ein.

Die Vorkultur muß widerstandsfähig sein, etwas Frost vertragen und bald zu ernten sein. Dafür kommen in Frage: Frühkartoffeln, Kohlrabi, Kopfsalat, Kresse, Radieschen, Schnitt- und Pflücksalat, Spinat.
Zur Hauptkultur nimmt man Pflanzen, die langsamer reifen, wie Bohnen, Chicorée, Gurken, Kohl, Möhren, Rote Bete, Sellerie, Zwiebeln. Sie können mit schneller wachsenden Gemüse-Arten kombiniert werden.
Die Nachkultur kommt auf die Beete, wenn die Hauptkultur abgeerntet ist. Dieses Gemüse sollte etwas Frost vertragen und bis in den Dezember hinein oder sogar darüber hinaus zu ernten sein. Beispiele: Endiviensalat, Feldsalat, Frühlingszwiebeln, Lauch, Grünkohl, Radicchio, Rosenkohl, Spinat.

Mischkultur: Gut geplant ist reich geerntet – und ein wahrer Augenschmaus.

Wie steht's mit dem Samen?

Sobald Ihre Planungen abgeschlossen sind, empfiehlt es sich, das Saatgut zu besorgen oder zu bestellen. Freilich muß nicht alles selbst gezogen werden. Viele umgehen diese ersten Hürden, indem sie im April/Mai in Gärtnereien fertige Jungpflanzen (zum Beispiel von Salat, Kohlrabi, Tomaten, Sellerie) kaufen.
Wer noch Saatgut vom letzten Jahr hat, wirft vorsichtshalber besser einen Blick auf das Samentütchen. Bei den meisten ist das Haltbarkeitsdatum aufgedruckt.
Kein Risiko gehen Sie ein, wenn Sie eine Keimprobe machen: Legen Sie dazu 50 Samenkörner auf ein feuchtes Küchentuch. Am besten decken Sie es dann so ab, daß keine Feuchtigkeit entweichen kann (zum Beispiel mit einer durchsichtigen Folie). Das Ganze sollte bei 20 °C gleichmäßig feucht gehalten werden. Nach einigen Tagen zählen Sie die gekeimten Samen. Sind weniger als 50% aufgegangen, lohnt sich die Verwendung nicht mehr.

Erstes Gemüse aussäen

Unter Glas (im Zimmer oder beheizten Gewächshaus) können Sie bereits Kopfsalat, frühe Kohlrabi-, Blumenkohl- und Lauch-Arten aussäen. Im März werden die Jungpflänzchen dann ins Frühbeet gepflanzt und sind im Mai erntereif.

Kleingewächshaus

Die Schneedecke muß regelmäßig entfernt werden, wenn Sie im Gewächshaus Pflanzen ziehen oder überwintern, damit sie genügend Licht erhalten. Unbeheizte Gewächshäuser benötigen – soweit sie benutzt werden – eine Wärmedämmung (zum Beispiel mit einer Noppenfolie). Wenn die Temperatur nicht unter 0 °C sinkt, sind unbeheizte Gewächshäuser ideal, um frostempfindliche Kübelpflanzen zu überwintern oder als Lagerstätte für Gemüse.

Was Sie im Januar ernten können

Feldsalat, Grünkohl, Porree, Rosenkohl, Schwarzwurzeln, Topinambur.

Vögel richtig füttern

Denken Sie in diesem kältesten Monat des Jahres an die Vögel. Sie sind das ganze Jahr über unschätzbare Helfer im Garten. Ein Meisenpärchen vertilgt zusammen mit seinen Jungen in einem einzigen Sommer angeblich bis zu 30 kg Raupen und Insekten.

Bei geschlossener Schneedecke und Frost haben es die Vögel heutzutage besonders schwer, an Nahrung zu kommen. Der oft gehörte Ratschlag, sie im Winter nicht zu füttern, um die Resistenz der Arten nicht zu schwächen, vergißt neben aller Berechtigung leider, daß den Vögeln immer mehr die natürlichen Lebensgrundlagen von einst (zum Beispiel Naturhecken mit ihren wilden Früchten usw.) entzogen werden. Geben Sie ihnen also das Fett- und Körnerfutter, das sie zu dieser Jahreszeit so dringend brauchen. Und bedenken Sie, daß Finken, Gimpel, Kleiber, Meisen, Spechte und Sperlinge vor allem Körner, Sonnenblumenkerne, Nüsse und kleinere Sämereien lieben.

Amseln, Drosseln (aber auch Meisen) und Rotkehlchen schätzen hingegen weiches Futter, wie Haferflocken, getrocknete Beeren und Äpfel.

Richten Sie ihnen einen Futterplatz ein, an dem sie ungestört von Katzen und anderen Raubtieren vespern können, der aber auch Schnee und Regen abhält. Das Futter sollte nie feucht werden. Es verdirbt sonst leicht, außerdem ist Krankheitskeimen in feuchter Umgebung ein besserer Nährboden bereitet. Wichtig sind auch Anflugstangen, auf denen die Vögel landen können. Kleiber, Meisen und Spechte lieben freihängende Futterstellen, die Sie ihnen in Bäumen bereiten können. Schon mancher ausgediente Christbaum ist hier noch einmal zu Ehren gekommen: Mit Meisenknödel oder Futterringen behängt, finden ihn die Vögel um diese Jahreszeit besonders attraktiv!

FEBRUAR

Heftige Nordwind' im Februar
vermelden ein fruchtbares Erntejahr.
Wenn der Nordwind im Februar nicht will,
so kommt er sicher im April.

1

2 *Lichtmeß im Klee, Ostern im Schnee.*

3

4

5

6

7

8

9

10

11

Eulalia im Sonnenschein
bringt viel Apfel und Apfelwein.

12

13

14

15

16

17

18

19

20

21

22

23

24

Matthias
St. Mattheis hab' ich lieb,
denn er gibt dem Baum den Trieb.

25

26

27

28

29

Ist der Februar trocken und kalt,
wirst im August vor Hitz' zerspringen bald.

Sobald der Schnee zu schmelzen beginnt, erwacht im Garten das Frühlingsleben. Über Nacht spitzen die ersten Frühlingsblumen aus dem Boden: Schneeglöckchen (*Galanthus*), Winterling (*Eranthis*) und Wildkrokusse (*Crocus*). Die Sonne gewinnt an Intensität, so daß zwischen Tag und Nacht große Temperaturunterschiede möglich sind. Im Ziergarten können Sie alle Januararbeiten fortsetzen. Einige kommen neu hinzu.

Vorzeitig sprießende Tulpen und Narzissen

Wenn diese bezaubernde Zwiebelblüher nach einem milden Winter jetzt schon ans Tageslicht möchten, decken Sie sie mit Fichtenzweigen oder Stroh ab, damit sie dem Frost nicht zum Opfer fallen.

Überwinterte Knollen kontrollieren

Knollen von Dahlien, Gladiolen usw. ruhen im kühlen, frostfreien Winterquartier, wo sie weder faulen noch eintrocknen dürfen. Prüfen Sie jetzt nach, in welcher Verfassung sie sich befinden. Verfaultes muß herausgeschnitten werden. Anschließend wird die Wunde mit Holzkohlenpuder bestäubt. Eingeschrumpfte Knollen sollten Sie leicht besprühen.

Knollen aus dem Winterquartier holen

Für Knollen von Begonien und Gloxinien ist die Winterruhe beendet. Sie werden in Gefäße mit Torf gesetzt und ans Zimmerfenster (oder ins beheizte Gewächshaus) gestellt, damit sie zu treiben beginnen.

20 beliebte Einjahrsblumen mit Vorkultur

Name	Farbe	Blütezeit
Balsamine (*Impatiens balsamina*)	bunt	VI –IX
Bartfaden (*Penstemon hartwegii*)	bunt	VII –IX
Eisenkraut (*Verbena*)	bunt	VI –IX
Gartennelken (*Dianthus*)	weiß, bunt, rot	VII –IX
Gauklerblume (*Mimulus*)	gelb-braun	VI –IX
Leberbalsam (*Ageratum houstonianum*)	blau	VI –XI
Levkoje (*Matthiola*)	bunt	V –XI
Löwenmaul (*Antirrhinum*)	bunt	VI –XI
Männertreu (*Lobelia*)	weiß, blau	V –XI
Petunie (*Petunia*)	bunt	VI –XI
Roter Salbei (*Salvia splendens*)	rot	VI –IX
Sommeraster (*Callistephus*)	bunt	VII –XI
Sonnenhut (*Rudbeckia hirta*)	gelb	VIII –IX
Sonnenwende (*Heliotropium arborescens*)	violett	VI –IX
Spaltblume (*Schizanthus wisetonensis*)	bunt	VI –IX
Spinnenblume (*Cleome spinosa*)	rosa, weiß, violett	VII –IX
Strandflieder (*Limonium*)	bunt	VII –IX
Studentenblume (*Tagetes*)	gelb, orange	VII –IX
Ziertabak (*Nicotiana sanderae*)	bunt	VII –IX
Zinnie (*Zinnia elegans*)	bunt	VII –IX

Das Scharbockskraut (*Ficaria Verna*) blüht schon Ende Februar.

Das Indische Blumenrohr (*Canna*) eignet sich zur Bepflanzung von Beeten, Schalen und Kübeln. Jede Knolle kommt im Februar in einen geräumigen Topf mit nahrhaftem Substrat und erhält einen warmen, hellen Platz. Sobald die Blätter zu sehen sind, braucht die *Canna* viel Feuchtigkeit, denn sie ist ein Sumpfgewächs. Ins Freie kann sie nach den Eisheiligen gepflanzt werden.

Einjahrsblumen vorziehen

Die Blütezeit dieser farbenfrohen, dankbaren Blumen beginnt, wenn die Frühjahrsblüher (Tulpen, Narzissen) verwelken und zieht sich über den ganzen Sommer hin. Sie stellen keine großen Ansprüche an Standort und Pflege und ermöglichen es dem Hobbygärtner, jedes Jahr mit geringen Mitteln in seinem Garten neue Farbakzente zu setzen.
Die Einjahrsblumen lassen sich in zwei Gruppen einteilen: Solche mit langer »Anlaufzeit«: Sie werden am besten ab Mitte Februar unter Glas

(also im Zimmer oder beheizten Gewächshaus) ausgesät umd müssen ab Mitte März pikiert werden. Die anderen können einfach ab Mitte April ins Beet ausgesät werden.

Rosenpflege im Februar

Nun ist es an der Zeit, das Deckreisig zu entfernen. Bislang hatte es die Aufgabe, Frost und Sonneneinstrahlung fernzuhalten. Wenn Sie es nun nicht wegnehmen, verkehrt sich der Schutz ins Gegenteil: Mit steigenden Temperaturen wird den Pflanzen zu warm unter ihrer Abdeckung und sie beginnen vorzeitig auszutreiben. Wählen Sie zum Entfernen der Abdeckung einen bewölkten Tag, damit die Rosen nicht gleich der direkten Sonne ausgesetzt sind. Immer noch angehäufelt lassen!

Pflegeschnitt von Clematis

Waldreben sind traumhaft schöne und reichblühende Klettergehölze. Sie gedeihen am besten an windgeschützten Ost- und Westlagen und lieben als Waldpflanzen einen kühlen »Fuß«. Man unterscheidet zwei Gruppen: Frühjahrs-/Frühsommerblüher und Sommer-/Spätsommerblüher. Jetzt können Sie alle großblütigen Hybriden schneiden. Aber Vorsicht: Die frühjahrsblühenden Arten (zum Beispiel *Clematis montana*) dürfen höchstens behutsam ausgelichtet werden. Keinesfalls die kräftigen, einjährigen Triebe beschneiden, an ihnen befinden sich die Blütenknospen. Einen starken Rückschnitt ins alte Holz hingegen vertragen die großblütigen Sommerblüher (zum Beispiel *Clematis jackmanii*).

Gehölze vermehren

Von vielen Sträuchern und Bäumen können jetzt Winterstecklinge genommen werden. Wählen Sie dazu die verholzten Triebe aus, die im letzten Jahr gewachsen sind. Der einzelne Steckling sollte 20–30 cm lang sein und wird dicht unter einer Knospe abgeschnitten. Kappen Sie ebenfalls die Spitze des Ablegers. Anschließend die Triebe einfach bis zur Hälfte in den Boden stecken – am besten im Abstand von etwa 15 cm. Dabei die Wuchsrichtung (oben und unten) nicht verwechseln.

Was tun bei Nadelfall?

Wenn Ihre Koniferen die Nadeln abwerfen, so kann dies auf einen Magnesium-Mangel hindeuten. Streuen Sie Bittersalz (30–50 g pro m^2) auf den Wurzelbereich und arbeiten Sie es leicht in den Boden ein, anschließend gießen.

Rasenpflege im Februar

Sobald der Rasen frei von Schnee und abgetaut ist, können Sie ihn mit einem scharfen Eisenrechen von Moos, Unkräutern, alten Grasteilen und Laubresten befreien. Bei Blumenwiesen oder -rasen sollten Sie behutsamer vorgehen: Sie werden besser mit einem Holzrechen bearbeitet, damit keine Blumenwurzeln herausgerissen werden. Bei dieser Arbeit ebnen Sie auch die Maulwurfshügel ein.

Schneeglöckchen (*Galanthus*) eignen sich gut zum Verwildern im Rasen.

Im Februar muß das Schneiden der Kernobstbäume und Beerensträucher beendet werden. Darüber hinaus können Sie in diesem Monat einiges für die Gesundheit Ihrer Obstgehölze tun.

Beerensträucher pflanzen

Bei Beerensträuchern beginnt der Saft besonders früh hochzusteigen. Sie sollten deshalb auch möglichst bald (sobald der Boden frei ist) gepflanzt werden (Ausnahme: Brombeeren erst im März pflanzen).
Die übliche Pflanzzeit für Beerensträucher ist eigentlich der Oktober. In rauhem Klima und bei schwerem, nassen Boden ist die Frühjahrspflanzung jedoch vorteilhafter. Haben Sie sich Sträucher schicken lassen, die unterwegs vom Frost überrascht wurden, so packen Sie sie erst gar nicht aus. Lassen Sie sie am besten in der Verpackung in einem kühlen Raum auftauen.
Nach einem längeren Transport sollten alle Gehölze mit den Wurzeln mindestens 12 Stunden ins Wasser gestellt werden. Vor der Pflanzung werden nur verletzte Wurzeln eingekürzt. Beerensträucher wachsen besonders gut an, wenn ihre Wurzeln vor dem Einpflanzen in einen Brei aus Schachtelhalmtee und Lehm getaucht werden.
Bereiten Sie ein großes Einpflanzloch und lockern Sie den Boden tiefgründig. Beerensträucher sind zwar Flachwurzler und kommen nicht allzu tief in den Boden, sie entwikkeln jedoch später ein breites Flachwurzelwerk, das eine nachträgliche intensive Lockerung des Bodens nicht mehr ermöglicht. Eingepflanzt werden die Sträucher etwas tiefer als sie bisher im Boden waren; das ermöglicht ihnen ein kräftiges Anwurzeln.
Nach der Pflanzung schneiden Sie alle Triebe um zwei Drittel zurück. Ausnahme: Kulturheidelbeeren und -preiselbeeren. Sie erhalten keinen Pflanzschnitt – und, da sie einen sehr sauren Boden brauchen, eine besondere Substrataufbereitung. Wenn Ihr Boden nicht von Haus aus sauer ist, arbeiten Sie Torf und Aluminiumsulfat in die Pflanzerde ein.

TIP: Die meisten all dieser Pflanzregeln gelten nicht für Container-Ware. Beerensträucher, die Sie im Container kaufen, können – wie jede Container-Pflanze – das ganze Jahr über gepflanzt werden.

Brombeeren pflegen und schneiden

In milden Gegenden können Ende Februar die Brombeeren geschnitten werden. Bei rauhem Klima empfiehlt es sich bis März damit zu warten. Dieser Schnitt muß jährlich stattfinden, wenn Sie kräftig ernten wollen. Dabei werden alle abgetragenen Ranken weggeschnitten. Die jungen Ranken des Vorjahrs werden (sofern sie mit Reisig geschützt waren), abgedeckt und an das Drahtgerüst gebunden.

Obstspaliere schützen

Obstspaliere verleihen jedem Haus Atmosphäre, benötigen aber auch eine besondere Pflege.
Für das Spalier eignen sich Apfel, Aprikose, Birne, Pfirsich, Sauerkirsche und Wein.

Befall mit Johannisbeergallmilben.

Der Zeitpunkt zum Schnitt von Spalieren richtet sich nach der Empfindlichkeit der Obstsorte (Apfel und Birne können jetzt geschnitten werden, alle anderen Obstsorten besser erst im März) und bedarf besonderer Sachkenntnis. Bevor Sie ans Werk gehen, informieren Sie sich gründlich beim Fachmann oder im örtlichen Gartenbauverein. Noch besser: Bitten Sie einen Gärtner um den ersten Schnitt und lernen Sie beim Zusehen.
Obstspaliere an Südwänden sollten Sie jetzt vor starker Sonneneinstrahlung schützen. Behängen Sie sie mit Reisig oder mit einem Sacktuch.

Gesundungsprogramm für Obstbäume und Beerensträucher

Leimringe. Entfernen Sie an einem frostfreien Tag die Leimringe von den Stämmen.
Wer keine angelegt hat, kann es jetzt nicht mehr nachholen. Leimringe sind im Fachhandel erhältlich und

werden im Oktober um den Baumstamm gelegt. Sie helfen sehr wirksam gegen Obstspanner, die im Herbst an den Stämmen emporkriechen, um in der Nähe der Knospen ihre Eier abzulegen. Gelingt es ihnen, so schlüpfen im Frühjahr die Raupen, die sich dann an Blüten und Blättern gütlich tun. Entfernen Sie die Leimringe vorsichtig, denn die Eier des Frostspanners können sich auch darunter befinden. Viele Gärtner empfehlen, bei der Behandlung der Stämme, Tücher oder Papier auf den Boden rund um den Stamm zu legen, damit kein Ungeziefer auf die Erde fällt. Schaben Sie nun mit einem Holzstück oder einer Wurzelbürste die Stämme ab, damit auch Moos, Flechten und abgestorbene Rindenteile entfernt werden. Danach alle Abfälle verbrennen!

Gummifluß ist eine Erkrankung, die vor allem bei Kirschen auftritt und unterschiedliche Ursachen (wie zum Beispiel Staunässe, Frostschäden, Verletzungen, Luft- und Kalkmangel) haben kann. Schneiden Sie diese Stellen im Februar tief aus und streichen Sie einen Preicobakt-Brei in die Wunde. Nach einigen Wochen verschließt man die Stelle mit Baumwachs.

Blüten- und Zweig-Monilia befällt vor allem Kirschbäume. Ursache ist ein Pilz, der die Triebspitzen verdorren läßt. Sie werden weit ins gesunde Holz zurückgeschnitten. Mumifizierte Früchte absammeln und alles verbrennen oder in die Mülltonne geben. Nicht auf den Komposthaufen, Sie würden ihn mit dem Pilz infizieren!

Befall mit Spitzenmonilia.

Wuchernde Krebsgeschwulst.

Apfelmehltau ist an den verkrüppelten Triebspitzen der Apfelbäume zu erkennen. Schneiden Sie sie ab und entfernen Sie auch alle Fruchtmumien, die im Winter hängengeblieben sind. In ihnen kann der Pilz überwintern.

Krebs bei Obstbäumen ist oft die Folge von offenen Wunden, in die Schadpilze eingedrungen sind. Es kommt zu starken Wucherungen, die dem Baum das Leben kosten können. Entfernen Sie alle befallenen Äste. Allerdings sind selbst dann die Heilungsaussichten fraglich.

Johannisbeergallmilbe. Wenn Sie an Ihren Schwarzen Johannisbeeren auffallend kugelig verdickte Knospen entdecken, so sind die Sträucher von der Johannisbeergallmilbe befallen. Brechen Sie die Rundknospen aus und vernichten Sie sie. (Nicht auf den Komposthaufen geben!) Bei starkem Befall Triebe bis zum Boden zurückschneiden.
In diesem Jahr können Sie dann mit keiner Ernte rechnen, die Sträucher müssen sich erst wieder aufbauen.

Amerikanischer Mehltau befällt leider nur allzu oft Stachelbeeren. Er zeigt sich anfangs als weißer, mehliger Belag auf Trieben und Blättern, verfärbt sich später dann braun und haftet auch an Früchten. Die Triebe werden allmählich deformiert. Schneiden Sie jetzt die befallenen Triebe bis ins gesunde Holz zurück, denn der Pilz überwintert in den Triebspitzen. Entdecken Sie später beim Austrieb immer noch verdächtige Symptome, so empfiehlt sich wiederholendes Spritzen mit einem Fungizid.

Im Februar beginnt auch im Gemüsegarten das Leben. Sobald der Boden frostfrei und abgetaut ist, können Sie sich mit Schwung an die Beetvorbereitung machen. Dem passionierten Gärtner beginnt das Frühjahr nicht früh genug. Mit Mistbeet, Frühbeet und Folien trotzt er dem rauhen Vorfrühling schon ein bißchen Wärme ab.

Mistbeet – was ist das?

Das Mistbeet ist die älteste Form des Frühbeets und noch immer beliebt bei erfahrenen Gärtnern. Die beste Zeit, es anzulegen, ist der Februar. Eine gute Größe ist etwa 1 m auf 2 m bei einer Tiefe von 60 bis 80 cm. Graben Sie in diesen Maßen und legen Sie die oberste Humusschicht beiseite, sie wird später noch gebraucht. Und nun wird das Mistbeet gepackt.

1. (unterste) Schicht: Fallaub, etwa 10 cm hoch.

2. Schicht: Frischer, feuchter Pferdemist, der festgetreten etwa 40 cm hoch sein sollte. Sie erhalten ihn in Reitanlagen, bei Züchtern oder beim Bauern. Wer noch im Februar säen und pflanzen will, sollte den Pferdemist nicht zu fest antreten, weil sich so die Wärme besser entwickelt.

3. Schicht: Eine dünne Lage Laub, Kompost oder Torf.

4. Schicht: Die mit Kompost vermischte und gesiebte Humusschicht, die Sie beim Graben abgestochen haben. Höhe etwa 15 bis 20 cm.

Eingefaßt wird das Beet mit einem festen Holzrahmen und oben einer Glasabdeckung. Die Nordseite des Holzrahmens sollte höher als die Südseite sein, damit das »Fenster« schräg liegt. Zwischen Beetoberfläche und aufgelegtem Fenster beträgt der Abstand 20–30 cm. Den Kasten außen herum mit einem wärmedämmenden Material umgeben (wie zum Beispiel Stroh, Kuhmist oder Laub).

Dieses frisch mit Pferdemist gepackte Frühbeet entwickelt in den ersten Tagen Ammoniakdämpfe. Lassen Sie es deshalb 3 bis 5 Tage nach dem Einrichten tagsüber, wenn es warm ist, offenstehen, damit die Dämpfe entweichen können.

In das so präparierte Beet können Sie 4 Wochen eher als in herkömmlichen Frühbeeten frühe Kopfsalat- und Kohlrabisorten pflanzen, aber auch Rettiche, Radieschen, Kresse und Feldsalat aussäen.

TIP: Statt Pferdemist können Sie auch frischen Kuhmist nehmen; er wärmt allerdings nicht so gut.

Vorbereitung des kalten Frühbeets

Wer im Frühbeetkasten ab Mitte März Gemüse anbauen will, sollte bereits Mitte Februar die Stelle für das Beet auswählen, den Frühbeetkasten dort aufstellen und die Glasabdeckung darauflegen. Der Boden kann sich dadurch schneller erwärmen.

Erste Freilandarbeit: Beeteinteilung

Ist die Planung Ihres Gemüsegartens abgeschlossen, dann können Sie jetzt an die Beeteinteilung gehen. Hier einige Tips aus der Praxis:

Halbreifer Kompost wird auf dem Beet verteilt.

– Wollen Sie große Mengen des gleichen Gemüses ernten, sind lange Beete von Vorteil.
– Wer sich von allem etwas wünscht, wird mehrere kleine Beete (vermutlich rechts und links eines langen Mittelweges) anlegen.
– Beim Gärtnern nach den Regeln des Fruchtwechsels empfiehlt es sich, den Garten von Anfang an in 4 Bereiche zu gliedern: 3 Bereiche für das jährliche Wechselspiel zwischen Stark-, Mittel- und Schwachzehrer; das 4. Feld für die »Beständigen«, die immer am gleichen Platz bleiben wollen: Erdbeeren, Rharbarber und Tomaten.
– Für Anhänger der Mischkultur sind etwas breitere Beete vorteilhaft, auf denen sich gute Nachbarschaften erst so richtig entwickeln können.

Über allem aber steht die Frage: Ist Ihr Gemüsegarten auch windgeschützt? Windschutz bieten Sträucher (zum Beispiel Beerensträucher), Hecken und hohe Sommerblumen, die gleichzeitig Augen- und Bienenschmaus sein können. Jetzt ist noch Zeit einen solchen Schutz anzulegen. Das muß jedoch so geschehen, daß er keinen Schatten auf die Gemüsebeete wirft.

Bodenbearbeitung

Die ideale Bodenbearbeitung fürs nächste Gemüsejahr beginnt im Spätherbst davor. Der Boden wird mit dem Sauzahn oder der Grabgabel tief gelockert, wobei die Bodenstrukturen nicht durcheinandergeraten. In die gelockerte Erde werden abgelagerter Stallmist oder ein organischer Volldünger eingearbeitet. Haben Sie Ihre Gartenbeete im Herbst so präpariert, dann ist jetzt nicht viel zu tun. Lockern Sie den Boden noch einmal oberflächlich mit dem Grubber oder Kultivator und verteilen Sie abgelagerten Stallmist oder Rohkompost aufs Beet.

Was aber tut der Gartenfreund, der sich erst einen Gemüsegarten schaffen will? Er muß umstechen! Stechen Sie in diesem Fall die Grasnarbe ab, die Grassoden sind bestes Kompostiermaterial und sollten verkehrt herum auf den Komposthaufen kommen.

Graben Sie dann mindestens 2 Spatenstiche tief um. In der Fachsprache heißt das »holländern«. Wichtig dabei: in 2 Ebenen umgraben und die Schichten nicht vermischen.

Bei sehr schweren Böden müssen Sie unbedingt noch ein »Stockwerk« tiefer gehen. Beim »Rigolen« wird der Boden 3 Spatenstiche tief umgestochen. Auch hier die Bodenschichten nicht miteinander vermischen.

Moorboden ist torf- und nährstoffreich. Auf ihm können Sie einen Heidegarten oder eine Rhododendronpflanzung anlegen – alles Gewächse, die einen sauren Boden lieben. Gemüse hingegen braucht eine minimal saure bis neutrale Erde (pH-Wert 6–7,5). Moorboden wird deshalb für Gemüse mit Kalk, Steinmehl und Kompost aufbereitet.

Schwerer Tonboden ist zwar nährstoffreich, muß aber mit Sand und organischem Material (Kompost, Torf, abgelagerter Mist) versetzt werden.

Sandboden enthält außer Quarz wenig andere Mineralien und kaum Humus. Er muß aufgebaut werden. Arbeiten Sie in den Boden Kompost oder abgelagerten Kuhmist ein und streuen Sie Tonmineralien wie Steinmehl oder Bentonit auf den gelokkerten Boden. Dadurch bekommen die Bodenlebewesen »Futter«, das sie in Humus umsetzen können.

Idealer Gemüseboden ist Lehmboden, eine Mischung aus Humus, Sand und Ton. Für diesen Boden müssen Sie nicht so viel tun. Streuen Sie jetzt auf einen solchen Boden Kompost auf.

Samenkauf für frühe Gemüse-Aussaat

Ab Mitte März können Sie Frühgemüse im Frühbeet oder im Kleingewächshaus aussäen. Bedenken Sie beim Kauf der Samen, daß jetzt nur spezielle Frühgemüsesorten auch wirklich gut gedeihen. Beachten Sie die Angaben auf den Samentütchen oder lassen Sie sich beraten.

Aussaat ganz im Warmen

Auf dem Fensterbrett lassen sich Küchenkräuter ziehen wie Dill, Kerbel, Petersilie und Schnittlauch.

Im beheizten Gewächshaus können Sie Blumenkohl, Kohlrabi, Wirsing, Rot- und Weißkohl, Kopfsalat, Porree und Sellerie aussäen.

Was Sie im Februar ernten können

Grünkohl, Feldsalat, Porree, Rosenkohl, Schwarzwurzeln, Topinambur.

Biologisch gärtnern – was ist das?

Die Biogärtner sind auf dem Vormarsch. Was sie von herkömmlichen Gärtnern unterscheidet, ist eine andere Einstellung zur Natur und ein anderer Umgang mit ihr. Viele Jahre trat ihr der Mensch als »homo faber« gegenüber, versuchte ihr das nach seinen Vorstellungen Beste durch Kunstdünger und chemische Schädlingsbekämpfung abzugewinnen.
Biologische Gärtner bemühen sich ebenfalls um eine Ertragsoptimierung – aber auf einem anderen Wege. Leuchtende Blütenfülle, gesunde Pflanzen und große Ernten lassen sich nämlich auch dadurch erzielen, daß man Boden und Pflanzen ihren Bedürfnissen entsprechend fördert. Biogärtner lernen ein Leben lang mit und aus ihrem Garten. Sie versuchen Naturvorgänge zu verstehen, um sie für sich zu nutzen.

Bodenpflege. Sie steht allem voran, denn nur ein gesunder, nahrhafter Boden bringt die größten Erträge. Der Biogärtner versucht deshalb die Tätigkeit der Bodenlebewesen (die organische Stoffe in nahrhaften Humus umsetzen) wo immer es geht zu unterstützen. Und das heißt:
– Lockern des Bodens mit Sauzahn oder Grabgabel statt umstechen, damit die einzelnen Bodenschichten nicht umgekehrt und die Tätigkeit der Bodenlebewesen empfindlich gestört werden.
– Düngen mit organischen Stoffen oder natürlichen Mineralien statt mit Kunstdünger, der die Bodenlebewesen abtötet und die Erde versalzt.
– Schutz der Bodenoberfläche vor Sonne (Versengen, Auslaugen), Wind (Austrocknen, Verkrusten, Abtragen) und Regen (Verschlämmen) durch Mulchdecken, Gründüngung (siehe Seite 133) oder Flächenkompostierung.
– Kompostierung statt Abfallbeseitigung. Kompostierung ist eigentlich nichts anderes als den natürlichen Kreislauf des Werdens und Vergehens zu schließen. Die Nährstoffe, die dem Boden durch Wachstum und Fruchtbildung entzogen werden, kommen nach einem Verrottungsprozeß (in der Natur an Ort und Stelle, im Garten geordnet auf dem Komposthaufen) wieder in ihn zurück (siehe Seite 166).
Mischkultur. Neben dieser »einfühlsamen« Bodenbearbeitung steht ein »verstehender« Umgang mit Pflanzen. In Jahrhunderten des Gärtnerns hat sich ein Erfahrungsschatz über Pflanzen und ihre Besonderheiten angesammelt, auf den Biogärtner zurückgreifen. Man weiß inzwischen, daß es Pflanzen gibt, die gut miteinander auskommen, ja sich sogar gegenseitig fördern, während andere sich nicht »leiden können« (siehe Seite 18 und Tabelle Seite 191). Durch Zusammenpflanzen der richtigen Partner erzielt der Biogärtner eine erstaunliche Ernte auf geringem Raum. Statt Monokulturen werden also Mischkulturen angelegt.
Schädlingsabwehr. Beim Umgang mit Schädlingen gehen Biogärtner ebenfalls andere Wege. Schädlinge werden mit biologischen Mitteln oder mit Nützlingen (die die Schädlinge vernichten) reduziert – oder man lenkt sie durch spezielle Pflanzen dorthin, wo sie keinen Schaden anrichten können.

Aus dem Wortschatz des Biogärtners

Mulchen. In der Natur gibt es keine bloße Erde, überall ist der Boden bewachsen oder bedeckt (mit verrottendem Laub usw.). Nackter Boden bedeutet im natürlichen Prozeß Wüste. Der Biogärtner nimmt die Natur als Vorbild und deckt seine Beete ab, zum Beispiel mit halbreifem Kompost, Stroh, Laub, Rindenmulch, Plastikfolie, Brennesseln, Beinwellblättern oder angetrocknetem Grasschnitt. (Zum Thema »Mulchen« siehe auch Seite 86).
Flächenkompostierung. Dabei wird feinzerschnittenes Mulchmaterial mit halbreifem Kompost und Kompostaufbereiter vermischt, auf der Beetoberfläche verteilt und leicht in die oberste Bodenschicht eingearbeitet. Das Ganze deckt man mit einer dünnen Mulchschicht ab. So werden die Bodenlebewesen zur direkten Verrottungsarbeit auf dem Beet angefeuert.
Gründüngung. Ziel jeder Gründüngung ist es, den Boden luftig und locker zu machen und dabei anzureichern. Dies erfolgt durch Aussaat von Gründüngungspflanzen (siehe Seite 134), deren Wurzeln den Boden tiefgründig lockern und in vielen Fällen auch Stickstoff ansammeln. Gleichzeitig decken sie die Beetoberfläche ab. Die Gründüngungspflanzen werden, wenn sie ausgereift sind, gemäht oder in den Boden als organische Anreicherung eingehackt. Die Wurzeln bleiben in jedem Fall im Boden zum Verrotten.

MÄRZ

Im März viel Schnee und Regen
bringt wenig Sommersegen.

1

2

3 Kunigunde
Wenn Kunigunde friert,
sie's noch vierzig Nächte spürt.

4

5

6

7

8

9

10

11

12

13

14

15

16

17

18

19 Josef
Ist's am Josefitag hell und klar,
wird's gewiß ein gutes Jahr.

20 Frühlingsanfang

21 Benedikt
Willst Gerste, Erbsen, Zwiebeln dick,
so sä' sie an St. Benedikt.

22

23

24

Ist Maria Verkündigung schön und hell,
gibt's Obst und Wein auf alle Fäll'.

25

26

27

28

29

30

31

Der März ist einer der arbeitsintensivsten Monate im Gartenjahr. Von der richtigen Vorbereitung hängt in den folgenden Wochen beinahe alles ab. Gerade im Ziergarten setzen Sie jetzt die Impulse für das, was dann den ganzen Sommer über blüht und erfreut.

»Geburtshilfe« für Tulpen und Narzissen

Noch blühen sie nicht. Die frühesten Tulpen (die botanischen) blühen Ende des Monats, alle anderen lugen erst ansatzweise aus dem Boden. Falls Sie im Februar vorwitzige Spitzen zum Schutz vor Frost abgedeckt haben, so nehmen Sie jetzt an einem trüben Tag die Zweige weg. Oft wird im Winter durch Wasser und Frost die Erdoberfläche verschlämmt – so auch im Tulpen- und Narzissenbeet. Warten Sie, bis alle Zwiebeln ihre Triebspitzen durch den Boden geschickt haben und lokkern Sie dann vorsichtig mit einer Handharke den Boden darum herum. Er wird dadurch gut durchlüftet, und die Zwiebeln geraten nicht in Gefahr zu verschimmeln. Das Wachstum der fröhlichen Blüher wird also rundum gefördert.

Frühjahrskur für Stauden

Erfahrene Gärtner wissen, daß Stauden im Spätherbst geschnitten werden – und das nicht irgendwie, sondern 15 cm über dem Boden, damit während des Winters keine Feuchtigkeit über den »Stengelweg« in den Wurzelbereich eindringen kann. Nun verunzieren diese Stengel den frühlingshaften Garten. Wie Stoppeln stehen sie da und können jetzt

Das Adonisröschen (*Adonis amurensis*) blüht bereits im März.

dicht über dem Boden abgeschnitten werden. Die Pflanze braucht sie nicht mehr, sie hat sich innerlich längst von ihnen getrennt und möchte ungehindert austreiben können.

Der Boden zwischen den Stauden wird behutsam gelockert. Sobald sie auszutreiben beginnen, erhalten sie »Futter«. Verteilen Sie Kompost oder einen organischen Volldünger (zum Beispiel Horn-, Knochen-, Blutmehl) um die Pflanzen herum. Kompost bleibt oben liegen, jeder andere Dünger wird leicht in den Boden eingearbeitet, anschließend gut gießen! Weniger empfehlenswert für Stauden sind Kunstdünger (sie werden zu schnell aufgenommen, die Pflanzen ziehen aber eine langsame, beständige Nahrungsquelle vor) und einseitige Stickstoffdünger. Bei beiden müssen Sie damit rechnen, daß Ihre Stauden zu sehr ins Kraut schießen, dabei aber wenig blühen.

Pflanzzeit für Stauden

Wer ein Staudenbeet oder eine gemischte -rabatte anlegen möchte, sollte die Grundlage dafür geschaffen haben (Planung und Beetvorbereitung siehe Januar und Februar). Wählen Sie zum Einpflanzen einen trüben Tag und arbeiten Sie einen organischen Volldünger (zum Beispiel Horn-, Knochen-, Blutmehl) in den Boden ein. Dann wird die Fläche geglättet und in Felder für die einzelnen Pflanzen abgeteilt. Legen Sie die Stauden erst einmal provisorisch an ihre vorbestimmte Stelle. So können Sie genau feststellen, ob die Pflanzen gleichmäßig verteilt sind.

Entzückend im naturnahen Garten – Leberblümchen (*Hepatica nobilis*).

Die 3 wichtigsten Gestaltungsregeln zum Einpflanzen:
– Staudenrabatten und -beete gestaffelt aufbauen; hochwüchsige Pflanzen kommen nach hinten, niedere in den Vordergrund.
– Stauden immer in Gruppen pflanzen (mindestens 3–5), so wirken sie am schönsten.
– Lassen Sie beim Einpflanzen zwischen den einzelnen Gruppen lieber mehr Platz als zu wenig. Stauden wuchern schnell, und es wäre viel Mühe, wenn Sie bereits nach dem ersten Jahr Stöcke teilen müßten. Viel besser ist es da, großzügig »auf Lücke« zu pflanzen und die »Löcher« mit einjährigen Blumen zu füllen. Stauden und Einjahrsblumen vertragen sich bestens. Diese lassen sich im Herbst ohne Probleme entfernen und kompostieren. Wer will, kann im folgenden Frühjahr neue, andere Farbtupfer mit Einjährigen in seine Staudenpflanzung bringen.

So wird eingepflanzt: Stauden kaufen Sie meist im Container. Wenn der Wurzelballen ausgetrocknet ist, sollten Sie die Pflanze vor dem Einpflanzen ein paar Stunden ins Wasser stellen, damit sie sich gründlich vollsaugen kann. Stauden werden immer so tief eingepflanzt, wie sie es bereits waren.

Nach dem Einpflanzen Erde gut andrücken und wässern. Ist es in den folgenden Wochen recht trocken, so tun Sie Ihren Pflänzchen etwas Gutes und geben Sie ihnen hin und wieder etwas gegen den großen Durst. Sie wachsen dann zügig und kräftig an.

Keine Regel ohne Ausnahme. Einige Stauden sollten um diese Jahreszeit nicht gepflanzt werden. Dazu zählen:
– Pfingstrosen (*Paeonia*): Pflanzzeit August/September
– Schwertlilien (*Iris*): Pflanzzeit Juni/August
– Tränendes Herz (*Dicentra*): Pflanzzeit Herbst

Wildstauden erobern den Garten

Immer mehr Hobbygärtner haben als Ziel den naturnahen Garten; das heißt einen Garten zu schaffen, in dem vorwiegend einheimische Pflanzen gedeihen, die möglichst auch eine Lebensgrundlage für die heimische Tierwelt sein sollen. Wollen Sie diesen Wunsch in die Tat umsetzen, so greifen Sie nicht zu Spaten und Grabgabel, um die Natur zu »beräubern«. Nahezu alle bezaubernden Wildstauden erhalten Sie nämlich in ihrer wilden oder inzwischen hybridisierten Form in Gärtnereien. Diese Pflanzen sind bereits auf die Gartenkultur »eingestellt« und werden Ihnen jahrelang Vergnügen bereiten.

Sie haben wie die Prachtstauden unterschiedliche Ansprüche, Blütezeiten und Höhen, sind aber generell sehr robust und können zum »Verwildern« frei ausgepflanzt werden, obwohl sie im bearbeiteten Beet natürlich prächtiger gedeihen.

Farne – Stauden für den Schatten

Farne – wer weiß das schon – gehören ebenfalls zu den Wildstauden und lieben durchwegs Kühle und Schatten. Für sie ist jetzt die beste Pflanzzeit. Sie fühlen sich da wohl,

10 beliebte Wildstauden

Name	Höhe	Farbe	Blütezeit	Standort
Blutweiderich (*Lythrum salicaria*)	100 cm	violett, rot	VI –VIII	○
Fingerhut (*Digitalis*)	80–120 cm	weiß, rosa, rot, blau, violett	VI –IX	○–◍
Frauenmantel (*Alchemilla mollis*)	40 cm	hellgelb	VI –VIII	○–◍
Goldfelberich (*Lysimachia punctata*)	80 cm	gelb	VI –VIII	○–◍
Lerchensporn (*Corydalis lutea*)	25 cm	gelb	V –IX	◍
Maiglöckchen (*Convallaria majalis*)	20 cm	weiß	IV –V	◍
Schafgarbe (*Achillea millefolium*)	40–120 cm	weiß, gelb, rot	VI –IX	○–◍
Seifenkraut (*Saponaria ocymoides*)	10–60 cm	weiß, rosa	V –VIII	○–◍
Storchschnabel (*Geranium*)	20–60 cm	rosa, rot, blau	V –IX	○–◍
Trollblume (*Trollius europaeus*)	60 cm	gelb	V –VI	○–◍

wo viele andere Pflanzen kümmern: unter Bäumen, zwischen Sträuchern und an Gehölzrändern. Als Waldpflanzen mögen sie Laub oder Torf im Boden, der so richtig humos sein sollte.

Farne erreichen verschiedene Höhen: Die 70–100 cm hohen eignen sich am besten für Hintergrundbepflanzung oder als Solitäre; daneben gibt es noch mittelhohe (40–50 cm) und niedrige (20–30 cm) Arten. Geben Sie Farnen nach der Pflanzung immer eine Mulchschicht, wie sie es Zeit ihres Lebens gewohnt sind. Am besten sind Laub, Rindenmulch, Torf oder geschreddertes Holz.

TIP: Schön machen sich Farne in Nachbarschaft mit Prachtspiere, Fingerhut, Funkie, Silberkerze, Buschwindröschen, Rhododendron und Waldgräsern.

Gräser – filigrane Schönheiten

Gräser gehören zusammen mit den Farnen zu den ältesten Pflanzen der Welt – und sie zählen ebenfalls zu den Stauden. Auch sie haben jetzt Pflanzzeit.

Nach ihrer Herkunft lassen sie sich in zwei Gruppen einteilen: Steppengräser, die trockene Sonnenplätze brauchen, und Waldgräser, die Schatten und Feuchtigkeit lieben. Als Naturpflanzen benötigen sie kaum Dünger und Pflege – höchstens einen Windschutz.

Krokusse – ideal zum Verwildern für die Blumenwiese.

10 beliebte hohe Beetstauden

Name	Höhe	Farbe	Blütezeit	Standort
Eisenhut (*Aconitum*-Hybriden)	120 cm	violettblau	VII –IX	◍
Glockenblume, hohe (*Campanula*-Hybriden)	100–120 cm	weiß, blau	VI –VII	◍
Herbstaster, hohe (*Aster nov.-angl.*-Hybriden)	100 cm	weiß, rosa, purpur, violett	IX –X	○
Ligularie (*Ligularia przewalskii*)	120 cm	gelb	VIII –IX	○
Phlox, hoher (Flammenblume) (*Phlox paniculata*-Hybriden)	100 cm	weiß, rosa, orange, rot, violett, blau	VII –IX	○
Rittersporn (*Delphinium*-Hybriden)	140–180 cm	weiß, rosa, blau, violett	VI –VII und IX –X	○
Silberkerze (*Cimicifuga cordifolia*)	160 cm	weiß	VII –IX	○–◍
Sonnenbraut (*Helenium*-Hybriden)	120–180 cm	gelb	VIII –X	○
Sonnenhut (*Rudbeckia*-Hybriden)	80–200 cm	gelb, purpur	VII –X	○–◍
Steppenkerze (*Eremurus*-Hybriden)	150–250 cm	weiß, gelb, orange, rosa	VI –VII	○

10 beliebte mittelhohe Beetstauden

Name	Höhe	Farbe	Blütezeit	Standort
Feinstrahlaster (*Erigeron*-Hybriden)	60–70 cm	weiß, rosa, violett	VI –VII	○
Gartenmohn (*Papaver orientale*-Sorten)	60–80 cm	rot	V –VII	○
Kokardenblume (*Gaillardia*-Hybriden)	45–75 cm	gelb, kupfer, rot	VI –IX	○
Mädchenauge (*Coreopsis grandiflora*-Hybriden)	30–80 cm	gelb	VI –IX	○
Margerite (*Chrysanthemum*-Hybriden)	50–80 cm	rosa, weiß, rot	IX –X	○
Ochsenzunge (*Anchusa*-Hybriden)	90–120 cm	blau	VI –VIII	○–◍
Prachtspiere (*Astilben*-Hybriden)	70 cm	weiß, rosa, rot	VII –VIII	◍
Salbei (*Salvia*-Hybriden)	40–60 cm	violettblau	VII –IX	○
Schwertlilie (*Iris*-Hybriden)	60–80 cm	weiß, gelb, blau	V –VII	○
Taglilien (*Hemerocallis*-Hybriden)	60–80 cm	gelb, orange, rot	VI –VII	○–◍

10 beliebte niedere Beetstauden

Name	Höhe	Farbe	Blütezeit	Standort
Blaukissen (*Aubrieta*-Hybriden)	10 cm	blau, violett	V –VI	○
Ehrenpreis (*Veronica*-Arten)	25 cm	blau	V –VII	○
Fetthenne (*Sedum spectabile*)	35 cm	rosa, violett	VIII –IX	○
Grasnelke (*Armeria maritima*)	20 cm	rosa	V –VI	○
Herbstaster (*Aster dumosus*)	30–40 cm	rosa, blau	IX –X	○
Karpatenglockenblume (*Campanula carpatica*)	20–60 cm	weiß, blau	VI –VIII	◍
Lavendel (*Lavandula*)	40 cm	blau, violett	VI –VIII	○
Schleifenblume (*Iberis saxatilis*)	10 cm	weiß	IV –V	○
Sonnenröschen (*Helianthemum*-Hybriden)	25 cm	bunt	V –VIII	○
Steinkraut (*Alyssum*-Arten)	20–30 cm	gelb	IV –V	○

Den größten Erfolg im Garten hat bisher das Pampasgras (*Cortaderia selloana*) zu verzeichnen, dessen 2 m hohe, champagnerfarbene Blütenwedel ein Blickfang in jedem Garten sind. Es ist das anspruchsvollste aller Gräser, braucht einen nährstoffreichen Boden und volle Sonne. Seine Blütenwedel sollten Sie zum Schutz vor Nässe und Fäulnis im Spätherbst zusammenbinden. Jetzt im März werden sie gelöst und abgeschnitten.

TIP: Mit Gräsern lassen sich besonders naturhafte und reizvolle Kombinationen pflanzen. Versuchen Sie doch einmal eine Kombination aus Gräsern und Farnen, Gräser und Rosen oder Gräser als Element am Gartenteich. Im Sommer und Herbst spiegeln sich die windbewegten Halme im Wasser, im Winter geben sie Ihrem Garten – schnee- und rauhreifbedeckt – eine eigene, aparte Note.

Rosenpflege im März

Wählen Sie für alle folgenden Arbeiten einen trüben Tag, damit Rosen durch die plötzliche intensive Sonneneinstrahlung keinen Schock erhalten. Denn die jungen, zarten Triebe und Knospen haben unter der Abdeckung noch nicht ihren sonst üblichen Sonnenschutzfarbstoff Anthozyan eingelagert.
Noch nicht entferntes Deckreisig muß nun schleunigst abgenommen werden, dazu gehört auch das von Hochstammrosen. Heruntergebogene und mit Erde bedeckte Hochstammrosen vorsichtig befreien und auspacken. Lassen Sie sie aber noch ein paar Tage in geneigter Stellung, bevor Sie sie langsam aufrichten. Dann erst werden sie an ihre Halterung angebunden. Gegen Ende März wird gedüngt und abgehäufelt. Lockern Sie bei dieser Gelegenheit den Boden um die Pflanzen und arbeiten Sie Rosendünger oder einen organisch-mineralischen Volldünger in den Boden ein. Das abgehäufelte Substrat wird flach auf dem Boden verteilt und ebenfalls leicht eingearbeitet. Anschließend gut gießen.

Frühjahrsschnitt bei Rosen

Er ist für viele ein heikles Thema, denn es hat sich längst herumgesprochen, daß jede Rosengruppe ihre eigenen Schnittgesetzlichkeiten hat. Jetzt ist jedenfalls der Zeitpunkt dafür gekommen.

Die 5 goldenen Schnittregeln

1. Als erstes immer erfrorene, abgestorbene und kranke Triebe bis ins gesunde Holz herausschneiden.
2. Je weiter ein Trieb zurückgeschnitten wird, um so stärker und länger treibt er danach aus.
3. Dicke Triebe weniger stark zurückschneiden. Sie entwickeln mehr und stärkere Triebe als dünne.
4. Wollen Sie langstielige Blüten (zum Beispiel bei Edelrosen), dann weiter zurückschneiden. Möchten Sie mehr Blüten (zum Beispiel bei Beetrosen), dann weniger stark zurückschneiden.
5. Grundsätzlich 1–2 cm über einem nach außen gerichteten Auge (Triebanlage oder Knospe) schneiden, aus dem sich der neue Trieb entwickeln soll.

Und so sieht der Frühjahrsschnitt bei den einzelnen Rosengruppen aus:
Kletterrosen: Junge, kräftige Triebe nicht schneiden, sondern ebenso wie überhängende Zweige anbinden. Abgestorbene, schwächliche, erfrorene und alte Triebe knapp über dem Boden herausschneiden.

Beliebte Steppengräser

Name	Höhe	Farbe/Form
Blauschwingel (*Festuca glauca*)	20 cm	grünblau, zierlich
Blaustrahlhafer (*Avena pendula*)	60–100 cm	überhängend
Lampenputzergras (*Pennisetum alopecuroides*)	60–80 cm	wollige Blütenstände
Reihenfedergras (*Stipa barbata*)	60–80 cm	silbrige, federartige Blütenrispen

Beliebte Waldgräser

Name	Höhe	Farbe/Form
Japansegge (*Carex morrowii*)	30-40 cm	gelbgestreifte Halme
Rispenperlgras (*Melica altissima*)	100 cm	gedeiht gut unter Gehölzen
Schattensegge (*Carex umbrosa*)	20 cm	rotbraun
Schneemarbel (*Luzula nivea*)	40–50 cm	weißbehaarte Halme und schneeweiße Blüten

Öfterblühende Strauchrosen: Abgestorbene und überalterte Triebe (alles, was älter als 4 Jahre ist) abschneiden, Spitzen etwas einkürzen. Wer mit dem Schnitt den Strauch zu höherem, breiteren Wuchs »erziehen« möchte, schneidet die starken Haupttriebe sehr zurück. Dies ist aber nicht jedes Jahr zu empfehlen. Es geht auf Kosten des Blütenreichtums.

Einmalblühende Strauchrosen und Wildrosen brauchen keinen eigentlichen Schnitt. Nehmen Sie die abgestorbenen und kranken Teile heraus. Nach einigen Jahren zur Verjüngung einige überalterte Triebe vom Boden her abtrennen.

Beet- und Edelrosen: Erfrorene und kranke Triebe bis ins gesunde Holz zurückschneiden. Schwachwüchsige Beet- und Edelrosen (wenn Sie davon Schnittblumen nehmen möchten) schneiden Sie stark zurück, etwa auf 10–20 cm. Starkwüchsige Arten dagegen nur bis auf 20–30 cm. Nach etwa 5 Jahren sollte verjüngt werden. Nehmen Sie dann einen oder zwei Triebe sehr weit zurück.

Hochstammrosen: Erst schneiden, wenn sie wieder aufgerichtet sind. Darauf achten, daß eine schöne Kronenform erhalten bleibt. Sind Trauerrosen auf dem Stämmchen aufgepfropft, so müssen sie wie Kletterrosen geschnitten werden.

Pflanzzeit für Rosen

Als beste Pflanzzeit für Rosen gilt allgemein Oktober/November. Bis zum Frühjahr sind sie gut angewurzelt und können alle Kraft in Blüten, Blätter und Neutrieb investieren.

Die frostempfindlichen Pfirsichbäumchen blühen schon sehr früh.

In schweren, nassen Böden und rauhen Lagen mit hartem Winter geht man mit einer herbstlichen Rosenpflanzung schon manchmal ein Risiko ein. Hier empfiehlt sich die Frühjahrspflanzung. Auch wenn dann die Rosen im ersten Jahr nicht gar so üppig blühen, hat man wenigstens das Frostrisiko umgangen.

Rosen sollen nicht nur in Wuchsform und Farbe unseren Wünschen entsprechen, sondern auch gesund und robust sein. Wer sich nicht sicher ist, wählt am besten ADR-Rosen. Diese Bezeichnung tragen Rosen aller Gruppen, die einen besonderen, langjährigen Härtetest bestanden haben. Sie gelten als wirklich widerstandsfähig.

Die gesündeste Rose kann jedoch kümmern, wenn Sie ihr nicht die Lebensbedingungen schaffen, die sie braucht. Dazu gehören ein luftiger, sonniger Standort und ein tiefgelokkerter, durchlässiger Boden.

Vor dem Pflanzen Rosen etwa 12 Stunden in Wasser stellen. Dann die Wurzeln beschneiden, das heißt abgebrochene Wurzeln entfernen, die anderen etwas einkürzen. An diesen Schnittstellen bilden sich sehr schnell die neuen Saugwurzeln. Die Triebe erhalten einen Pflanzschnitt. Kräftigen Beet- und Edelrosen beläßt man 4–5 Augen, schwache werden bis auf 2–4 Augen zurückgeschnitten. Strauch- und Kletterrosen behalten die doppelte Anzahl an Augen.

Das Pflanzloch kann gar nicht tief genug sein (mindestens 60 cm). Nicht, weil die Pflanze so tief eingesetzt wird, sondern der Boden um sie herum tiefgründig locker sein sollte.
Das Einsetzen der Rosen erfolgt so, daß die Veredelungsstelle etwa 5 cm tief unter die Erdoberfläche kommt. Die Pflanzerde sollte mit Kompost angereichert sein. Verteilen Sie die Wurzeln gleichmäßig im Pflanzloch. Dann Erde einfüllen, gut andrücken und ausgiebig wässern. Dieses gründliche Angießen ist wichtig, damit zwischen Erde und Wurzeln ein enger Kontakt entsteht, der für das Anwachsen entscheidend ist.
Kletterrosen kommen schräg in die Erde, so daß sie leicht zum Klettergerüst hin geneigt sind. Beim Pflanzen von Hochstammrosen wird zuerst der Pfahl in die Erde getrieben, dann die Pflanze eingesetzt.
Anhäufeln, obwohl es Frühjahr ist. Grundsätzlich sollten nach der Rosenpflanzung (also auch im Herbst) die Triebe etwa 20 cm hoch angehäufelt werden. Dieser Schutz hilft der Pflanze die erste Phase gut zu überstehen. Nach 4 Wochen etwa kann die Anhäufelung abgetragen werden.
Ausnahme Containerrosen. Diese Rosen sind in Töpfen herangezogen und können außer im Winter das ganze Jahr gepflanzt werden. Ihr Nachteil: Sie sind wesentlich teurer als die anderen Rosen.

TIP: Wenn Sie Rosen pflanzen, so denken Sie doch auch an ihre Umgebung. Rosen passen vorzüglich zu Lavendel (der auch Blattläuse von ihnen fernhält), zu Stauden wie Rittersporn, Lilien, Rudbeckia, Veronica und Gräsern, aber auch zu niedrigen Gehölzen wie Buchsbaum, Scheinquitte, Berberitze und Wacholder. Wer unsicher ist, kann mit Einjahrsblumen als Zwischenpflanzung nichts falsch machen.

Strahlender Frühlingsgruß – Forsythien gedeihen fast überall.

Gehölze pflegen

Bei trockenem, milden Wetter wird Frühjahrsputz bei Gehölzen gemacht. Das Herbstlaub, das zu ihren Füßen liegt, können Sie entweder zusammenrechen und kompostieren oder in den Boden um den Gehölzefuß vorsichtig einhacken. In diese gelockerte Erde wird Kompost und ein organisch-mineralischer Volldünger eingearbeitet.

Gehölze pflanzen

Wie die Rosen, die ja zu den Gehölzen zählen, können nun auch andere laubabwerfende Sträucher gepflanzt werden (ihr regulärer Hauptpflanztermin liegt allerdings im Oktober). Achtung: Jetzt keine immergrünen Gehölze (zum Beispiel Buchsbaum, Berberitze, Stechpalme, Nadelgehölze) pflanzen. Für sie ist der richtige Zeitpunkt im Spätsommer gekommen.

TIP: Birke (*Betula*), Buche (*Fagus*) und Flieder (*Syringa*) sollten grundsätzlich im März/April gepflanzt werden.

Sommerblühende Ziersträucher schneiden

Zum Schnitt von Ziersträuchern besagt eine alte Gärtnerregel, die sich auf das Wesentliche beschränkt:
– Frühlingsblüher werden gleich nach der Blüte geschnitten.
– Sommer- und Herbstblüher erhalten ihren Schnitt jetzt.
Neben den Sommerblühern, die Sie nun auslichten, gibt es eine Reihe sogenannter Halbsträucher, die in

diesem Monat fast bis zum Boden abgeschnitten werden sollten. Sie treiben dann neu aus und blühen im September sehr reich. Für diese Pflanzen ist jetzt die beste Pflanz- und Schnittzeit.

– Bartblume (*Caryopteris*): Rückschnitt bis über 10 cm über dem Boden.
– Bastardindigo (*Amphora canescens*): Rückschnitt bis knapp über dem Boden.
– Buschklee (*Lespedeza thunbergii*): Rückschnitt bis etwa 30 cm über dem Boden.
– Indigostrauch ((*Indigofera gerardiana*): Rückschnitt bis 30 cm über dem Boden.
– Kamm-Minze (*Elsholtzia*): Rückschnitt bis 30 cm über dem Boden.
– Rispen-Hortensie (*Hydrangea paniculata*): Rückschnitt bis auf wenige Augen.
– Säckelblume (*Ceanothus*): Rückschnitt bis 10 cm über dem Boden.
– Schmetterlingsstrauch (*Buddleja davidii*-Sorten): Rückschnitt bis 30 cm über dem Boden.
– Silberstrauch (*Perovskia*): Rückschnitt bis 30 cm über dem Boden.
– Spierstrauch (*Spiraea bumalda*): Rückschnitt bis 30 cm über dem Boden.

Achtung: Einige Ziergehölze nehmen einen Schnitt immer krumm (zum Beispiel Goldregen, die meisten Hortensien, Magnolien und die Zaubernuß): Sie werden so gut wie nie geschnitten.

Spezialbehandlung für Azaleen und Rhododendren

Rhododendren und Azaleen sind Moorbeetpflanzen und gehören beide zur Gattung *Rhododendron.* Der Unterschied besteht darin, daß die meisten Rhododendren immergrüne Sträucher sind, während fast alle Azaleen ihre Blätter abwerfen. Wer sie in seinem Garten mit Erfolg pflegt, weiß, daß sie einen stark sauren Boden (pH-Wert um 4,5) sowie Halbschatten und hohe Luftfeuchtigkeit brauchen. Staunässe und eisiger Frost können sie umbringen.

Was muß der Rhododendren-Freund tun, damit er ab April oder Mai in Blüten versinken kann?

– Bei Trockenheit regelmäßig wässern.
– Mit speziellem Rhododendren-dünger (Dosierung nach Angabe auf der Verpackung) düngen. Den Dünger leicht in den Boden einarbeiten und gut wässern. Vorsicht beim Hacken, Rhododendren sind Flachwurzler.
– Darüber eine Mulchschicht aus Torf, Laub oder Rindenmulch anlegen.
– Bekommt Ihr Rhododendron gelbe Blätter, so fehlt ihm vermutlich Magnesium. Wie bei Nadelgehölzen können Sie ihm dann Bittersalz (50 g pro m^2 in den Boden einarbeiten) verabreichen.
– Rhododendren müssen nicht regelmäßig geschnitten werden. In diesem Monat ist jedoch ein Schnitt möglich. Jungpflanzen mit dünnen Trieben können jetzt um ein Drittel zurückgenommen werden, damit sie buschiger und kräftiger werden. Alte, kahl gewordene Sträucher dürfen Sie in diesem Monat sogar bis auf 1 m über dem Boden absägen. Die Pflanzen treiben an den Stammenden neu aus. Allerdings ist erst nach 2 bis 3 Jahren wieder mit einer vollen Blüte zu rechnen.

Rasenpflege im März

Selbst einem sauber abgerechten Rasen sieht man um diese Jahreszeit die Strapazen des Winters an. In diesem Monat werden die entscheidenden Schritte für sein späteres Wohlergehen getan – oder unterlassen.

Wichtig ist jetzt das Vertikutieren. Mit den kleinen scharfen Messern des Vertikutier-Rechens kämmt man Moos, abgestorbenes Gras und Laubreste heraus und ritzt die Rasenfläche auf. So kommt Luft an die Graswurzeln und sie werden vom entwicklungshemmenden Filz befreit.

Gleich nach dem Vertikutieren sollte gedüngt werden. Am besten streuen Sie einen Langzeitdünger (Depotdünger) auf die Rasenfläche. Er gibt die Nährstoffe über einen langen Zeitraum ab, so daß Sie nur zweimal im Jahr düngen müssen. Der Dünger darf nicht trocken auf dem Rasen liegen, damit er ihn nicht verbrennt. Also kurz vor Regen ausstreuen, oder danach kräftig sprengen.

TIP: Bei schweren Böden empfehlen englische Rasenspezialisten zu sanden (Top-Dressing). Dabei wird nach dem Vertikutieren Rasensand (im Fachhandel erhältlich) etwa ½ cm hoch auf der gesamten Rasenfläche verteilt. Der Sand dringt allmählich in den Boden ein und macht ihn durchlässiger.

Ende Februar, Anfang März werden bei mildem Wetter im Obstgarten die jüngeren Obstbäume geschnitten. Sie erhalten einen sogenannten Erziehungsschnitt zur Ausbildung einer gut fruchtenden und wohlgeformten Krone, der etwa 5 Jahre lang durchgeführt werden muß. Daneben wird jetzt »empfindliches Obst« wie Aprikosen, Pfirsiche und Brombeeren gepflanzt. Das heißt natürlich nicht, daß Sie nun nicht auch einen Apfel- oder Birnbaum pflanzen können.

Durch Erdbeerpflege bessere Erträge

Erdbeeren gehören zu den beliebtesten Köstlichkeiten, die der Obstgarten bietet. Bei richtiger Pflege können Sie mit sehr reicher Ernte rechnen – aber Erdbeeren sind auch arbeitsintensiv und anfällig für Krankheiten. Alle 2–3 Jahre sollten Sie Ihre Erdbeerpflanzung erneuern, wenn Sie eine gleichbleibende Erntequalität möchten. Wer den Platz hat, legt deshalb mehrere Erdbeerbeete an (für die einjährigen, die zweijährigen, die dreijährigen und die Ablegerpflanzen).

Jetzt ist keine Pflanzzeit für Erdbeeren, aber der richtige Zeitpunkt, um Ihren überwinterten Beerenpflanzen den richtigen Start für ein gesundes Wachstum zu ermöglichen.

Und das ist zu tun: Sobald der Boden frei von Schnee und abgetrocknet ist, entfernen Sie die alten, vom Winter verunstalteten Blätter mit der Schere (nicht abreißen, dabei können Sie die Pflanzen lockern). Falls der Frost die Erdbeeren etwas aus dem Boden in die Höhe geschoben hat, drücken Sie sie behutsam wieder in die Erde zurück.

Die Erde zwischen und um die Erdbeeren wird mit einer Handharke flach gelockert. Vorsicht: Erdbeeren bilden ein sehr dichtes, bis zu 1 m tief reichendes Wurzelgeflecht aus. Auf keinen Fall deshalb zwischen Erdbeeren umstechen. Sie würden zu viele Wurzeln verletzen. Entfernen Sie alles Unkraut und streuen Sie auf den gelockerten Boden reifen Kompost oder abgelagerten Stallmist.

Geben Sie keinen zu stickstoffreichen Dünger. Die meiste Kraft kommt sonst den Blättern und nicht den Früchten zugute. Wer die Ernte verfrühen will, kann ein mobiles Folientunnel über die Pflanzung breiten. Es muß allerdings bei Blühbeginn wieder abgenommen werden, damit eine Befruchtung erfolgen kann.

Rharbarber-Ernte verfrühen

Decken Sie die keimenden Rharbarbertriebe mit einer mitwachsenden Schlitzfolie locker ab. Mit dieser Methode können Sie die Ernte um etwa 2 Wochen verfrühen.

Beerensträucher düngen

Ob Johannisbeeren, Stachelbeeren, Him- oder Brombeeren: Alle erhalten jetzt Nährstoffe für die folgende Wachstumsperiode.

Beerensträucher sind Flachwurzler. Hacken Sie sehr vorsichtig, damit die Erde gelüftet wird, aber keine Wurzeln verletzt werden. In das gelokkerte Erdreich dann Kompost und pro m^2 etwa 2–3 Handvoll organischen Volldünger einarbeiten. Danach gut gießen. Alle Beerensträucher sind für eine Mulchschicht sehr dankbar. Da jetzt noch kein Rasenschnitt zur Verfügung steht, können Sie Rindenmulch oder abgelagerten Stallmist nehmen.

Kulturheidelbeeren und Preiselbeeren brauchen einen sehr sauren Boden und erhalten deshalb neben einem organischen Dünger und Kompost eine reichliche Torfgabe und pro m^2 2–4 Handvoll Aluminiumsulfat (säuert den Boden an). Alles wird gut im Boden verteilt und gewässert.

TIP: Zur Übersicht die Düngeregeln für Beerensträucher. Gedüngt wird dreimal im Jahr: Im zeitigen Frühjahr, zur Blütezeit und nach der Ernte. Die Sträucher erhalten jedesmal die gleiche Menge. Kulturheidelbeeren und Preiselbeeren bekommen analog dazu ihr Quentchen Aluminiumsulfat.

Brombeeren pflanzen und pflegen

Diese vollaromatischen Leckerbissen sind von allen Beeren am kälteempfindlichsten. Sie werden deshalb jetzt erst gepflanzt. Brombeeren kaufen Sie immer im Container;

Erziehungsschnitt eines Jungbaums.

es gibt rankende und aufrechte Sorten, solche mit und welche ohne Stacheln. In ihren Ansprüchen aber sind sie alle ähnlich. Die Unterschiede machen sich vor allem im Aroma (die stacheligen Sorten sind meist etwas aromatischer) und in der Kälteempfindichkeit bemerkbar.

So werden Brombeeren gepflanzt: Vor der Pflanzung sollten Sie ein Spalier errichten, an dem die Pflanze hoch- und entlangwachsen kann. Wählen Sie unbedingt einen sonnigen, windgeschützten Standort, wenn Sie eine reiche Ernte wünschen.

Graben Sie dann ein Pflanzloch und vermischen Sie die Erde mit reifem Kompost. Beim Einpflanzen müssen Sie behutsam vorgehen, Brombeeren haben sehr schwache Wurzeln. Die Pflanze wird weder an den Wurzeln noch an den Ruten beschnitten und so tief eingepflanzt, daß der Wurzelhals etwa 5 cm tief unter die Erde kommt. Erde auffüllen, vorsichtig aber fest andrücken, einen Gießrand bauen und alles gut angießen. Danach die Pflanzstelle mulchen, das heißt mit Rindenmulch, Stroh oder abgelagertem Stallmist bedecken.

Der Schnitt von Brombeeren, die Sie bereits in Ihrem Garten kultivieren, ist im Februar beschrieben. In milden Lagen kann man ihn schon zu diesem Zeitpunkt ausführen, in rauheren Gegenden empfiehlt es sich, ihn jetzt vorzunehmen.

Die Düngung erfolgt wie bei den anderen Beerensorten in diesem Monat.

TIP: Mit rankenden Brombeeren lassen sich Hauswände begrünen, Pergolen und Brombeerbögen bewachsen – oder wie wär's mit einer Brombeerwand als Sichtschutz zum nachbarlichen Grundstück?

Wein aus eigenem Anbau?

Jetzt ist die Zeit, um Weinstöcke zu pflanzen oder zu schneiden.

Was Sie zur Pflanzung wissen sollten: Reben lieben es rundherum warm. Der Boden soll durchlässig, locker und mineralreich sein, sich leicht erwärmen und auch oben herum ist ihnen Wärme am liebsten. Feuchtigkeit und Regen kann zu Erkrankungen führen.

Einige Wochen vor der Pflanzung wird tiefgründig umgegraben (bis zu 60 cm!), damit der Boden locker ist. Der März ist die ideale Jahreszeit zum Pflanzen. Vor dem Einpflanzen werden die Wurzeln der Rebe auf etwa 15 cm eingekürzt. Wenn Sie den Weinstock an einem Spalier (zum Beispiel an einer Hauswand entlang) hochwachsen lassen wollen, kommt die Pflanze schräg (zum Spalier geneigt) in den Boden. Wichtig ist vor allem, daß beim Einsetzen die Veredelungsstelle 2–4 cm über dem Boden bleibt. Die Pflanzerde wird mit Kompost, Gesteinsmehl und einem organisch-mineralischen Volldünger versetzt. Gut andrücken und angießen. Danach empfiehlt es sich, den Stock leicht anzuhäufeln, bis er nach etwa 4–5 Wochen auszutreiben beginnt. Bei der Pflanzung wird Wein nicht geschnitten, danach aber jedes Jahr.

Schnitt von Weinreben. Für Weinstöcke, die bereits in Ihrem Garten wachsen, ist jetzt die beste Schnittzeit. Das Schneiden von Reben ist nicht einfach, weil die Sorten unterschiedliche Ansprüche an den Schnitt stellen. Erkundigen Sie sich am besten beim Gärtner oder Winzer, welchen Schnitt Ihre Rebsorte braucht. Grundsätzlich erfolgt der Schnitt über einer Knospe, und zwar etwa 2 cm darüber, um ihr Austrocknen zu verhindern.

Im ersten Jahr zieht man einen Haupttrieb hoch, der, wenn er schwach ist, im folgenden Frühjahr noch einmal ganz zurückgeschnitten wird – ist er aber gesund und kräftig, schneidet man ihn über der gewünschten Höhe zurück, von der aus die Rebe seitlich austreiben soll. Wählen Sie dafür eine besonders kräftige Knospe. Alle anderen Triebe werden entfernt. Am besten trägt der Stock, wenn Sie jedes Jahr nur 1–2 neue Triebe, die waagrecht gezogen werden, auf jeder Seite hinzukommen lassen.

Düngung ist ebenfalls wichtig, obwohl die Hauptdüngung im Herbst stattfindet. Noch treiben die Stöcke nicht aus und erhalten zum »Antrieb« Kompost oder abgelagerten Stallmist, die oberflächlich in die Erde eingearbeitet werden.

»Kraftfutter« für Obstbäume

Obstbäumen, die in einer Wiese stehen, streuen Sie der Einfachheit halber am besten einen blauen Volldünger auf die Baumscheibe. Schneller und ganz gezielt werden die Nährstoffe verabreicht mit Düngersonden.

Obstbäumen im offenen Beet, wie zum Beispiel Spindelbäumchen, mi-

schen Sie einen mineralisch-organischen Volldünger in die Erde.
Jeder Obstbaum wird übrigens deutlich gekräftigt, wenn Sie halbverrotteten Kompost oder abgelagerten Stallmist auf der Baumscheibe ausbreiten. Beides regt die Humusbildung an und sollte wie bei den Beerensträuchern die Grundlage jeder Düngung sein.

Aprikosen und Pfirsiche pflanzen

Beides sind sehr wärmebedürftige Obstarten, die Aprikose noch mehr als der Pfirsich. Problemlos gedeihen sie in Weinbaugebieten vor allem wegen der dortigen milden Winter.

Auf die richtige Lage kommt es an. Aprikosen und Pfirsiche wollen einen lockeren Boden (am besten sandigen Lehmboden), der sich schnell erwärmt, und eine windgeschützte Stelle mit viel Sonne. Da sie sehr früh blühen, müssen Sie in Gebieten mit häufigen Spätfrösten damit rechnen, daß die Ernte manche Jahre ausbleibt, weil die gesamte Blüte erfroren ist.
Wer gern experimentiert, dem seien Pfirsiche und Aprikosen als Spaliergewächse empfohlen. In rauheren Gegenden findet man sie häufig in dieser Form, weil ihnen die Hauswand Wärme und Windschutz zukommen läßt.

Rund ums Einpflanzen. Graben Sie das Pflanzloch mindestens 60 cm tief, damit der Boden um die Wurzeln herum gut gelockert ist. Die ausgehobene Erde wird mit Kompost vermischt. Dann kommt der Haltepfahl in den Boden. Schlagen Sie ihn so weit hinein, daß er – wenn das Bäumchen gepflanzt ist – höchstens bis zu dessen untersten Ästen (also nicht bis in die Krone) hineinreicht. Der junge Baum wird vor dem Einpflanzen 12 Stunden gewässert – wenn er einen Wurzelballen besitzt, einige Stunden zuvor gründlich gegossen. Verletzte Wurzeln abschneiden. Dann den Baum so in das Pflanzloch stellen, daß der Haltepfahl etwa 10 cm entfernt ist und im Süden steht, ihn also schattiert. Ganz wichtig: Das Bäumchen muß so in die Erde kommen, daß die Veredelungsstelle (das ist der Wulst unten am Stamm) über der Erde ist. Die Wurzeln werden in der Grube ausgebreitet, dann schaufelt man Erde in das Loch. Schütteln Sie währenddessen immer wieder den Stamm,

Halbverrotteter Kompost – Kraftfutter und Mulchdecke für Obstbäume.

damit sich die Erde gut setzt und direkten Kontakt zu den Wurzeln erhält. Ist das Pflanzloch ganz aufgefüllt, wird die Erde angetreten und ein Gießrand herum gebildet. Wässern Sie gründlich und mehrmals hintereinander, damit die Erde direkt an die Wurzeln geschlämmt wird. Anschließend binden Sie das Stämmchen mit einer lockeren Acht am Haltepfad fest. Als Bindematerial sollten Sie spezielle Kunststoffbaumanbinder (Fachhandel!) oder Kokosstricke verwenden. Einen großen Gefallen tun Sie Ihrem Obstbäumchen, wenn Sie ihm jetzt noch eine dicke Schicht von halbverrottetem Kompost oder abgelagertem Stallmist auf die Baumscheibe legen. Spätfröste können dann nur sehr schwer in den Wurzelbereich eindringen und das Anwurzeln stören.

TIP: Wem es nicht in erster Linie auf die Früchte ankommt, kann Aprikose und Pfirsich wegen ihrer bezaubernden Blüte auch einen Platz im Ziergarten zuweisen.

Pflanzschnitt. Nach der Pflanzung erhalten Pfirsich und Aprikose (wie übrigens jeder Obstbaum) den Pflanzschnitt. Er dient der Wuchskorrektur und regt außerdem den Baum zum Austreiben an.
– Haupttrieb: Wichtig ist die Auswahl des Triebes, der den weiteren Stamm bilden soll; alles, was dazu parallel nach oben strebt, sind Konkurrenztriebe und werden bis an den Stamm hin abgeschnitten.
– Leitäste: Legen Sie danach 3 oder 4 Leitäste fest, die die künftige Krone bilden. Sie sollen auf unterschiedlicher Höhe aus dem Stamm kommen, aber möglichst gleichmäßig um ihn herum angeordnet sein. Wenn Sie zwischen mehreren wählen können, ziehen Sie die waagrechter verlaufenden vor, denn sie fruchten besser. Alle anderen werden bis zum Stamm hin abgeschnitten.
– Triebe: Alle Triebe der Krone werden anschließend um ein Drittel auf eine nach außen weisende Knospe zurückgeschnitten.

Erziehungsschnitt junger Obstbäume

Der Erziehungsschnitt verläuft nach den gleichen Prinzipien wie der Pflanzschnitt. Er folgt im Jahr nach der Pflanzung des jungen Obstbaums und wird ungefähr 5 Jahre lang vorgenommen. Hier die wichtigsten Schnittregeln:

1. Haupttrieb einkürzen und alle Konkurrenztriebe entfernen.
2. Schnitt aller Konkurrenztriebe der Leitäste.
3. Schnitt aller senkrechten Triebe.
4. Beseitigung aller Triebe, die nach innen wachsen.

Als Grundregel für den Schnitt kann folgendes Wachstumsgesetz gelten:
Steilstehende Triebe wachsen schnell, aber fruchten wenig. Am schnellsten wächst der Haupttrieb. Waagrecht wachsende oder hängende Triebe wachsen langsam (manche hören ganz zu wachsen auf) und werden Fruchtholz.
Aus den Seitentrieben der Leitäste und des Stammes wachsen ebenfalls Fruchttriebe.
Daraus ergeben sich folgende Schnittregeln:
– Haben sich nach dem Pflanzschnitt aus vielen Knospen kräftige, hauptsächlich steile Triebe gebildet, ist zu wenig geschnitten worden. Dann müssen Sie diesmal mehr wegnehmen.
– Sind aus dem Pflanzschnitt jedoch nur wenige, kurze Triebe hervorgegangen, dann sollten Sie jetzt die Triebe weniger beschneiden.

Austriebsspritzung

Sie ist eine Vorbeugemaßnahme gegen Schädlinge und Pilzkrankheiten. So manche haben an Obstbäumen oder Beerensträuchern überwintert und sollen nun, bevor sie Schaden anrichten können, bekämpft werden. Erkundigen Sie sich im Gartenfachhandel nach geeigneten Spritzmitteln. Die meisten Pflanzenschutzmittel werden nur noch nach Beratung durch eine speziell dafür ausgebildete Fachkraft verkauft. Gegen tierische Schädlinge helfen Schädlingsbekämpfungsmittel, gegen Pilzkrankheiten sogenannte Fungizide. Wählen Sie möglichst Präparate auf biologischer Basis. Es gibt sie sowohl gegen Schädlinge wie gegen Pilze. Gegen Schädlinge spritzen Sie am wirksamsten während die Knospen schwellen. Das ist der Zeitpunkt, an dem viele von ihnen schlüpfen. Wichtig: Nie in offene Knospen und nie bei Wind spritzen. Das Gift wird zu weit getragen. Erntereife Gemüse unbedingt zudecken, andernfalls dürfen Sie es erst 14 Tage nach der Spritzung ernten.

Haben Sie schon einmal junge Gemüsepflanzen, die April oder Mai ins Freiland ausgepflanzt wurden, selbst herangezogen? Wer's versuchen will, muß jetzt damit beginnen. So ganz ohne Hilfsmittel geht es allerdings nicht. Die Samen möchten nämlich ein »warmes Bettchen«, und das finden sie zur Zeit nur am Zimmerfenster, im Mist- oder Frühbeet und im beheizten Gewächshaus. Nur wenig läßt sich in diesem Monat bereits ins Freiland aussäen.

Was Sie über Samen wissen sollten

Samenkörner besitzen unterschiedliche Größen und werden auch unterschiedlich behandelt. Auf den meisten Samenpackungen sind die wichtigsten Daten angegeben. Was Sie wissen und beachten müssen ist die Saattiefe, das heißt wie tief die einzelnen Körner in die Erde kommen, der Abstand, in dem die Samen voneinander gelegt werden und die Keimdauer.

TIP: Beim Aussäen von sehr kleinen Samen vermischen Sie das Saatgut mit feinem Sand. Auf diese Weise kommen die Samenkörner mit etwas Abstand zueinander in den Boden.

Gebeizter Samen wurde vor dem Verkauf vorbehandelt. Er ist weniger anfällig für Krankheiten und keimt schneller.
Wer will, kann die Beize selbst vornehmen. Zu beachten ist, daß die einzelnen Gemüsesorten unterschiedliche Beizbäder brauchen.

Früh- oder Mistbeet.

– Baldrianextrakt, angerührt in etwa 1 l Wasser, ist gut für die Samen von Möhren.
– Eichenrinden-Beize fördert alle Salatsamen.
– Kamillenbad kommt für die Samen von Erbsen, allen Kohlarten, Bohnen, Radieschen und Rettichen in Frage.

So werden die Pflanzenaufgüsse zubereitet:
Die Dosierung des Baldrianblütenextrakts erfolgt nach Angabe auf der Verpackung. Von Eichenrinde und Kamillenblüten je 1 Teelöffel auf einen Liter Regenwasser geben und zwei Tage zugedeckt stehen lassen. Die Samen werden etwa 1 Stunde darin »gebadet« und sollen noch am gleichen Tag eingepflanzt werden.

Pilliertes Saatgut. Hier sind die einzelnen Samenkörner mit einer löslichen Hülle umgeben, die sie größer macht. Das ist vor allem beim Säen feiner Samen eine große Erleichterung. Man kann pillierte Samen beim Aussäen gleichmäßiger verteilen.

Schattieren mit Schilfrohrmatten.

Samensticks sind längliche Kartonschildchen, an denen 1–2 Samenkörner befestigt sind. Ihr Vorteil liegt darin, daß Sie anhand des aus der Erde ragenden Schildchens genau sehen können, wo Sie gesät haben. Auch Pflanzenabstände werden deutlich.

Saatbänder haben den Vorteil, daß sich in ihnen die Saatkörner bereits im richtigen Pflanzabstand befinden. Wichtig: Das Band mit der richtigen Seite nach unten in die Saatrille legen und vor dem Bedecken mit Erde und danach gut angießen, damit zwischen Saatband und Boden ein enger Kontakt entsteht. Das Papier verrottet nach einiger Zeit von allein und behindert die Samen nicht in ihrer Entwicklung.

Licht- und Dunkelkeimer

Auf den meisten Samentütchen ist angegeben, wie die Aussaat zu geschehen hat. Fast alle Gemüsearten sind Dunkelkeimer, das heißt, sie müssen nach dem Aussäen mit Erde bedeckt werden.

Folientunnel verfrühen die Ernte.

Gewächshaus zum Rundum-Gärtnern.

Sellerie, Salate und Blumen wie Glockenblume, Fingerhut, Prachtscharte, Rudbeckie usw. sind Lichtkeimer. Sie werden auf die gelokkerte Erde gesät und mit einem Brett (zum Beispiel) angedrückt.

So säen Sie richtig

Einige Tage vor der Aussaat den Boden noch einmal etwa 5 cm tief lokkern, damit Sauerstoff eindringen kann. Gemüse wird fast immer in Reihen ausgesät. Dafür gibt es im Fachhandel eine Reihe von Gartengeräten, zum Beispiel den Rillenzieher oder die Särolle, mit deren Hilfe man Samen verschiedenster Größe gleichmäßig und schnell aussäen kann. Die Samen nie zu tief legen, sie keimen sonst nicht und ersticken. Die richtige Saattiefe ist immer auf der Samenpackung angegeben. Den Samen mit Erde bedecken und gut angießen. Bis die ersten Keimblättchen zu sehen sind, müssen Sie den Boden feucht halten, damit die Keimlinge nicht vertrocknen. Markieren Sie nach dem Säen die Saatrillen, zum Beispiel durch Pflanzsticks, die an den Anfang, die Mitte und das Ende jeder Saatreihe gesteckt werden. Manche schwören auf eine andere Methode: Vor allem bei Samen mit langer Keimdauer (wie Möhren) säen Sie in die Reihe einige Schnellkeimer ein, wie zum Beispiel Radieschen. Sie gehen bald auf und markieren dann die Saatreihe.

»Unter Glas und Folie«

Der März ist die Jahreszeit, in der man vieles in die Wege leiten kann, um eine Ernte zu verfrühen. Unter dem Schutz dieser Konstruktionen entsteht ein Kleinklima, das – weil es Wärme und Feuchtigkeit enthält – vor allem bereits keimende Samen schnell wachsen läßt. Natürlich können Sie aber unter diesen »Wärmehauben« auch aussäen.

Folien sind die einfachste Lösung. Nehmen Sie dazu am besten eine »mitwachsende« Schlitzfolie. Sie besitzt zahlreiche Schlitze, die sich beim Wachsen der Pflänzchen dehnen und dabei öffnen. Sie wird lokker über die Aussaat gelegt und seitlich eingegraben oder mit Steinen beschwert. Alles, was darunter wächst, ist vor Insekten und Wetterunbilden (außer Frost) geschützt. Sie müssen Schlitzfolien nicht lüften und können durch sie hindurch gießen. Schlitzfolien werden je nach Gemüse-Art unterschiedlich lange eingesetzt. Bis zur Ernte können sie liegenbleiben bei Feldsalat, Radieschen, Rettich und Spinat. Hingegen sollten Sie bei Eis- und Kopfsalat 14 Tage vor der Ernte abgenommen werden, damit sich die Pflanze kräftigt und noch mehr Geschmack entwickelt. Bei Blumenkohl, Brokkoli, Kohlrabi, Kopfkohl, Lauch und Sellerie lassen Sie sie besser nur 6–8 Wochen liegen. Bei Fruchtgemüse wie Buschbohnen, Gurken, Melonen, aber auch bei Erdbeeren muß die Folie spätestens zur Blütezeit entfernt werden, damit eine Bestäubung stattfinden kann. Dazu einen trüben Tag wählen, damit die Pflänzchen keinen Lichtschock oder Sonnenbrand bekommen.

Vliese aus Acryl besitzen fast die gleichen Eigenschaften wie Schlitzfolien. Sie sind luft- und wasserdurchlässig, das Gewebe erinnert an Stoff. Es gibt sie in Weiß und Hellgrün und in unterschiedlicher Festigkeit. Vorteil: Sie sind haltbarer als Schlitzfolien. Nachteil: Sie wachsen nicht mit, ihr »Sitz« muß bei fortschreitendem Wachstum korrigiert werden.

Folientunnels sind eine Vorform des Frühbeets. Dabei werden Drahtbügel in die Erde gesteckt und mit einer Folie überspannt. Es gibt Folientunnel fertig im Gartenfachhandel, sie sind aber auch leicht anzufertigen. Ungelochte Folien haben den Nachteil, daß Sie mehr Zeit in die Pflege stecken müssen, denn diese Tunnels müssen regelmäßig zum Lüften und Gießen abgedeckt werden. Die Pflanzen können unter der Folie bis zum Ernten bleiben. Es steht ihnen von Anfang an viel Luft zur Verfügung.

Frühbeete gibt es in unterschiedlichen Größen und Ausführungen zu kaufen, sie lassen sich jedoch auch leicht selbst bauen. Sie können Ihr Frühbeet fest im Boden verankern oder als mobile Konstruktion jeweils über das Beet geben, wo Sie es gerade brauchen. Wichtig: Ein Frühbeet sollte immer einen vollsonnigen Stand haben, am besten in der Nähe des Hauses, wo es auch windgeschützt ist. Mit der höchsten Seite im Norden sollte es nach Süden abfallen, damit die Sonne voll auf das ganze Beet scheinen kann. Sobald die Keimblätter sichtbar sind, muß bei Sonne das Beet schattiert werden; am besten eignen sich dazu Schilfrohrmatten. Wenn es wärmer wird, sollten die Jungpflänzchen an frische Luft gewöhnt werden. Neben dem Schattieren empfiehlt es sich, nun zusätzlich zu lüften. Nachts wird der Deckel natürlich wieder geschlossen.

Vor Frösten hilft ebenfalls ein Abdecken mit den Schilfrohrmatten.

Unter Glas und Folie vorziehen

Die im folgenden genannten Gemüsearten können ab Mitte März ins Frühbeet oder unter Folie ausgesät werden. Danach werden sie ins Freie an Ort und Stelle verpflanzt, wo sie auch geerntet werden. Man spricht hier von einer Vorkultur. Es kommen in Frage: Früher Blumenkohl, Brokkoli, Frühkohlrabi, Frühkopfsalat, Neuseeländer Spinat, früher Rotkohl, Frühwirsing.

Im Gewächshaus ist alles anders

Das Gewächshaus – für viele kein Traum mehr – ermöglicht ein Gärtnern rund um das Jahr. Gewächshäuser gibt es in vielen Größen aus Glas, Folie oder Kunststoff – und für jeden Geldbeutel. Es bildet sich ein Klima eigener Art – und das muß regulierbar sein. Unbedingt brauchen Sie ausreichende Lüftungs- und Schattierungsmöglichkeiten, damit keine Verbrennungen an den Pflanzen entstehen. Gartenprofis bewirtschaften ihr Gewächshaus das ganze Jahr über und wissen, daß ihnen kühle verregnete Sommer nichts anhaben können. Das Gewächshaus wird intensiver genutzt als andere Gemüseanbauflächen; es braucht deshalb auch eine ganz besonders sorgfältige Bodenpflege. Die oberste Bodenschicht sollte einmal im Jahr etwa 10–15 cm tief abgetragen werden. Der Boden darunter wird tiefgründig gelockert und am besten mit abgelagertem Stallmist und Kompost aufgefüllt.

Wenn Sie diese Möglichkeit nicht haben, können Sie auch gute Pflanzerde zur Auffrischung dazugeben. Sie sollte dann aber mit einem organischen Volldünger angereichert werden. Vorsicht mit rein mineralischen Kunstdüngern. Im Freiland eingesetzt spült sie starker Regen aus

Variante für Folientunnel – teurer, aber länger haltbar.

dem Wurzelbereich der Pflanzen oft in tiefere Schichten. Im Gewächshaus ist dies nicht möglich, so daß bei Überdüngung eine Versalzung des Bodens relativ schnell erreicht ist. Der Arbeitsplan in einem Gewächshaus sieht in manchen Dingen anders aus als für die übrige Gartenarbeit. Wärmeliebende Gemüsesorten gedeihen in rauhen Gegenden überhaupt nur im Gewächshaus. Gerade sie wird der erfahrene Gärtner dort im Sommer anpflanzen und Freiland für robustere Gemüse nützen.

Sie mögen's ganz besonders warm

Eine Vorkultur empfiehlt sich auch beim folgenden Gemüse-Trio. Allerdings sind diese Arten so wärmebedürftig, daß sie nur am Fensterbrett oder im beheizten Gewächshaus vorgezogen werden können. Auberginen, Paprika und Tomaten keimen nur bei Temperaturen zwischen 22 und 25 °C. Wer aber rechtzeitig eigene Pflänzchen großziehen will, muß diesen Weg wählen.

Diese Gemüsearten können Sie ins Freiland aussäen

In milden Regionen ist dies ohne größere Probleme möglich; in rauhen Lagen empfiehlt es sich, bis April damit zu warten. Wenn Sie diesen Samen jedoch ein »warmes Mäntelchen« (Folientunnel etc.) besorgen, werden sie in allen Lagen um so dankbarer aufgehen und gedeihen: Dicke Bohnen, Feldsalat, Gartenkresse, Karotten, Kopfsalat, Mangold, Petersilie, Pflücksalat, Radieschen, Rettich, Rote Bete, Schnittlauch, Schwarzwurzeln, Spinat.

Schon zwei Scheiben schaffen ein schützendes Kleinklima.

Erstes Pflanzen im Freiland

Ab Mitte März können bereits erste Jungpflanzen ins Beet gesetzt werden. Natürlich ist es auch hier besser, wenn Sie ihnen einen Folienschutz oder eine Wärmehaube geben. Dazu gibt es im Fachhandel verschiedene Varianten, aber auch Ihrer Phantasie sind keine Grenzen gesetzt – wie die Fotos belegen. Jungpflanzen, die jetzt ins Freie kommen, können Sie in Gärtnereien kaufen, zum Beispiel Knoblauch, Frühkohlrabi, früher Kopfsalat, Schalotten, Zwiebeln.

Kartoffeln vorkeimen

Der Anbau von Frühkartoffeln ist auch im mittelgroßen Garten eine recht sinnvolle Sache. Sie sind im Juli zu ernten, wenn Kartoffeln im Handel noch etwas teuer sind. Anschließend läßt sich das Beet gut gelockert für eine wertvolle Nachkultur nutzen.
Die Kartoffeln, die im April gelegt werden, sollen jetzt vorkeimen. Dazu legen Sie sie in flache Kisten bei einer Temperatur von 5–10 °C. Hell gestellt, werden die Kartoffeln bald dicke Triebe bilden.

Was Sie im März ernten können

Feldsalat (bei Aussaat bis spätestens Mitte September), Schnittlauch, der überwintert wurde, Spinat (bei Aussaat im August/September).

Biotop Gartenteich

Der Gartenteich und seine Uferzonen sind Lebensraum für viele Tiere, die sich – außer Fischen – von selbst einstellen. Auch die Flora im Garten wird um ein Vielfaches bereichert.
Der März ist ein günstiger Zeitpunkt, um einen Teich zu bauen, die optimale Bepflanzungszeit dauert von Mai bis August (siehe Seite 84 f.). Für die Anlage gibt es kein Einheitsrezept, wohl aber eine Reihe von Vorüberlegungen.

Natur- oder Zierteich? Hiermit fällen Sie eine wichtige Grundsatzentscheidung. Wer einen Teich mit Goldfischen, Springbrunnen, Sprudelsteinen, reizvoller Beleuchtung usw. möchte, hat einen Zierteich vor Augen. Er kann unregelmäßig aber auch geometrisch angelegt werden und senkrechte Uferwände besitzen. Die Bepflanzung wird nicht sehr dicht, sondern eher dekorativ ausfallen. Dieser Teich kann ein Schmuckstück, eine beschauliche Oase sein, auf Seerosen müssen Sie aber verzichten, denn sie brauchen eine stille Wasseroberfläche. Auch einheimische Amphibien können darin nicht leben. Ihr Laich wird regelmäßig von den Fischen gefressen. Dieser Zierteich kann Ihnen einigen Pflegeaufwand abverlangen, denn die Exkremente der Fische reichern das Wasser stark mit Nährstoffen an, so daß sich leicht Algenteppiche bilden, die zusammen mit dem Überangebot an Nährstoffen dem Wasser Sauerstoff entziehen, was wiederum die Fische in Bedrängnis bringen kann.
Wer hingegen einen Naturteich mit vielen bezaubernden Pflanzen und einheimischen Amphibien möchte, wird ihnen zuliebe auf Fische und Springbrunnen verzichten. Bei ruhiger Wasseroberfläche gedeihen dafür die herrlichen Seerosen prächtig; Frösche, Kröten, Molche und unzählige kleine Wassertiere werden sich plötzlich von selbst einfinden. Ein Naturteich besitzt nie senkrechte Wände, sondern – wie in der Natur – unterschiedliche Wassertiefen, angefangen bei Uferzonen, die allmählich ins Wasser übergehen und Lebensbereich für viele Pflanzen und Tiere sind. Senkrechte Wände verhindern, daß Frösche und Kröten hinein- und herausklettern können. Ein einmal gut eingelebter Naturteich ist pflegeleicht, da sich aus Pflanzen- und Tierwelt ein eigenes Öko-System bildet.

Die richtige Standortwahl.
– Ein Seerosenparadies läßt sich am besten in vollsonniger, windgeschützter Lage schaffen.
– Der Fischteich hingegen sollte halbschattig bis schattig liegen, damit im Hochsommer das Wasser nicht durch zu starke Erwärmung zu viel Sauerstoff verliert.
– Der Teich wird besser nicht unter großen Bäumen angelegt, damit im Herbst durch fallendes Laub die Wasserqualität nicht leidet. Außerdem besteht die Gefahr, daß sich große Wurzeln im Laufe der Zeit so sehr ausbreiten, daß sie die Teichfolie oder das Kunststoffbecken beschädigen.
– Aus gestalterischen Gründen sollte ein Naturteich nie mitten im Garten liegen, sondern eher am Rande, wobei es besonders hübsch aussieht, wenn sich daran reizvolle Stauden, und nach diesen Gehölze als Randbepflanzung anschließen.
Wer die Möglichkeit hat, sollte diesen »Schutzwall« an den Wetterseiten (Norden, Nordwesten) anlegen.

Größe. Je größer und tiefer ein Teich, desto größer ist der einmalige Aufwand beim Bau, desto geringer aber sind die Wartungsarbeiten in aller Zukunft. Denn von der Größe hängt es ab, ob sich das Biotop selbst regulieren kann oder nicht.
Bei einem Teich von 15 m^2 Grundfläche und einer Mindesttiefe von 1,20 m werden Sie kaum Probleme bekommen. Er friert im Winter nicht bis unten durch, so daß Amphibien (oder Fische), aber auch Wasserpflanzen darin problemlos überwintern können.

Fertig- oder Folienteich?
Fertigteiche sind vorgegossene Kunststoffbecken, deren Form und Größe bereits vorgegeben sind. Diese Becken sind relativ klein und besitzen nicht die nötige Tiefe, damit Fische oder Amphibien gefahrlos überwintern können. Allerdings sind sie einfach zu verlegen.
Folien für Teiche gibt es von etwa 4–40 m^2 in unterschiedlichen Dikken und Qualitätsstufen. Achten Sie darauf, daß die Folie mindestens −20°C verträgt. Es gibt sogar welche, die bis zu −35°C tolerieren.
Das Einpassen der Folien sollten Sie immer gemeinsam mit mehreren Helfern vornehmen. Sie haben mit diesem Material die reizvolle Chance, Ihren ganz individuellen Teich zu gestalten.

APRIL

Siehst du im April die Falter tanzen,
kannst du getrost im Garten pflanzen.

1

2

3

4 Ambrosius
Wer an St. Ambrosius Zwiebeln sät
dem seine Arbeit wohl gerät.

5

6

7

8

9

10

11

12

13

14

15

16

17

18

19

20

21

22

23 Georg

Ist Georgi mild und schön,
wird man noch Schlechtwetter sehn.

24

Markus
Leg' erst nach Markus Bohnen,
er wird's dir reichlich lohnen.
25

26

27

28

Peter
Hat St. Peter das Wetter schön,
kannst du Kohl und Erbsen sä'n.
29

30

Der April die Blume macht,
der Mai gibt ihr die Farbenpracht.

Nun ist Hochbetrieb im Ziergarten. Tulpen und Narzissen blühen miteinander um die Wette, und für den begeisterten Blumen- und Gehölzeliebhaber gibt es eine Menge zu tun.

Tulpen- und Narzissen-Parade

Im April ist die Hauptblütezeit für Tulpen und Narzissen.

Tulpen kann man nach ihrer Blütezeit einteilen in früh-, mittel- und spätblühende Arten. Die »Frühen« blühen manchmal schon im März, zu ihnen zählen vor allem Wild-(sogenannte botanische)Tulpen, die niedrig bleiben und zum Verwildern frei in den Garten ausgepflanzt werden können. Die überwiegende Mehrzahl aller Tulpen blüht im April, meist sind es Züchtungen in erstaunlichen Farbtönen und -varianten. Zu den Spätblühern gehören Hochzüchtungsformen wie die langstieligen Darwin-Hybrid-Tulpen, die lilienblütigen Tulpen und die Papageientulpen. Die späten, gefüllten Tulpen erinnern in ihrem Aussehen an Pfingstrosen. Sie blühen alle im Mai.

Tulpen, die Sie zum Verwildern in den Rasen gesetzt haben, werden spätestens nach 3 Jahren in ihrer Blüte kleiner. Auch im Beet sollten sie zumindest alle 3 Jahre einen neuen Platz erhalten.

Wenn Ihre Tulpen »verdreht« oder gar nicht aus dem Boden kommen, sind sie vermutlich von Schimmelpilzen befallen. Zwiebeln aus dem Boden nehmen und vernichten (nicht auf den Komposthaufen geben, er wird sonst mit den Pilzen infiziert).

Narzissen gibt es in den Farben Weiß, Rosa und Orange. Die frühen unter ihnen blühen schon im März, späte bis in den Mai hinein. Narzissen sind zum Verwildern noch besser geeignet als Tulpen. Sie können immer an Ort und Stelle bleiben, bilden große Horste und werden von Wühlmäusen verschmäht.

Wenn Ihre Narzissen nicht richtig wachsen (»steckenbleiben«), das Laub verkrüppelt und keine Blüten erscheinen, sind sie vermutlich von Zwiebelfliegenlarven befallen. Graben Sie die Zwiebeln aus und legen Sie sie 2 Tage lang in lauwarmes Wasser. Dann verlassen die Maden die Zwiebeln. Eine Alternative: Die Zwiebeln 2 Stunden in Wasser von 43–44 °C legen. Diese Temperatur tötet die Larven ohne die Zwiebeln zu schädigen. Natürlich können Sie nach einer solchen Behandlung nicht mehr mit Blütenpracht im gleichen Jahr rechnen, aber die Zwiebeln können sich bis zum nächsten Jahr erholen.

TIP: Narzissen sind als Schnittblumen außerordentlich langlebig in der Vase. Aus den Schnittstellen sondern sie jedoch einen milchigen Saft ab, der alle anderen Schnittblumen »umbringt«. Geben Sie sie deshalb nie zu anderen Blumen in die Vase.

Narzissenwiesen frühestens im Juni mähen!

Darwin-Hybrid-Tulpen in Gesellschaft von Wiesenkerbel.

Stattliche Kaiserkronen

Jetzt ist Blütezeit für diese seit Jahrhunderten beliebten, imponierenden Blumen. Lassen Sie sie möglichst viele Jahre am gleichen Platz. Kaiserkronen strömen einen knoblauchartigen Geruch aus, der schon beim Vorbeigehen wahrgenommen werden kann und Wühlmäuse vertreibt.

Lilien pflanzen

Lilien sind langlebige, winterharte Zwiebelpflanzen, die sich in Größe, Farbe und Blütezeit stark voneinander unterscheiden. Je nach ihrer Blüte lassen sich Lilien in 2 Gruppen unterteilen:

Türkenbundlilien haben stark hängende, kleinere Blüten mit weit nach hinten aufgerollten Blütenblättern.

Trompetenlilien besitzen größere, trichterförmige Blüten.

Beste Pflanzzeit für Lilien ist März/April oder der Herbst. Wenn Sie jetzt pflanzen, umgehen Sie das Risiko, daß die Zwiebeln einem harten Winter zum Opfer fallen. Lilien gelten zu Unrecht als schwierig. Nicht umsonst sind sie oft in regelrechten Horsten in Bauerngärten zu finden. Haben Sie einmal die richtigen Bedingungen geschaffen, können Sie Lilien beinahe sich selbst überlassen.

Der Standort soll sonnig, warm und windgeschützt sein. An den »Füßen« hingegen lieben Lilien feuchte Kühle. Am besten also eine hübsche Unterpflanzung oder zumindest eine Mulchdecke anlegen. Der Boden sollte ferner humusreich (voller Nährstoffe) und locker sein. Die Zwiebeln schätzen zwar eine leichte Feuchte, auf Staunässe reagieren sie aber schnell mit Fäulnis.

Und so werden Lilien eingepflanzt: Die Zwiebeln nach dem Kauf möglichst bald einpflanzen, damit sie nicht austrocknen. Das Pflanzloch etwa 25 cm tief anlegen (eine Grundregel besagt 3 mal so tief pflanzen, wie die Zwiebel hoch ist) und zuunterst eine 5 cm hohe Drainageschicht aus scharfem Sand einbringen. Die Pflanzerde mit Kompost, einem organischen Volldünger und etwas Sand mischen. Pflanzung gut angießen. Die Pflanzstelle am besten mit einem Stöckchen markieren, damit Sie wissen, wo die Triebspitzen zu erwarten sind.

Pflanzen Sie Lilien immer in Gruppen, sie sehen so nicht nur hübscher aus, sondern gedeihen erwiesenermaßen prächtiger. Da viele Lilien aufdringlich duften, nicht zu nahe an Fenster oder Sitzecken pflanzen.

Ausnahme: Die reinweiße Madonnenlilie ist in vielem eine Ausnahme. Sie muß im August/September gepflanzt werden und kommt nur etwa 5 cm tief unter die Erde.

TIP: Für Wühlmäuse sind Lilienzwiebeln ein Hochgenuß. Ein bedingter Schutz gegen Wühlmausfraß sind »Drahtkäfige«, in denen die Zwiebeln eingepflanzt werden und aus denen sie austreiben können.

Direktaussaat von Einjahrsblumen

Wie im Februar beschrieben, gibt es Einjahrsblumen mit längerer Vorkultur (sie werden im Februar vorgezogen) und solche, die Sie direkt ins Beet auspflanzen können (in rauhem Klima besser erst die Eisheiligen im Mai abwarten!). In lockerem, humusreichem Boden mit viel Sonne entwickeln sie sich am besten.

Jetzt den Steingarten bepflanzen

Steingärten stehen hoch im Kurs bei Liebhabern alpiner Flora. Für alle Arten von Abhang und Hügel (meist zur Terrasse hin), aber auch für Stützmauern empfiehlt sich eine Steingartenbepflanzung. Die Arbeiten zur Anlage selbst sollten Sie im Spätherbst ausführen. Durch Schnee und Tauwetter wird sich im Winter die gelockerte Erde zwischen den Steinen verteilen, so daß im Frühling hübsche Nischen und Ecken zum Bepflanzen entstanden sind. Am besten machen Sie sich vor dem Einpflanzen einen Plan, um die zwei großen Blütezeiten optimal auszunützen; das ist einmal das Frühjahr (März bis Mai), zum anderen der Sommer (Mai bis August). Es soll ja in Ihrem Steingarten zu beiden Zeiten üppig blühen. Das bedeutet aber auch zwei Pflanzzeiten. Jetzt kommen die Sommerblüher in die Erde. Die meisten Frühlingsblüher sind jedoch Zwiebelblumen, die erst im Herbst gesetzt werden. Für diese müssen Sie jetzt bei der Pflanzung Platz aussparen.

Zu einem reizvoll gestalteten Steingarten gehören Steine, niedere Gehölze, Blütenstauden (die im Frühsommer und Sommer blühen) und Zwiebelblumen (für die Frühlingsblüte).

Setzen Sie zuerst die Gehölze an markanten Stellen ein; dazu können Sie niedere Nadel- oder Laubgehölze nehmen. Danach die Stauden, die Sie nach Standortansprüchen, Blütezeit, Farbe und Wuchs auswählen sollten. Auch Steppengräser fügen sich harmonisch in den Steingarten ein. Denken Sie jetzt auch an die Frühjahrsblumen, die Sie im Herbst einsetzen möchten. Möglichst flache Stellen aussparen, die sind besonders günstig für sie.

20 beliebte Einjahrsblumen für Direktaussaat

Name	Farbe	Blütezeit
Bechermalve (*Lavatera trimestris*)	weiß, rosa	VIII – X
Bienenfreund (*Phacelia campanularia*)	blau	VI – IX
Edelwicke (*Lathyrus odoratus*) Kletterpflanze!	bunt	VI – X
Fuchsschwanz (*Amaranthus caudatus*)	rot	VII – IX
Kapkörbchen (*Dimorphoteca sinuata*)	orange	VII – VIII
Kapuzinerkresse, niedrige (*Tropaeolum minus*)	gelb, orange, rot	VI – X
Kapuzinerkresse, rankende (*Tropaeolum majus*) Kletterpflanze!	gelb, orange, rot	VI – X
Kornblume (*Centaurea cyanus*)	weiß, rosa, violett, blau	VI – IX
Kreuzblume (*Clarkia unguiculata*)	rosa, rot, blau	VII – IX
Lein (*Linum grandiflorum*)	blau, rot	VII – IX
Prunkwinde (*Ipomoea tricolor* oder *purpurea*) Kletterpflanze!	rot, blau	VII – IX
Ringelblume (*Calendula officinalis*)	gelb, orange	VII – X
Schleierkraut (*Gypsophila elegans*)	weiß	VII – IX
Schleifenblume (*Iberis umbellata*)	bunt	V – VIII
Schmuckkörbchen (*Cosmos bipinnatus*)	weiß, rosa, rot	VI – XI
Schwarzäugige Susanne (*Thunbergia alata*)	gelb, orange	VI – X
Seifenkraut (*Saponaria calabrica*)	rot, weiß	V – VII
Sommer-Phlox (*Phlox drummondii*)	bunt	VI – X
Sonnenblume (*Helianthus annuus*)	gelb, braunrot	VII – IX
Strohblume (*Helichrysum bracteatum*)	bunt	VII – X

Ein guter Rat für alle Steingarten-Fans: Haben Sie Geduld! Selbst beim erfahrensten Gärtner dauert es bis zu 4 Jahren, bis sein Steingarten so eingewachsen ist, wie er es sich wünscht.

Ein Heidegarten zum Anfassen

Wer sich einen Heidegarten schaffen will, für den ist im April/Mai (oder im September/Oktober) Pflanzzeit.
So mancher Gärtner träumt von der Heidelandschaft im kleinen – wie aber sieht's in der Wirklichkeit aus? Der Boden der typischen Heidepflanzen ist in Gärten nur selten zu finden. Er ist sauer, also torfig und etwas sandig. Wer einen mageren Boden vorliegen hat, wird ihn sowieso aufbereiten müssen. Für ihn stehen die Vorzeichen nicht schlecht. Wer aber einen fruchtbaren Lehmboden sein eigen nennt, begeht nahezu ein Verbrechen, wenn er daraus – noch dazu mit hohem finanziellen Einsatz – einen mageren Heideboden schafft.
Die Bodenauf- oder -vorbereitung findet am besten schon im Herbst des vorhergehenden Jahres statt. Torf, Sand und Lauberde werden in den Boden eingearbeitet. Prüfen Sie vor dem Pflanzen den pH-Wert, er sollte zwischen 4 und maximal 5 liegen.
Der Laie stellt sich meist unter Heidegarten violett-rosa Heidekraut vor. Wer aber weiß schon, daß die Erika-Gewächse eine große Familie mit über 50 Arten sind, die ganz unterschiedliche Blütezeiten haben? Daneben gibt es eine Fülle von gezüchteten Sorten und Hybriden.

Pflanzzeit für »Kletterer« – hier *Clematis*-Hybride 'Nelly Moser'.

Erika-Gewächse – Blütezeit das ganze Jahr

Dezember–April:
Schneeheide (*Erica herbacea*)
März–April:
Englische Heide (*Erica x darleyensis*)
Juni–September:
Moor- und Glockenheide (*Erica tetralix*)
Irische Heide (*Daboecia cantabrica*)
Juli–Oktober:
Grauheide (*Erica cinerea*)
Cornwallheide (*Erica vagans*)
August–November:
Besenheide (*Calluna vulgaris*)

Erika-Gewächse gibt es übrigens von Weiß über Rosa bis Dunkelviolett und in unterschiedlichen Wuchshöhen: Kriechend (bis 10 cm), halbhoch (bis 30 cm) und hoch (bis 60 cm). Für einen dichten Bewuchs brauchen Sie etwa 10 Pflanzen pro m^2.

TIP: Pflanzen Sie sie in Gruppen, so daß die unterschiedlichen Farbnuancen und Höhenstrukturen gut zur Geltung kommen.
Daneben gibt es noch eine Reihe anderer Pflanzen, die das Bild einer Heidelandschaft prägen:
Ginster, niedrige Kiefern, Rhododendren und Wacholder, aber auch Steppengräser. Wer dazu noch Kulturheidelbeeren und -preiselbeeren oder Moosbeeren anpflanzt, kann im Spätsommer oder Herbst sogar ernten.

Mit Kletterpflanzen leben

Haben Sie eine Mauer oder Wand, die Ihnen schon lange nicht mehr gefällt, steht Ihr Sinn nach einer lauschigen Sitzecke unter einer Pergola, dann beginnen Sie doch in diesem Monat mit dem Begrünen. Denn jetzt können Klettergehölze gepflanzt werden. Was Sie vorab wissen sollten:

Wurzelkletterer werden oft auch »echte Kletterpflanzen« genannt, weil sie keine Kletterhilfen brauchen, sondern sich mit ihren Haftwurzeln an Wänden festhalten können. Zu ihnen zählen Efeu (*Hedera helix, Hedera hibernica, Hedera colchica*), Kletterhortensien (*Hydrangea petiolaris*) und Wilder Wein (*Parthenocissus*). Ihre Anschaffung sollte gründlich bedacht sein, denn wenn sie sich einmal festgewurzelt haben, sind sie so schnell nicht mehr loszukriegen. Die Wände müssen zudem in einwandfreiem Zustand sein, denn die Haftwurzeln greifen auch in den kleinsten Riß und vergrößern ihn mit der Zeit. Haftprobleme haben diese Kletterer häufig an sandigen oder weißen Wänden. Besonders günstig sind rohe Backsteinwände.

Eine solche Begrünung hat aber auch ihre Vorteile: Die Pflanzen schaffen eine Art natürliche Klimaanlage, denn das zwischen Blättern und Hauswand bestehende Luftpolster hat eine wärmeregulierende Wirkung. Im Sommer wird die Hitze abgehalten, immergrüne Kletterer schirmen das Haus auch im Winter vor zu großer Kälte ab.

Schlingpflanzen umschlingen mit ihren Stengeln und Trieben spiralförmig die Haltevorrichtungen. Zu ihnen gehören das Geißblatt (*Lonicera*), die Glyzine (*Wisteria*), der Hopfen (*Humulus lupulus*), die Pfeifenwinde (*Aristolochia*) und der Schlingknöterich (*Polygonum aubertii*).

Rankpflanzen hingegen besitzen spezielle Rankorgane, mit denen sie sich an Drähten, Spalieren und ähnlichen Haltevorrichtungen festhalten können. Bekannteste Vertreter sind die zahlreichen *Clematis*-Verwandten und Weinreben.

Spreizklimmer haben keine Organe zum Festhalten ausgebildet. Allerdings schicken sie lange Triebe aus, die festgebunden oder durch Gitter gesteckt werden müssen. Beliebte Spreizklimmer sind Kletterrosen und Brombeeren.

Standort. Bedenken Sie vor dem Kauf und Einpflanzen, ob der vorgesehene Standort auch die richtigen Bedingungen erfüllt. Efeu zum Beispiel nie an Südwände pflanzen, *Clematis* lieben meist einen »kühlen Fuß« und Sonne am »Kopf«. Es gibt aber auch Arten, denen der Halbschatten lieber ist. Kletterrosen werden am Spalier vor Hauswänden (wenn sich die Hitze staut) schnell krank. Nur bei ihm können Sie nichts falsch machen: Der Knöterich gedeiht nahezu überall.

Pflanzung an Mauern. Wer Haus- oder Garagenwände begrünen möchte, wählt natürlich eine Pflanzstelle nahe der Mauer. Damit die Mauer aber zumindest im unteren Pflanzbereich vor Feuchtigkeit geschützt wird, sollten Sie hier eine Isolierfarbe auftragen. Alternative: Statt dessen eine etwa 40 cm breite Kiesschicht anlegen.

Einpflanzen. Die Erde im Pflanzloch sehr tiefgründig lockern und die Pflanzen mit einer leichten Neigung zur Wand oder Halterung hin einpflanzen. Die Pflanzerde mit Kompost und einem organischen Volldünger vermischen, auffüllen und gut andrücken. Nach dem Einpflanzen ausgiebig wässern.

TIP: Wenn Sie Ihre Kletterpflanze unter ein hervorspringendes Dach gepflanzt haben, denken Sie daran, sie regelmäßig zu gießen.

Immergrüne Laubgehölze pflanzen

Jetzt ist ein günstiger Zeitpunkt, um immergrüne Laubgehölze zu pflanzen.

12 beliebte Immergrüne

- Berberitze (*Berberis*-Arten)
- Buchsbaum (*Buxus sempervirens*)
- Eibe (*Taxus baccata*)
- Felsenmispel (*Cotoneaster*-Arten)
- Feuerdorn (*Pyracantha*-Arten)
- Geißblatt (*Lonicera*-Arten)
- Lebensbaum (*Thuja occidentalis*)
- Liguster (*Ligustrum*)
- Lorbeerkirsche (*Prunus laurocerasus*)
- Mahonie (*Mahonia aquifolium*)
- Schneeball (*Viburnum x burkwoodii*-Arten)
- Stechpalme (*Ilex aquifolium*)

Alle Immergrünen sind mit Wurzelballen erhältlich. Containerpflanzen werden einige Stunden vor dem Einpflanzen gut gegossen, Ballenware stellen Sie am besten ins Wasser. Beim Einpflanzen den Boden etwa 50 cm tief gut lockern und die Erde mit Kompost versetzen. Die Sträucher kommen so tief in die Erde, wie sie es bereits waren. Ballenpflanzen in das Pflanzloch stellen, Ballentuch aufknüpfen, es muß nicht entfernt werden. Erde auffüllen, gut festtreten und ausgiebig angießen.

Rhododendren pflanzen

Sie zählen ebenfalls zu den immergrünen Laubgehölzen, werden aber wegen ihrer besonderen Ansprüche hier eigens beschrieben.
Rhododendren sind Moorbeetpflanzen und brauchen neben einem humosen, feucht-sauren Boden einen halbschattigen Stand. Wenn Sie sie in Gruppen pflanzen, hält sich der Säuregehalt im Boden besser.
Und so werden Rhododendren eingepflanzt: Den Boden 50 cm tief umstechen und die Pflanzerde mit Aluminiumsulfat, Laub- oder Komposterde, Heide- oder Moorerde, Torf oder Rhodohum versetzen.
Bei schweren Böden empfiehlt sich eine 5 cm dicke Drainageschicht unten im Pflanzloch aus scharfem Sand oder Kies. Die Pflanzen kommen so tief in die Erde, wie sie es bereits waren.
Begleitpflanzen für Rhododendren: Heidekrautgewächse (siehe Seite 63), Farne wie Rippenfarn (*Blechnum*-Arten), Schildfarn (*Polystichum*-Arten) oder Wurmfarn (*Dryopteris filix-mas*), Prachtglocke (*Enkianthus*), Scheinbeere (*Gaultheria procumbens* und Torfmyrte (*Pernettya*), auch Kulturheidelbeere und Kulturpreiselbeere.

Schrebergarten-Idylle im April.

Erster Schnitt für immergrüne Laubhecken

Formhecken aus immergrünen Laubgehölzen erhalten jetzt ihren ersten Schnitt, den zweiten dann im August. Immergrüne geschnittene Hecken benötigen weniger Platz als freiwachsende und sind das ganze Jahr über ein idealer Sicht- und Windschutz. Schneiden Sie generell zuerst die obere waagrechte Ebene und dann nach unten hin verbreiternd die Seitenwände. Eine gespannte Schnur hilft, daß der Schnitt gerade wird.

Im April beginnt die duftige Zeit der Obstbaumblüte. Nicht selten jedoch muß der Gartenfreund Obsteinbußen durch Spätfröste hinnehmen. Geschlossene Blütenknospen überstehen noch −4 °C, sind die Blüten aber geöffnet, vertragen sie nicht mehr als −2 °C.

Noch immer Pflanzzeit

Bis Ende dieses Monats können noch Obstbäume und Beerensträucher gepflanzt werden. Mit einer Fruchtbildung ist aber erst im nächsten Jahr zu rechnen.

Erdbeeren pflanzen

So mancher Gartenspezialist wird erstaunt sein, daß im April zum Erdbeerpflanzen geraten wird. Natürlich bezieht sich dieser Rat nicht auf die üblich gezogenen, großfruchtigen, einmaltragenden Sorten, die am besten im Juli/August ihren Platz im Beet erhalten.
Das Neueste aus der Erdbeer-Welt: Früchte für Kurzentschlossene, die, jetzt gepflanzt, noch im gleichen Jahr geerntet werden können.
Monatserdbeeren sind meist kleiner als die großfruchtigen Sorten, besitzen ein vollmundiges Aroma und tragen vom Frühsommer an bis in den Spätherbst hinein. Sie bilden keine Ausläufer, eignen sich deshalb auch als Weg- oder Beeteinfassungen und können den ganzen Sommer über ausgepflanzt werden. Ja – wer sich Samen besorgt und ihn ins Freiland aussät, kann mit etwas Glück sogar im Herbst schon von den Jungpflänzchen erste Früchte abnehmen.
Großfruchtige, mehrmalstragende Sorten haben Züchter jetzt soweit gebracht, daß sie, im April gepflanzt, bereits im Juli tragen. Dies betrifft natürlich nur ganz spezielle Züchtungen, nach denen Sie fragen sollten, wenn Sie sich dafür interessieren. Sie sind mehrjährig und anschließend wie die althergebrachten Sorten zu pflegen.
Klettererdbeeren können nicht von alleine klettern, sondern müssen hochgebunden werden. Sie bilden sehr starke Ausläufer, die bis in den Spätherbst hinein blühen und recht wohlschmeckende, große Früchte tragen. Sehr hübsch sehen diese Erdbeeren auch hängend in Ampeln aus oder als Balkon- oder Terrassensichtschutz, wenn sie an deren Gitter hochgebunden werden.
Diese Erdbeeren sind allerdings nur einjährig. Wenn Sie sie im folgenden Jahr ebenfalls kultivieren möchten, sollten Sie im Spätherbst einige Ableger abnehmen, überwintern (ist auch im Beet möglich, wenn die Pflänzchen noch Zeit haben anzuwurzeln) und dann im nächsten Frühjahr an die gewünschte Stelle pflanzen.
Frigo-Erdbeeren sind das Neueste auf dem Erdbeer-Markt. Ab Ende April können Sie die Pflanzen großfruchtiger Beeren bei Züchtern in Gartenfachgeschäften und Gärtnereien kaufen. Frigo-Erdbeeren sind voll entwickelte Pflanzen, die in Kühlräumen den Winter über verbrachten und dank spezieller Verfahren das ganze Jahr über gepflanzt werden können. Wer sie ab Ende April bis Juni ins Beet setzt, hat schon nach wenigen Wochen eine reiche Ernte. Die weitere Pflege ist wie bei den herkömmlichen Erdbeeren.
Pflanztips: Boden tiefgründig lokkern, Kompost und etwas Steinmehl in die Pflanzerde mischen. Erdbeeren so tief setzen, daß ihr Herz weder ganz im, noch ganz über dem Boden ist und gut angießen.

Mulchfolie – ja oder nein?

Häufig sieht man Erdbeerpflanzungen auf einer schwarzen Folie. Diese Folie können Sie im Fachhandel beziehen. Sie bringt eine Reihe von Vorteilen, hat aber auch Nachteile.
Vorteile: Die Folie besitzt die Eigenschaft einer neutralen Mulchschicht. Sie hält den Boden feucht, verhindert Unkrautbildung und die Früchte verschmutzen nicht. Sie sparen Aufwand und Zeit, die Erdbeeren mit Stroh unterlegen zu müssen.
Nachteile: Sie haben nicht nur finanzielle Ausgaben beim Kauf der Folie, sondern können auch keine eigenen Jungpflanzen großziehen. Es heißt auch, daß lockerer Boden an heißen Tagen unter der Folie stark austrocknet. Darüber hinaus ist eine harmonische Mischkultur (zum Beispiel mit Zwiebeln) nicht möglich.
Wenn Sie sich für die schwarze Folie entscheiden, sollten Sie noch folgendes beachten:
Vor dem Einpflanzen eine größere Düngermenge (sie muß mindestens für 2 bis 3 Jahre reichen) in den Boden einarbeiten und ihn gut anfeuchten. Dann Folie auflegen und an den Rändern in die Erde einschlagen.
Nun an den Pflanzstellen Folie kreuzförmig einschneiden und die Jungpflänzchen einsetzen.

Rharbarber stellt große Ansprüche an Nährstoffe und Platz.

Achtung: Erdbeerblüte!

Haben Sie die Erdbeeren zur Verfrühung der Ernte mit einer Folie überdacht? Dann vergessen Sie nicht, bei Blühbeginn die Folie zu entfernen, damit die Blüten bestäubt werden können.

Jetzt beginnt die Rhabarber-Ernte

Rhabarber ist ein Tiefwurzler, der einen nahrhaften, lockeren Boden braucht. Er nimmt auch mit Halbschatten und rauhem Klima vorlieb, ist aber ein ausgesprochener Starkzehrer. Nicht umsonst findet man ihn so häufig in der Nähe des Komposthaufens, wo er prächtig gedeiht. Er wird im Herbst gepflanzt oder – falls Sie schon eine Pflanze besitzen – geteilt. Geerntet wird erst im zweiten Jahr nach der Pflanzung – und auch dann nur einige dicke Stiele. Vollreif ist der Rhabarber erst ab dem 3. Jahr.

Die Ernte erstreckt sich von Mitte April bis Ende Juni. Danach sollten Sie keine Stengel mehr abnehmen, damit er Kraft sammeln und einlagern kann. Rhabarber kann etwa 8 Jahre auf ein- und demselben Platz bleiben. Danach läßt der Ertrag nach. Am besten teilen Sie dann den alten Stock und pflanzen ihn an einem neuen Ort ein.

Und so wird Rhabarber geerntet: Stiele am Wurzelhals herausdrehen, nie schneiden. Die Pflanze kann sonst zu faulen beginnen. Nie alle Stiele auf einmal entnehmen.

TIP: Essen Sie nur die gekochten Stiele, die Blätter sind gesundheitsschädlich!

Beerenhochstämmchen – liebenswert und verspielt

Stachel-, Josta- und Johannisbeeren müssen nicht immer nur als Sträucher im Garten stehen. Freilich sind sie in dieser Form auch nützliche Helfer in Sachen Windschutz. Wer sie schon längere Zeit hegt, weiß aber auch, wie ausladend diese Sträucher werden können.

Viel zierlicher sind da die nostalgischen Hochstämmchen, die sich seit einigen Jahren zunehmender Beliebtheit erfreuen. Für kleine Gärten sind sie nahezu ideal, weil sie weniger Platz brauchen und den Garten optisch größer erscheinen lassen. Bei ihnen spielt sich alles auf »höherer Ebene« ab, so daß der Platz darunter auch noch für andere Pflanzungen genutzt werden kann.

Hochstämmchen passen ins Blumenbeet (was man von den Sträuchern nicht sagen kann) oder lassen sich auch unten herum hübsch bepflanzen, zum Beispiel mit Ringelblumen oder Tagetes. Für Kurzentschlossene ist jetzt gerade noch Zeit, sich Hochstämmchen in den Garten zu holen.

Was Sie dazu wissen sollten: Hochstämmchen haben eine geringere Lebensdauer (maximal 10–12 Jahre) als Sträucher. Sie werden auf Stämmchen der Goldjohannisbeere

(*Ribes aureum*) veredelt und sind in 2 Höhen erhältlich:
– 30 cm hohe Stämmchen bezeichnet man als Fußstämme,
– 120 cm hohe als eigentliche Hochstämmchen.
Ihre Veredelungsstelle ist die Schwachstelle vieler Hochstämmchen. In Gärtnereien werden sie gegen Pilzbefall sorgsam vorbehandelt. Bei geringen Verletzungen danach, siedeln sich gerade Pilze aber dort gerne an. An dieser Stelle bleibt das Hochstämmchen Zeit seines Lebens bei Wind und Schnee gefährdet: Es kann leicht brechen. Deshalb erhält es unbedingt eine Halterung. Entweder einen imprägnierten Pfahl, der in die Krone hineinragen muß – damit sowohl der Stamm wie ein kräftiger Trieb der Krone daran angebunden werden kann – oder ein dreieckiges Gestell, auf dem die Krone gut aufliegt, was sich besonders bei schwerem Fruchtbehang empfiehlt.
So werden Hochstämmchen gepflanzt: Pflanzgrube ausheben und Haltepfahl einschlagen. Pflanzerde mit organischem Volldünger und Kompost versetzen. Wurzeln des Hochstämmchens beschneiden und Pflanzschnitt durchführen: 5 bis maximal 7 kräftige Triebe zur Kronenbildung belassen. Sie sollen möglichst gleichmäßig um den Stamm verteilt sein. Sie werden etwa um die Hälfte oder ein Drittel eingekürzt, die anderen Triebe werden herausgenommen. Schnittstellen mit Lac-Balsam bestreichen, damit keine Pilze eindringen können. Das Stämmchen 5–10 cm tiefer als es zuvor stand, einpflanzen. Erde auffüllen, andrücken und gut angießen.

Süßkirschen – zauberhafte Blüte, aber nicht selbstfruchtbar.

Hochstämmchen am Stamm (nicht an der Veredelungsstelle) mit einem Kokosstrick oder spezieller Kunststoffhalterung in einer Acht anbinden. Einen kräftigen Trieb der Krone ebenfalls festbinden.
Mulchen Sie den Fuß des Hochstämmchens oder säen Sie Blumen darunter an. So bleibt die Erde feucht. In den folgenden Jahren nach der Pflanzung werden Hochstämmchen wie die Sträucher geschnitten: Das Auslichten erfolgt gleich nach der Ernte oder im zeitigen Frühjahr.
Wer mehrere Hochstämmchen nebeneinander stellen möchte, sollte auf einen Pflanzabstand von mindestens 1,50 m achten.

Beerensträucher von eigener Hand

Beerensträucher können jetzt durch Ableger oder Absenker vermehrt werden – zwei Verfahrensweisen, die Ihnen schnell kräftige neue Sträucher bringen.
Ablegen ist eine Vermehrungsmethode, die günstig für Himbeeren,

Johannis-, Josta- und Stachelbeeren ist. Einfach einen kräftigen Vorjahrestrieb der ganzen Länge nach in eine Rille legen und festhaken. Nach einigen Wochen haben sich daraus Wurzeln gebildet, nach oben wachsen junge Triebe. Sobald diese etwa 16–20 cm lang sind, wird die Rille mit Kompost bedeckt, etwas angehäufelt und immer feuchtgehalten. Im Herbst können Sie die unterirdische »Mutterrute« durchtrennen und haben nun kleine Jungpflanzen, die Sie am besten gleich an ihren späteren Platz einsetzen.

Absenken ist ein ähnliches Verfahren, bei dem man jedoch immer nur eine Jungpflanze gewinnt. Ein kräftiger vorjähriger Trieb wird in eine Erdvertiefung oder einen Blumentopf gesenkt, dort befestigt und mit Erde bedeckt. Die Triebspitze bindet man senkrecht an eine Halterung nach oben. Wenn Sie die Stelle gleichmäßig feucht halten, hat sich bis zum Herbst in der Absenkung eine Jungpflanze gebildet, die Sie nun abtrennen und verpflanzen können. Ein geeignetes Verfahren für Johannis-, Josta- und Stachelbeeren.

Obstbaumveredelung jetzt möglich

Sobald die Obstbäume wieder »voll im Saft« stehen, können Rindenpfropfungen vorgenommen werden. Bei Kirschen und Zwetschen gelingt das Pfropfen im April – also zur Blütezeit – am besten. Apfel- und Birnbäume können noch bis in den Mai hinein veredelt werden.

Die einfachste Methode ist die Kopulation. Die Edelreiser dazu wurden bereits im Januar während der Saftruhe abgenommen. In dieser Zeit wird auch die Krone des Baumes, der veredelt werden soll, zurückgeschnitten.

Nun im April schneiden Sie die Edelreiser in Stücke mit 3–5 Augen, der sogenannte Pfropfkopf, die Unterlage der Pfropfung wird ebenfalls geschnitten: Kürzen Sie den Ast um weitere 20 cm. Dann wird seine Rinde senkrecht eingeschnitten und die beiden Rindenlappen mit dem Messer angehoben. Beim Edelreis machen Sie nun den Kopulationsschnitt. Das ist ein 4–5 cm langer schräger Schnitt (wie beim Anschneiden von Rosen für die Vase), der gegenüber einem Auge vorgenommen werden sollte. Wichtig ist, daß dieser Schnitt absolut glatt ist, sonst gelingt die Pfropfung nicht. Nehmen Sie dazu ein scharfes Kopulationsmesser. Berühren Sie die Schnittfläche nicht, wenn Sie das Reis zwischen die Rindenlappen der Pfropfunterlage schieben. Von der Schnittfläche soll übrigens noch ½ cm sichtbar bleiben. Nun wird die Veredelungsstelle mit Bast verbunden und mit Baumharz verstrichen. Nach 2–3 Wochen kann das Reis bereits austreiben. Auf dickere Pfropfenunterlagen können mehrere Reiser gleichzeitig aufgepfropft werden.

Kirschblüte und Regen?

April ist der Monat der Kirschblüte. Regnet es in dieser Zeit häufig, beobachten Sie Ihren Kirschbaum! Regnet es nämlich in die Blüte, so ist dem Pilz *Monilia* Tür und Tor geöffnet. Bemerkbar macht er sich durch Absterben von Ästen. Es beginnt an den Triebspitzen und schreitet schnell nach innen vor. Greifen Sie dann gleich zur Schere und schneiden Sie die Zweige bis weit ins gesunde Holz zurück. Die erkrankten Zweige nicht auf den Kompost geben, sondern verbrennen!

Blüten vor Frost schützen

Treten um diese Jahreszeit Fröste auf, so handelt es sich oft um sogenannte Bodenfröste. Sie schädigen die jungen Blüten, weil sie über lockerem, feuchtem und bewachsenem Boden am meisten ausstrahlen. Wässern Sie deshalb bei Frostgefahr Ihre Obstbäume nicht!

Wichtig ist es auch, den Boden unter Obstbäumen von Unkraut oder Mulchdecken zu befreien und zu lockern. So reduzieren Sie die Strahlungsfrostgefahr.

»Man säe nur, man erntet mit der Zeit«, wußte schon Goethe in seinem Faust zu berichten. Jetzt im April kommt dieser Spruch zur direkten Anwendung, denn im Gemüsegarten können Sie nun beinahe schon alles aussäen. Vergessen Sie vor allen Dingen nicht, bei steigenden Temperaturen in Frühbeet und Gewächshaus zu schattieren und zu lüften.

Aussaat ins Freiland

Bis auf die wärmebedürftigen Gemüse-Sorten, die erst nach den Eisheiligen im Mai ins Beet kommen sollten, können Sie bereits eine ganze Menge säen:
Blattmangold, Blumenkohl, Eissalat, Kohlrabi, Kopfsalat, Markerbsen, Möhren, Porree, Radieschen, Rettiche, Rosenkohl, Rote Bete, Rotkohl, Sommer-Endivie, Weißkohl, Wirsing, Zuckererbsen.

Pflanzen ins Freiland

Nun ist auch Pflanzzeit für Gemüsesetzlinge, die es beim Gärnter oder auf dem Wochenmarkt zu kaufen gibt:
Blumenkohl, Eissalat, Kohlrabi, Kopfsalat, Pflücksalat und alle anderen Kohlarten.

Gurken, Zucchini und Co

Gegen Monatsmitte können Sie Gurken, Kürbisse, Melonen und Zucchini im Frühbeet oder Gewächshaus aussäen. Sie zählen alle zu den Kürbisgewächsen und sind Starkzehrer. Also nicht mit anderen Starkzehrern zusammenpflanzen! Ins Freiland können sie erst nach den Eisheiligen im Mai gesät oder gepflanzt werden, denn alle Kürbisgewächse sind frostempfindlich.
Ernte: Juli-September/Oktober.

Tomate, Paprika und Aubergine

Sie können gar nicht genug Wärme abbekommen. Haben Sie sie im März am Fensterbrett oder im Gewächshaus bereits ausgesät? Dann ist es jetzt vermutlich soweit, die keimenden Sämlinge zu pikieren. Gewächshausbesitzer – besonders solche in rauheren Lagen – werden diese Edelgemüse bis zur Ernte im Gewächshaus kultivieren, wo sie kein Wetter-Risiko eingehen. Sie pflanzen die Sämlinge deshalb am besten gleich ins Gewächshausbeet. Wer hingegen kein Gewächshaus besitzt und die Aufzucht im Garten versuchen will, sollte sie nun in Töpfchen vereinzeln (zum Beispiel Torfpreßtöpfe, dann müssen Sie sie nicht mehr austopfen) und die Keimlinge bis nach den Eisheiligen weiter am Fensterbrett hegen.

Kein Garten ohne Kräuter

Kräuter sind bei jedem Gericht das »Tüpfelchen auf dem I«. Auch wenn Ihr Garten noch so klein ist, auf diese aromatische Nachbarschaft sollten Sie in keinem Fall verzichten. Küchenkräuter geben Speisen nicht nur ihre ganz charakteristische Note, sie besitzen auch fein dosierte Heilkraft und nützen anderen Pflanzen. Lavendel zum Beispiel hält Läuse von Rosen fern, duftet herrlich und hat auf den Menschen eine nervenstärkende Wirkung.

Was Sie über Kräuter wissen sollten

Es gibt Küchenkräuter, die Sie jedes Jahr neu aussäen oder pflanzen müssen, daneben auch zwei- und mehrjährige (siehe Tabellen, Seite 71 und 92). Gärtnereien, Gartencenter, Wochenmärkte und Supermärkte führen um diese Jahreszeit ein erstaunliches Angebot an jungen Kräuterpflanzen, so daß Sie sich bei vielen die Mühe der Aufzucht ersparen können.
Zahlreiche Kräuter sind eigentlich im

Kohlpflänzchen werden eingesetzt.

Einpflanzen von Eichblattsalat.

Knollensellerie kommt ins Beet.

Mittelmeeraum zu Hause und brauchen ein gewisses Maß an Wärme. Sie sollten daher erst im Mai ins Freie kommen. Pflanzen oder säen Sie Kräuter nie in ein frischgedüngtes Beet. Üppiges Wachstum und große Blätter bedeuten bei Gewürzkräutern fast immer eine Geschmackseinbuße. Kräuter wollen einen eher mageren, wasserdurchlässigen und lockeren Boden. Der Standort sollte windgeschützt und sonnig sein.

Salat richtig starten

Wenn Sie jetzt Salat aussäen oder pflanzen, sollten Sie Frühsommer-Sorten wählen. Ab Ende April/Mai sind dann Sommer-Sorten geeigneter.

Hier die wichtigsten Tips, damit Sie mit Erfolg kultivieren:

Einpflanzen: Salat nie zu tief pflanzen. Setzlinge nur bis zum Wurzelhals in die Erde geben; die Blätter sollen den Boden nicht berühren. Topfballen müssen mindestens 1 cm über den Boden hinausstehen. Der Pflanzabstand sollte etwa 30 cm betragen.

Düngen: Besser keinen mineralischen Dünger verwenden, da Salatpflanzen salzempfindlich sind. Im Herbst Kalkgabe, im Frühjahr vor der Pflanzung 20 g organischer Volldünger pro m^2. Sobald der Salat »kopft« noch einmal 40 g pro m^2.

Kranker Salat entsteht häufig, wenn der Boden mit zu kurz abgelagertem Stallmist oder zu jungem Kompost versetzt wurde. Kranke Pflanzen und alle Blätter sofort entfernen, nicht auf den Komposthaufen! Achtung: Krankheitskeime können im Boden jahrelang lebendig bleiben.

13 Kräuter fürs Freiland im April

Anis	Zweijährig. Dunkelkeimer. Aussaat in Reihen mit 25–30 cm Abstand.
Borretsch	Einjährig. Dunkelkeimer. Aussaat in Reihen mit 30–40 cm Abstand. Blüten sind gute Bienenweide und eßbar. Mischkultur mit Zucchini.
Dill	Einjährig. Dunkelkeimer. Aussaat in Reihen mit 25–30 cm Abstand. Biogärtner schwören darauf, daß Dillsamen anderen Gemüsesamen aufgehen hilft. Mischkultur mit Bohnen, Erbsen, Gurken, Kohl, Salat.
Estragon	Mehrjährig: 2 Sorten: Französischer (auch Deutscher) Estragon feinwürzig, aber kälteeimpfindlicher als Russischer Estragon, der weniger aromatisch aber robust ist. Dunkelkeimer. Aussaat oder Setzlinge pflanzen. In rauhen Lagen Winterschutz aus Fichtenreisig nötig.
Kerbel	Einjährig. Dunkelkeimer. Aussaat in Reihen mit 10 cm Abstand. Im Handel sind glatt- und krausblättrige Sorten. Enthält ätherische Öle und Bitterstoffe, die angeblich Läuse und Ameisen abhalten. Tomaten neben Kerbel gedeihen nicht. Mischkultur mit Salat.
Koriander	Zweijährig. Dunkelkeimer. Aussaat in Reihen mit 25–30 cm Abstand.
Kresse	Einjährig. Lichtkeimer. Aussaat in Reihen mit 10 cm Abstand. Mischkultur mit Radieschen.
Kümmel	Zweijährig. Dunkelkeimer. Aussaat in Reihen mit 25–30 cm Abstand. Blüten und Früchte erscheinen erst im 2. Jahr. Nie zu Fenchel pflanzen! Mischkultur mit Gurken, Kohl, Roten Beten.
Liebstöckel	Mehrjährig. Keimt schlecht, besser Setzlinge pflanzen. Hemmt Wachstum anderer Pflanzen. Extraplatz geben!
Melisse	Mehrjährig. Dunkelkeimer. Aussaat möglich, Setzlinge pflanzen ist schneller und praktischer. Treibt jedes Jahr neu aus. Gute Bienenweide!
Petersilie	Zweijährig. Dunkelkeimer. Keimt im Frühjahr schwer, besser Setzlinge pflanzen. Im Handel sind glatt- und krausblättrige Sorten, glatte sind aromatischer. Keimtip: Sacktuch über Aussaatstelle legen und immer feucht halten. Nie an die gleiche Stelle pflanzen, ist mit sich selbst unverträglich. Mischkultur mit Radieschen, Rettichen, Tomaten, Zwiebeln.
Schnittlauch	Mehrjährig. Dunkelkeimer. Aussaat oder gekaufte Stöcke pflanzen. Mischkultur mit Erdbeeren, Möhren, Salat.
Thymian	Mehrjährig. Dunkelkeimer. Aussaat langwierig; besser Setzlinge pflanzen. In rauhen Lagen eventuell Winterschutz. Wehrt Kohlweißlingsraupen und Läuse ab.

Gegen Läuse hilft angeblich Kerbel, der zwischen die Salatpflanzen gesät wird.
Mischkultur mit Bohnen, allen Kohlarten, Möhren, Radieschen, Rettichen, Porree, Tomaten, Zwiebeln.
Nachkultur: Gurken, Kohl, Knollenfenchel, Porree, Rote Bete, Tomaten.

So bleibt Ihr Kohl gesund

Wie beim Salat müssen Sie, wenn Sie jetzt Kohl aussäen oder pflanzen möchten, frühe Sorten wählen. Ein Kennzeichen der meisten Kohlgewächse ist die Zweijährigkeit. Die Pflanzen sammeln während ihres ersten Lebensjahres Kraft und Nahrung, die sie dann im zweiten Jahr zur Blüten- und Samenbildung brauchen. Dazu kommt es jedoch recht selten, denn sie werden schon im ersten Jahr geerntet.
Grunddüngung. Vor dem Einpflanzen etwa 50 g eines Gemüsevolldüngers pro m^2 in den Boden einarbeiten.
Vorbeugung. Die gefürchtetste Kohlkrankheit ist die Kohlhernie, eine Pilzerkrankung, die Sie an Wucherungen im Wurzelbereich erkennen können. Wenn Sie diese feststellen, müssen Sie jeden Kohl im Beet vernichten und dürfen dort mindestens 5 Jahre lang keine Kohlgewächse mehr anbauen.
Dieses Malheur können Sie durch gezieltes Vorbeugen umgehen: Streuen Sie einfach ins Pflanzloch Ihrer Kohlpflänzchen Algenkalk (er hemmt die Ausbreitung der Pilzsporen) oder mischen Sie ihn mit der Grunddüngung unter den Boden (250 g pro m^2).
Pflanzabstand. Er ist unterschiedlich, je nach Wuchsform. Hier einige Anhaltspunkte: Kohlrabi etwa 25 × 30 cm, Blumenkohl, Brokkoli, Rosenkohl, Rotkohl, Weißkohl und Wirsing: 50 × 50 cm.
Gegen Läuse hilft ein Bestäuben mit Holzasche oder Urgesteinsmehl.
Kohlweißlinge werden angeblich von zwischengepflanzten Tomaten und Sellerie vertrieben.
Mischkultur mit Bohnen, Gurken, Kopfsalat, Rettichen, Sellerie, Spinat, Tomaten.
Nachkultur: Bohnen, Fenchel, Möhren, Porree, Rote Bete, Salat, Sellerie, Tomaten.

Das Wichtigste über Erbsen

Erbsen gehören wie Bohnen zur Familie der Schmetterlingsblütler. Sie sind Menschen und Boden außerordentlich dienlich, denn sie besitzen einen hohen Eiweißgehalt und bilden an ihren Wurzeln kleine Knöllchen, in denen Bakterien leben, die Stickstoff ansammeln und binden. Erbsen wie Bohnen sind also nicht nur hochwertige Gemüsearten, sondern auch eine Art Gründüngung für den Boden. Erbsen sind Schwachzehrer und wegen ihrer bodenverbessernden Eigenschaften eine ideale Vorfrucht. Es gibt 3 Erbsen-Arten:
Markerbsen werden Anfang April gesät und können im Juni geerntet werden. Sie schmecken sehr süß und zart, wenn sie jung geerntet werden. Pflücken Sie sie zu spät, sind sie runzelig und hart.
Pal- oder Schalerbsen mit ihren großen glatten Körnern schmecken leicht mehlig, weil sie viel Stärke eingelagert haben. Sie können noch früher als die Markerbsen gesät werden, also bereits Mitte März.
Zuckererbsen sind eine Delikatesse. Sie werden ganz jung geerntet, noch bevor der Kernansatz sehr deutlich ist, und mit der Schote gegessen. Da Zuckererbsen schon einen etwas erwärmten Boden schätzen, säen Sie sie besser erst ab Mitte April aus.
Rankhilfen sind für die Kultur von Erbsen unerläßlich. Errichten Sie sie noch vor der Aussaat. Geeignet ist jede Art von Drahtgeflecht, an dem sie sich hochranken können. Es sollte mindestens 150 cm hoch sein.
Düngen Sie vor der Aussaat, zum Beispiel mit einem organischen Volldünger oder einem Gemüsedünger. Achten Sie darauf, daß der Stickstoffgehalt nicht zu hoch ist, sonst werden Erbsen anfällig für Krankheiten und Schädlinge.
Anhäufeln. Sobald die jungen Erbsen 10–15 cm hoch sind, werden sie angehäufelt. So bekommen sie einen festeren Halt.
Gießen Sie immer von unten. Sie vermeiden dadurch Erkrankungen.
Mischkultur mit Dill, Fenchel, Kohlrabi, Möhren, Radieschen, Rettichen, Salat.
Nachkultur: Endivien, Fenchel, Kohlarten, Möhren, Salat.

Knoblauch – der heiße Tip

Knoblauchzehen werden Ende März/Anfang April gesteckt. Sie kommen etwa 5 cm tief in die Erde in einem Abstand von 15 cm. Am besten gedeiht Knoblauch in warmen, lockeren Böden. Sie brauchen aber kein eigenes Beet für ihn zu reservieren. Stecken Sie ihn doch einfach als heilsame Mischkultur zwi-

schen Erdbeeren, Himbeeren, Gurken, Möhren und Tomaten, oder unter Obstbäume. Bewährt hat er sich auch bestens zwischen Rosen und Lilien. Er schützt die Nachbarpflanzen vor Pilzerkrankungen und schreckt gelegentlich auch Wühlmäuse und Schnecken ab.
Im März/April gesteckter Knoblauch ist im September/Oktober zu ernten. Die alternative Wachstumsphase beginnt mit dem Stecken im Oktober, dann ist im Juni des folgenden Jahres Erntezeit.
Mischkultur mit Erdbeeren, Himbeeren, Gurken, Möhren, Roten Beten, Tomaten.

Frühkartoffeln aus eigenem Anbau

Wenn Sie im Juni bereits Kartoffeln aus dem eigenen Garten ernten wollen, so müssen Sie nun die vorgekeimten Knollen (siehe Seite 53) in die Erde bringen. Der Boden sollte allerdings schon eine Temperatur von 8°C haben.
Bodenvorbereitung. Etwa 2 Wochen vor dem Einpflanzen wird der Boden tief gelockert und gut gedüngt (zum Beispiel mit einem Volldünger 40–60 g pro m^2). Nehmen Sie keinen Stallmist, er wird von frühen Sorten kaum aufgenommen.
Pflanzen. Die Knollen mit den Trieben nach oben etwa 10 cm tief im Abstand von 30 cm zueinander in die Erde bringen (Reihenabstand 50 cm).
Anhäufeln. Sobald die Kartoffeln 10–15 cm hoch sind, werden sie angehäufelt. Das fördert die Entwicklung der Knollen.
Mischkultur: Kartoffeln eignen sich schon wegen ihres Wuches weniger gut für Mischkultur. Sie können Kartoffelbeete jedoch mit Koriander und Meerettich umpflanzen.
Nachkultur: Kohlrabi, Radieschen, Salat, Spinat.

TIP: Genauso gepflegt werden mittelfrühe und späte Sorten. Sie kommen spätestens im Mai in die Erde und sind im August/September zu ernten. Diese Sorten können auch gut gelagert werden.

Im April können Sie ernten:

Kresse, Rharbarber, Radieschen, Schnittlauch, Spinat.

Gemüsegarten im April: Mischkultur mit Erdbeeren und Zwiebeln.

Zeigerpflanzen

Wer zum ersten- oder zweitenmal seinen Garten bestellt, ist oft noch etwas unsicher, was die Qualität seines Bodens anbelangt und was er folglich zu dessen Aufbereitung oder bei der Auswahl der Pflanzen tun oder lassen sollte.
Für jedermann einfach anwendbar sind die im Fachhandel erhältlichen Bodenprobe-Sets, die Ihnen schnell Aufschluß über die Beschaffenheit Ihres Gartenbodens geben. Noch einfacher freilich ist es, sich einmal in Beet oder im Rasen die Unkräuter genau anzusehen, die immer wieder kommen und manchen Gartenfreund schon zur Verzweiflung getrieben haben.
Sie sind deshalb nicht »auszurotten«, weil sie sich gar so wohl fühlen, weil sie in Ihrem Gartenboden genau die Bedingungen vorfinden, die ihnen optimale Lebensmöglichkeiten bieten. Da viele Pflanzen ganz eigene Ansprüche haben, sind sie ein Indiz für ganz bestimmte Bodenarten. Man nennt sie Zeigerpflanzen. Der Gärtner muß nur die Zeichensprache der Natur »lesen« können. Damit Sie richtig lesen, hier einige Tips:

– Ein gelegentliches Vorkommen einer Zeigerpflanze ist noch kein sicherer Hinweis für eine bestimmte Bodenart.
– Die Bestimmung ist um so sicherer, wenn die Pflanzen gehäuft und immer wieder erscheinen.
– Die größte Wahrscheinlichkeit besitzt die Bestimmung, wenn Sie möglichst viele Pflanzen einer Indiz-Gruppe gemeinsam vorfinden. Halten Sie also die Augen nach allen Seiten hin offen!
– Untersuchungen haben ergeben, daß jeder Quadratmeter Gartenboden etwa 150 000 keimfähige Samen enthält, die unter für sie günstigen Bedingungen zu keimen beginnen. Mit jedem Eingriff in den Boden (Hacken, Düngen, Kalken usw.) verändern Sie die Ausgangslage, so daß das plötzliche gehäufte Auftreten bestimmter Pflanzen ein Alarmsignal – oder ein Grund zur Freude – sein kann.
– Übrigens: Nicht jedes Unkraut ist eine Zeigerpflanze, manche wachsen auf jedem Boden.

Stickstoff- und humusreichen Boden zeigen an:
Bingelkraut (*Mercurialis perennis*)
Brennessel (*Urtica*)
Echte Kamille (*Matricaria chamomilla*)
Gemeines Kreuzkraut (*Senecio vulgaris*)
Hirtentäschel (*Capsella bursa-pastoris*)
Spreizende Melde (*Atriplex patula*)
Vogelmiere (*Stellaria media*)

Stickstoffarmen Boden zeigen an:
Besenginster (*Sarothamnus scoparius*)
Hungerblümchen (*Erophila verna*)
Hornkraut (*Cerastium*)
Scharfe Fetthenne (*Sedum acre*)
Berg-Ziest (*Stachys alpina*)

Kalkarmen Boden zeigen an:
Adlerfarn (*Pteridium aquilinum*)
Hederich (*Raphanus raphanistrum*)
Hundskamille (*Anthemis arvensis*)
Kleiner Ampfer (*Rumex acetosella*)
Stiefmütterchen (*Viola tricolor*)
Weiches Honiggras (*Holcus mollis*)

Kalkreichen Boden zeigen an:
Ackerrittersporn (*Consolida regalis*)
Kleiner Wiesenknopf (*Sanguisorba minor*)
Rotblauer Steinsame (*Buglossoides purpurocaerulea*)
Sommeradonisröschen (*Adonis aestivalis*)
Wegwarte (*Cichorium intybus*)
Wiesensalbei (*Salvia pratensis*)

Leichten, sandigen Boden zeigen an:
Einjähriges Knäuelkraut (*Scleranthus annuus*)
Frühlingshungerblümchen (*Erophila verna*)
Hasenklee (*Trifolium arvense*)
Heidennelke (*Dianthus deltoides*)
Pechnelke (*Viscaria vulgaris*)
Sandmohn (*Papaver argemone*)

Lehmigen Boden zeigen an:
Ackerhahnenfuß (*Ranunculus arvensis*)
Ackerkratzdistel (*Cirsium arvense*)
Echte Kamille (*Matricaria chamomilla*)
Huflattich (*Tussilago farfara*)
Löwenzahn (*Taraxacum officinale*)
Wegwarte (*Cichorium intybus*)

Sauren Boden zeigen an:
Ackerziest (*Stachys officinalis*)
Bunter Hohlzahn (*Galeopsis speciosa*)
Gelber Hohlzahn (*Galeopsis segetum*)
Scharfer Hahnenfuß (*Ranunculus acris*)
Waldehrenpreis (*Veronica officinalis*)
Wollgras (*Eriophorum*)

Staunässe zeigen an:
Ackerminze (*Mentha arvensis*)
Ackerschachtelhalm (*Equisetum arvense*)
Großer Wiesenknopf (*Sanguisorba officinalis*)
Huflattich (*Tussilago farfara*)
Kriechender Hahnenfuß (*Ranunculus repens*)
Wiesenknöterich (*Polygonum bistorta*)

MAI

Wenn's im Mai viel regnet,
ist das Jahr gesegnet.

1

2

3

4 Christi Himmelfahrt
Himmelfahrt im Sonnenschein,
dann wird der Herbst gesegnet sein.

5

6

7

Stanislaus
Wenn naht der hl. Stanislaus,
sollen die Kartoffeln raus.

8

9

10

11

Pankratius

12

Servatius

13

Bonifatius
Was die drei Wetterheiligen nicht verderben,
wird nicht mehr an großer Kälte sterben.

14

15

16

17

18

19

20

21

22

23

24

St. Urban bringt keinen Frost mehr her,
der dem Weinstock schädlich wär'.

25

26

27

28

29

30

31

Der Mai besitzt wohl die für den Gärtner wichtigste Temperaturmarke: Die Eisheiligen. Erst wenn die 3 Eisheiligen Pankratius, Servatius und Bonifatius (12.–14. Mai) und nachfolgend die »Kalte Sofie« (15. Mai) vorüber sind, beginnt für alle frostempfindlichen Blumen und Gemüse die Freilandzeit. Nehmen Sie diese alte Gärtnerregel nicht zu wörtlich: Manchmal kommen die Eisheiligen unverhofft schon früher – und manchmal lassen sie sich Zeit, mitunter bis zum 20. Mai.

Pflege von Zwiebelblumen nach der Blüte

Fruchtknoten abschneiden. Wenn Tulpen, Narzissen und Kaiserkronen abgeblüht sind und ihre Blütenblätter abgeworfen haben, schneiden Sie den Blütenrest unter dem Fruchtknoten ab, damit die Pflanzen nicht zuviel Kraft in die Bildung des Samens vergeuden. Bei Hyazinthen entfernt man die kleinen Blüten an der Ähre, indem man mit der Hand von unten nach oben streift.
Düngen. Die Frühlingsblumen können Sie im Boden lassen, sie vermehren sich und bilden mit der Zeit größere Gruppen – allerdings werden ihre Blüten dabei kleiner. Bleiben sie im Boden, sollten sie nach der Blüte gedüngt werden. Am besten streut man einen organischen Volldünger um die Pflanzen und gießt gut nach.
Einziehen lassen. Stengel und Blätter aller Frühlingszwiebelblumen dürfen erst dann entfernt werden, wenn die Blume »eingezogen« hat, das heißt, wenn das Laub vergilbt und abgestorben ist. Schneiden Sie es noch grün ab, treiben die Zwiebeln im nächsten Frühjahr nicht aus.
Ganz wichtig: Beim Mähen also verwilderte Zwiebelblumen im Rasen aussparen.
Aus der Erde nehmen. Wer seine Frühlingsblumen den Sommer über aus dem Beet nehmen möchte, weil er es anderweitig nutzen will, muß ebenfalls damit warten, bis sie eingezogen haben. Ganz Eilige können die Blumen (allerdings mit viel Erde) mit der Grabgabel aus dem Boden heben und an eine andere schattige Stelle pflanzen, damit sie dort einziehen können. Wenn es soweit ist, müssen Sie die Zwiebeln ausgraben und gut abtrocknen lassen. Erst wenn sie und Wurzeln völlig trocken sind, entfernt man die abgestorbenen Teile, auch die vertrockneten Zwiebelhäute. Anschließend werden die Zwiebeln in flache Kästen gelegt und luftig, kühl und trocken gelagert. Nächste Einpflanzzeit ist September/Oktober. Vergessen Sie nicht, sie zu kennzeichnen (Sorten, Farben)!

Was Pfingstrosen jetzt brauchen

Pfingstrosen (*Paeonia officinalis* und *lactiflora*) bezaubern im Mai und Juni mit ihren weißen, rosa und roten Blüten. Neueste Züchtungen haben sogar champagnerfarbene Blüten zustande gebracht. Seien Sie nicht enttäuscht, wenn Ihre Paeonien in den ersten beiden Jahren nach der Pflanzung noch nicht so prächtig blühen, wie Sie es sich erhofft haben. Pfingstrosen brauchen eine Anlaufzeit – dafür werden sie aber auch uralt. Man hat schon von 50jährigen Paeonien gehört. Geben Sie ihnen deshalb einen Platz, an dem sie ungestört viele Jahre gedeihen können. Pfingstrosen erhalten – wenn sie auszutreiben beginnen (im April) und nach der Blüte – einen organischen Volldünger (rein mineralische Dünger bekommen ihnen nicht gut) und sollten bis zur Blüte und währenddessen gut gegossen werden. Pfingstrosen sind auch in der Vase ein Traum. Am besten nehmen Sie sie in knospigem Zustand ab und nie alle Blüten auf einmal! Lassen Sie der Staude so viele Blätter wie möglich zum Regenerieren. Wenn sich die Triebe unter den schweren Blüten zu Boden neigen, binden Sie sie zusammen, damit die Pflanze optisch nicht auseinanderfällt.

TIP: Wußten Sie übrigens, daß es neben den Stauden auch Strauchpaeonien (*Paeonia suffruticosa*) gibt? Sie sind genauso robust wie die Stauden und werden bis zu 3 m hoch.

Vorgezogene »Einjährige« auspflanzen

Einjährige Blumen, die Sie an der Fensterbank oder im Gewächshaus vorgezogen haben, kommen nach den Eisheiligen in den Garten an Ort und Stelle. Geben Sie ihnen als Grunddüngung einen organischen Volldünger in den Boden. Manche reagieren auf die Umpflanzung ins Freie mit einem vorübergehenden Wachstumsstopp. Fleißige Lieschen bekommen gelegentlich sogar gelbe Blätter. Das ist aber nicht weiter bedenklich. Pflanzen Sie die Setzlinge an einem trüben Tag oder gegen Abend, so daß sie nicht gleich der vollen Sonne ausgesetzt sind. Empfindliche Arten können Sie in den ersten Tagen schattieren.

Jetzt blüht der Flieder

Fliederzweige, die für die Vase bestimmt sind, mit langem Schnitt schräg anschneiden oder klopfen. Am besten die Blätter entfernen. Sie verdunsten viel Wasser, die Blüten sind länger haltbar ohne sie. Ersetzen Sie die Blätter einfach durch anderes Blattgrün.

Flieder blüht in den Farben weiß, purpurviolett, und violett. Es sind etwa 900 Züchtungen bekannt, von denen für den Hobbygärtner Sorten der *Vulgaris*- und *Villosa*-Hybriden am interessantesten sind.

– *Vulgaris*-Hybriden sind das, was der Laie als Edelflieder bezeichnet. Sie blühen früher, in großen Rispen und duften herrlich. Sehr beliebt sind die Sorten 'Charles Joly' (purpurrot), 'Madame Lemoine' (weiß), 'Michel Buchner' (hell-lila).

– *Villosa*-Hybriden blühen etwas später und duften weniger ausgeprägt. Ihre Blütenstände sind lockerer und eignen sich weniger zum Schnitt für die Vase.

Mit der Fliederblüte hat der Frühling seinen Höhepunkt erreicht.

Pflanzzeit für Dahlien

Die Urmutter aller Dahlien stammt aus Mexiko. Ihre Kindeskinder haben sich in Züchterhand so blüten- und formenreich erwiesen, daß Dahlien nunmehr schon seit Generationen die Nummer Eins im herbstlichen Blumengarten sind.

Hier die wichtigsten Blütenformen:

Anemonenblütige Dahlien: Äußere flache Blütenblätter umstehen ein Herz aus dichten Röhrenblüten.

Einfach blühende Dahlien: Ein einfacher Ring aus Blütenblättern umgibt eine Scheibe aus Staubgefäßen (zum Beispiel Mignon-Dahlien).

Halskrausen-Dahlien: Zwischen äußeren Blütenblättern und den Staubgefäßen befindet sich eine Krause aus kleinen Blütenblättchen.

Päonienblütige Dahlien: 2 oder mehr Ringe aus zungenartigen Blütenblättern umgeben die Mittelscheibe der Staubgefäße.

Im Mai steht der Steingarten in voller Pracht.

Kaktusdahlien: Gefüllte Blüten mit schmalen, spitz zulaufenden Blütenblättern. Bei Semikaktusdahlien sind die Blütenblätter etwas breiter, doch weniger gekräuselt.

Pompondahlien: Ballrunde Blütenköpfchen.

Schmuckdahlien: Große gefüllte Blüten mit breiten Blütenblättern, ohne Mittelscheibe. Besonders attraktive Blumen.

Überwinterte oder neu gekaufte Dahlien kommen nun – am besten nach den Eisheiligen – ins Beet. Ein Knollenbüschel braucht nicht mehr als 4 lange Knollen. Wenn Sie also größere »Stücke« überwintert haben, können Sie diese teilen. Suchen Sie ihnen einen sonnigen Standort aus. Am besten gedeihen Dahlien in mittelschweren, humusreichen Böden.

Bodenvorbereitung. 2–3 Wochen vor dem Einpflanzen einen organisch-mineralischen Volldünger (50 g pro m^2) ins Beet einarbeiten und gießen.

Pflanzen. Dahlien treiben nicht aus den Knollen, sondern aus der Basis der Mutterpflanze. Da die meisten recht hoch werden, schlägt man zuerst die Haltestäbe in den Boden. Nun die Knollen waagrecht in das Pflanzloch legen, sie sollen höchstens 5 cm tief in die Erde kommen. Danach Erde zwischen und über den Knollen auffüllen, leicht andrücken und angießen.

Gladiolen – ein sommerlicher Farbenrausch

Zur gleichen Zeit wie Dahlien werden auch Gladiolen gesetzt. Sie blühen von Juli bis September in allen erdenklichen Farben und Farbkombinationen. Als haltbare Schnittblumen in der Vase sind sie ebenso beliebt, wie als großblütiger, fröhlicher Blickfang im Garten. Ihre Knollen sind nicht winterhart und müssen nach dem ersten Frost ausgegraben und überwintert werden. Daneben gibt es – allerdings seltener – die sogenannten botanischen Gladiolen, niedere, winterharte Wildformen.

Was Gladiolen brauchen: Sie gedeihen in nahezu jedem Boden, besonders gut aber in leicht sandiger, humusreicher Erde bei voller Sonne. Hohe Sorten besitzen große Blüten und erreichen bis zu 1,50 m. Bei Regen und Wind knicken sie leicht um und sollten deshalb von Anfang an eine Stütze erhalten. Die neugezüchteten, kleineren Sorten (Schmetterlings-, Primulinus- und Colvillei-Gladiolen) werden zwischen 45 und 100 cm hoch und sind weniger bruchgefährdet.

So werden Gladiolen eingepflanzt: Schlagen Sie bei den hohen Sorten erst die Halterungen in die Erde, damit die Knollen nicht verletzt werden. Sie kommen dann etwa 10 cm tief (sehr hohe Sorten etwas tiefer, niedere etwas weniger tief) in die Erde; zueinander wird ein Pflanzabstand von 15–20 cm eingehalten. Gladiolen werden am besten erst gedüngt, sobald die Triebspitze zu sehen ist. Dann erhalten sie einen organisch-mineralischen Volldünger (etwa 30–40 g pro m^2).

TIP: Wenn Sie Gladiolen für die Vase schneiden, mindestens 2–3 Blätter an den Knollen lassen, damit sie sich regenerieren können.

Weitere Knollen und Zwiebeln für den Sommer

Wie Dahlien und Gladiolen kommen jetzt auch noch andere bezaubernde Sommer- und Spätsommerblüher in die Erde (siehe Tabelle, unten). All diese Blumen sind frostempfindlich und müssen wie Dahlien überwintert werden. Im Beet machen sie sich am besten, wenn sie in größeren Gruppen gepflanzt werden.

Sommerblüher

Anemone (*Anemone*)
Blütezeit: Juni–Juli
Babiana (*Babiana*)
Blütezeit: Juli–August
Freiland-Freesie (*Freesia*)
Blütezeit: Juli–August
Inkalilie (*Alstroemeria*)
Blütezeit: Juni–Juli
Knollenbegonie (*Begonia*)
Blütezeit: Juni–Oktober
Milchstern (*Ornithogalum*)
Blütezeit: Juni–September
Montbretie (*Crocosmia*)
Blütezeit: Juli–Oktober
Nerine (*Nerine bowdenii*)
Blütezeit: September
Pfauenlilie (*Tigridia*)
Blütezeit: Juli–August
Ranunkel (*Ranunculus*)
Blütezeit: Juni–Juli
Schönhäutchen (*Ismene*)
Blütezeit: Juli–August
Sommerhyazinthe (*Hyazinthus candicans*)
Blütezeit: Juli–September
Sterngladiole (*Acidanthera*)
Blütezeit: September–Oktober
Tagblume (*Commelina*)
Blütezeit: Juni–September

Rosenpflege im Mai

Bald ist es soweit. Die Rosen sind dabei, Triebe über Triebe zu bilden, und die meisten setzen schon sehr deutlich Blütenknospen an. Ende Mai erhalten sie die 2. Düngung. Wer nichts falsch machen will, nimmt einen Rosen-Spezialdünger und arbeitet ihn in den Boden ein. Bei Trokkenheit muß anschließend gut gewässert werden.
Bilden Ihre Rosen wilde Triebe, das sind Triebe, die aus der Erde (weil unterhalb der Veredelungsstelle) herauskommen und ganz anders als die anderen aussehen, müssen Sie sie entfernen. Am besten reißen Sie sie mit einem Ruck heraus (Handschuhe anziehen!). So werden sie von Grund auf beseitigt, es bleibt kein Auge zurück, das neu austreiben und den anderen Trieben Nahrung nehmen könnnte.

Rhododendren und Azaleen pflegen

In ein Meer von Blüten kann jetzt tauchen, wer gesunde Rhododendren oder Azaleen sein eigen nennt. Für die meisten von ihnen ist Blütezeit. Es ist altbekannt, daß beide von Haus aus recht »durstig« sind. Ist es während der Blüte relativ trocken, sollten Sie unbedingt reichlich gießen. Und vergessen Sie nicht, die alten Blüten regelmäßig zu entfernen. Sie sehen nicht nur unschön aus, sondern können auch Herde für Krankheitserreger werden.

Schnitt für frühjahrsblühende Gehölze

Vielleicht ist es noch ein wenig zu früh für manche von ihnen. Aber gleich nach der Blüte ist der richtige Zeitpunkt für den Schnitt der Sträucher, die im Frühjahr geblüht haben. Wohlgemerkt: Dies ist kein regelmäßiges Muß, aber ganz ohne Schneiden werden diese Sträucher bald vergreisen oder weniger blühen. Lichten Sie also behutsam aus: Weggenommen werden zu dicht stehende und alte Triebe.
Nach der Blüte werden zum Beispiel geschnitten:

- Forsythie (*Forsythia*)
- Mandelröschen (*Prunus triloba*)
- Pfeifenstrauch (*Philadelphius*)

Rasenpflege im Mai

Spätestens im Mai wird der erste Rasenschnitt fällig. Lassen Sie das geschnittene Gras etwas antrocknen und verwenden Sie es dann als Mulchmaterial für Baumscheiben oder Gemüsebeete.
Einige Tage nach dem ersten Schnitt sollten Sie den Rasen düngen, denn mit dem Schneiden ist für die Grasdecke ein ständiger Nährstoffentzug verbunden. Andererseits ist der Schnitt jedoch wichtig, damit der Rasen dicht wird.
Nehmen Sie einen Rasen-Spezialdünger und streuen Sie ihn an einem trüben, regnerischen Tag aus, dann verbrennen die Düngersalze das Gras nicht. Eine andere praktische Methode besteht darin, die Nährstoffe über Düngetabletten im Bewässerungssystem beim Spritzen zu verabreichen.

TIP: Der Mai ist auch recht günstig für die Neuanlage eines Rasens, denn bei Wärme und Feuchtigkeit keimt der Samen gut.

Saisonbeginn für Geranien und Co

Geranien, Fuchsien, Margeriten und viele andere Kübelpflanzen schmükken meist den Übergangsbereich zwischen drinnen und draußen, zwischen Haus und Garten. Ihr angestammter Platz ist auf Balkon und Terrasse. Bevor Sie sie nach der Überwinterung ins Freie bringen, gibt es noch einiges zu tun:
Entfernen Sie abgestorbene und vergeilte (hellgrüne) Blätter und Triebe und prüfen Sie, ob die Pflanzen wirklich gesund sind. Bei Schädlings- und Krankheitsbefall sofort mit einem geeigneten Mittel spritzen. Vertrocknete und störende Triebe werden eingekürzt oder abgeschnitten.
Nun ist auch die richtige Zeit zum Umtopfen. Vor allem jüngere Pflanzen wachsen oft schnell aus dem alten Gefäß heraus. Geben Sie ihnen einen größeren Topf und gutes, frisches Substrat, dem Sie gleich einen mineralischen Volldünger beimischen (sofern es noch nicht gedüngt ist). Dann die Kübelpflanzen an einem trüben Tag zum ersten Mal ins Freie bringen. In den ersten 14 Tagen müssen sie vor starker Hitze und Sonne abgeschirmt werden. Beginnen Sie nach etwa 6 Wochen mit dem regelmäßigen Düngen.

Start frei für den Gartenteich

Jetzt, wo die Gartenbestellung auf Hochtouren läuft, ist es nicht jedermanns Sache, Zeit für die Neuanlage eines Gartenteichs aufzubringen. Günstig dafür sind Vorfrühlings- oder späte Herbsttage.
Wer jedoch bereits glücklicher Gar-

5 beliebte Unterwasserpflanzen

Hornkraut (*Ceratophyllum demersum*)	Schwimmt frei unter der Wasseroberfläche.
Großer Wasserschlauch (*Utricularia vulgaris*)	Wurzellose Pflanze, frißt zum Teil Wasserflöhe, goldgelbe Blüten von Juni bis Juli.
Tausendblatt (*Myriophyllum verticillatum*)	Schwimmt frei unter der Wasseroberfläche, rosa Blütenähren von Juli bis September.
Wasserfeder (*Hottonia palustris*)	Braucht eine Wassertiefe von 10–40 cm, weiß-rosa Blüten von Mai bis Juni.
Wasserpest (*Elodea canadensis*)	Wuchert sehr stark, sehr winterhart, Wassertiefe von 20–120 cm.

5 beliebte Schwimmblattpflanzen

Froschbiß (*Hydrocharis morsus-ranae*)	Schwimmpflanze mit Blattrosetten, weiße Blüten von Juli bis August.
Laichkraut (*Potamogeton*, mehrere Arten)	Wird in Wassertiefe von 10–120 cm gepflanzt, weiße Blüten von Mai bis August.
Seekanne (*Nymphoides peltata*)	Wassertiefe 10–100 cm, gelbe Blüten von Juni bis September.
Seerose (*Nymphaea*)	Besitzen ein Rhizom und müssen eingepflanzt werden. Achten Sie auf die benötigte Wassertiefe, die von Art zu Art recht unterschiedlich sein kann und rechnen Sie mit einer Pflanze pro m^2 Wasseroberfläche.
Wasserknöterich (*Polygonum amphibium*)	Wassertiefe von 0–30 cm, rosa Blütenähren von Juni bis August.

5 beliebte Sumpfpflanzen

Froschlöffel (*Alisma plantago-aquatica*)	Wassertiefe 0–30 cm, weiße Blütenrispen von Juli bis August. Wuchshöhe bis 100 cm.
Rohrkolben (*Typha*, mehrere Arten)	Wassertiefe 0–30 cm, Wuchshöhe je nach Art 40–250 cm. Wuchern stark!
Sumpfdotterblume (*Caltha palustris*)	Wassertiefe 0–10 cm, gelbe Blüte von April bis Juni, Wuchshöhe 30 cm.
Sumpfvergißmeinnicht (*Myosotis palustris*)	Wassertiefe 0–15 cm, blaue Blüten von Juni bis September, Wuchshöhe 30 cm.
Wasserschwertlilie (*Iris pseudacorus*)	Wassertiefe 0–10 cm, braucht viel Platz, gelbe Blüten von Mai bis Juli, Wuchshöhe 60 bis 100 cm.

5 beliebte Stauden für den Teichrand

Blutweiderich (*Lythrum salicaria*)	Violette Blütenstände von Juli bis September, Wuchshöhe bis 150 cm.
Frauenmantel (*Alchemilla mollis*)	Gelb-grüne Blüten von Juni bis Juli, Wuchshöhe 40 cm.
Goldfelberich (*Lysimachia punctata*)	Gelbe Blütenstände von Juni bis August, Wuchshöhe 80 cm.
Sibirische Schwertlilie (*Iris sibirica*)	Violette Blüten im Juni, Wuchshöhe 100 cm.
Trollblume (*Trollius europaeus*)	Gelbe Blüten im Mai, Wuchshöhe 30–50 cm.

Blütenwunder im Mai – die robuste, starkwüchsige *Clematis montana*.

tenteichbesitzer ist, für den beginnt im Mai die Pflanzzeit. Das Teichwasser sollte sich schon auf 15 °C erwärmt haben. In kalten Maiwochen warten Sie besser mit dem Pflanzen, es ist bis August möglich.
Unumschränkte Königin ist die Seerose (*Nymphaea*). Neben unseren einheimischen weißen Arten, die sich durch eine Wasserhöhe von 80–120 cm nach oben schlängeln, gibt es auch bezaubernd schöne gelbe, rosa, rote und violette Arten für Wasserhöhen von 20–40 cm oder 50–80 cm. Eine Seerose und ein Teich machen jedoch bei weitem noch nicht den eigentlichen Zauber eines Gartenteichs aus. Dazu gehören gleichermaßen Unterwasserpflanzen, andere Schwimmpflanzen, Sumpfpflanzen für die Uferzone und Randpflanzen für die nähere Umgebung des Teichs. Hier eine Auswahl der schönsten Teichgewächse:
Unterwasserpflanzen sind die Lunge der Anlage. Sie produzieren Sauerstoff, hemmen das Algenwachstum und wirken wasserreinigend, weil sie die Stoffwechselprodukte der Fische verwerten. Leider schenken ihnen noch immer viele Teichbesitzer zu wenig Aufmerksamkeit, weil sie keine großen, attraktiven Blüten hervorbringen. Tun Sie es nicht! Das Gleichgewicht Ihres Teichs wird von diesen Pflanzen reguliert. Sie müssen gar nicht so viele einsetzen, die Pflanzen wuchern alle sehr stark.
Schwimmblattpflanzen lassen sich in 2 Gruppen einteilen: Pflanzen mit Wurzeln und solche, die frei im Wasser liegen. Sie alle besitzen Blätter, die auf der Wasseroberfläche schwimmen.
Sumpfpflanzen. Einen besonderen Zauber strahlen Gartenteiche aus, die richtig »eingebettet« sind. Die Ufer- und Randzonen können gar nicht großzügig genug eingeplant werden, denn hier beginnt das große Blühen. Je flacher das Wasser, desto reicher der Blütenflor.
Randpflanzen. Denken Sie bei der Randbepflanzung Ihres Gartenteichs nicht nur an die bildschönen Stauden. Auch Gräser und Farne fühlen sich an diesen Plätzen sehr wohl.

Wasserpflanzen einkaufen und richtig einpflanzen

Bewurzelte Wasserpflanzen kaufen Sie meistens im Container. Darin dürfen sie aber nicht eingepflanzt werden. Entweder setzen Sie sie in den Bodengrund oder in spezielle Körbe, die übermäßiges Wachstum bremsen und sich zum Überwintern, Teilen oder Verkleinern leicht aus dem Becken nehmen lassen. Achten Sie bei Seerosen darauf, daß das Rhizom nicht faul oder weich ist. Körbe mit Sacktuch auskleiden und Lehm-Sandgemisch zur Hälfte einfüllen. Keine nährstoffreiche Erde nehmen! Wasserpflanzen einsetzen, bei Seerosen darauf achten, daß das Rhizom waagrecht in die Erde kommt. Mit Pflanzerde auffüllen und oben mit Kieselsteinen abdecken. Die Körbe im Teich an geeigneten Stellen versenken.
Unterwasserpflanzen werden am Teichgrund einfach mit Kieseln beschwert.
Schwimmpflanzen legen Sie auf die Wasseroberfläche.

Jetzt im Mai fällt Rasenschnitt an. Leicht angetrocknet ist er ein ganz vorzügliches Mulchmaterial. Ganz oben in der Beliebtheit steht bei Hobbygärtnern Rindenmulch, der preiswert in jedem Fachgeschäft erhältlich ist. Verwechseln Sie ihn nicht mit Rindenhumus, der der Bodenverbesserung dient.

Haben Sie schon gemulcht?

Eine Mulchschicht bekommt nicht nur Gemüse und Ziersträuchern gut, auch Obstbäume und Beerensträucher werden widerstandsfähiger und wachsen besser, wenn zu ihren Füßen keine nackte Erde liegt, die von der Sonne versengt und vom Regen verschlämmt wird.
Bedenken Sie, daß es in der freien Natur keinen bloß-daliegenden Boden gibt: Entweder ist er natürlich bewachsen oder mit Pflanzenresten (wie Blätter, Nadeln usw.) bedeckt. Dadurch bleibt die Erde feucht, feinkrümelig und wird zum idealen Ort für alle Bodenlebewesen, die den organischen »Abfall« in Humus umsetzen.
Mit einer Mulchdecke geben Sie also den Pflanzen nicht mehr und nicht weniger, als was sie von ihrer natürlichen Herkunft her gewohnt sind. Ja, Sie können mit der speziellen Art des Mulchens sogar bestimmten Bedürfnissen der Pflanzen entgegenkommen. Himbeeren, Brombeeren und Kulturheidelbeeren beispielsweise sind nun mal Geschöpfe des Waldes und lieben einen leicht sauren Waldboden. Ideale Mulchdecken für sie bestehen aus Laub, Nadelkompost, Torfgemisch und Rindenmulch.

7 wichtige Tips rund ums Mulchen:

1. Kräftigend wirken Mulchschichten von zerschnittenen Brennesseln und Comfrey-Blättern. Sie enthalten viel Stickstoff und Spurenelemente.
2. Tomaten sind im wahrsten Sinne »selbstverliebt«. Ihnen bekommen die eigenen Blätter und ausgebrochenen Geiztriebe als Mulchschicht besonders gut.
3. Aus feuchten »Gartenabfällen« dürfen Sie keine hohe Mulchschicht bilden. Trockenes Material können Sie hingegen bis zu 5 cm hoch auslegen, es verhindert dann die Unkrautbildung beträchtlich.
4. Zum Mulchen sind viele Gartenabfälle im Laufe des Jahres geeignet (zum Beispiel Erbsengrün, Laub usw.), achten Sie jedoch darauf, daß es gesundes organisches Material ist und keine Samen enthält, die zu keimen beginnen können.
5. Nach längerem Regen muß die Mulchdecke aufgelockert werden, damit sie nicht anfängt zu faulen.
6. Das Mulchmaterial darf nicht zusammenklumpen. Eine dichte Mulchschicht erschwert die Bodenatmung, weil kaum mehr Sauerstoff durch sie hindurchdringen kann.

Blühende Apfelbäume – ein Fest für Augen und Bienen.

7. Es soll aber auch ein »Nachteil« des Mulchens nicht verschwiegen werden: Schnecken werden davon geradezu magisch angezogen. Es bietet ihnen tagsüber ideale Verstecke.

Unterpflanzung statt Mulchdecke

Eine ähnliche Wirkung auf die Bodenstruktur erzielen Sie, wenn Sie statt zu mulchen zwischen und unter Beerensträuchern und auf Obstbaumscheiben bestimmte Pflanzen anbauen, die den Boden abdecken und generell gesundend wirken.
Tagetes zum Beispiel sind nicht nur robuste, sommerfrohe Blüher, sie heilen den Boden auch von Wurzelälchen, die ihre Wurzelausscheidungen nicht vertragen.
Kapuzinerkresse ist ganz ideal als Unterpflanzung für Obstbaumscheiben, weil sie Blutläuse und angeblich auch Ameisen, Raupen und Schnekken abhält.
Ringelblumen sind als altbekannte Heilblumen aus keinem Bauerngarten wegzudenken. Sie blühen von Juni bis November und wirken fördernd auf das Bodenleben.

Erdbeeren pflegen

Bald ist es nun soweit. Die Erdbeeren blühen und setzen auch schon sichtbar Früchte an. Bevor die Früchte von ihrem Gewicht zu Boden gedrückt werden, sollten Sie sie vor Bodenfeuchtigkeit und Verschmutzung schützen. Legen Sie unter die Pflanzen Stroh, grobe Holz- oder Styroporwolle. Dadurch bleiben die Früchte sauber und sind vor Fäulnis besser geschützt. Ungeeignetes Material sind Heu, Gras und Torf, weil sie zuviel Wasser aufsaugen und festhalten.
Gegen Mehltau können Sie Erdbeeren auf biologische Weise schützen, indem Sie Zwiebeln oder Knoblauch dazwischen pflanzen.
Wollen Sie eigene Ableger ziehen, so kennzeichnen Sie jetzt die Mutterpflanzen, die am reichsten tragen. Von ihnen sollten die Jungpflanzen entnommen werden.

Beerengehölze düngen

Nach der Blüte erhalten alle Beerensträucher die 2. Düngergabe. Johannis-, Stachelbeeren, Him- und Brombeeren bekommen (das erste Düngen fand im März statt) etwa 2 Handvoll organischen Volldünger pro m². Der Dünger wird ausgestreut und sehr behutsam oberflächlich in die Erde eingearbeitet. Anschließend sollten Sie gut gießen, damit an den oberen Wurzeln keine Verbrennungen entstehen.
Kulturheidelbeeren und -preiselbeeren werden ebenfalls zum 2. Mal gedüngt. Ihre Ration besteht aus 2 Handvoll organischem Volldünger und 2–3 Handvoll Aluminiumsulfat zum Ansäuern des Bodens.

Ein wachsames Auge auf Himbeeren

Wenn sich Jungtriebe aus den Wurzelstöcken zeigen, sollten Sie nicht sofort zur Schere greifen. Jetzt bilden sich nämlich die Ruten, die im kommenden Jahr tragen. Wenn diese Schosse schwächlich und weitab von der Mutterpflanze erscheinen, empfiehlt sich ein Schnitt, damit die Pflanze keine Kraft vergeudet.
Himbeerkäfer. Die Raupe dieses Käfers, dessen Flugzeit von Mai bis August dauert, ist der unangenehmste Himbeerschädling. Da im Mai auch die Bienen die Pflanzen aufsuchen, sollten Sie ihn mit einem bienenfreundlichen oder gleich mit einem selbstgebrauten, biologischen Mittel bekämpfen: Spritzen Sie die Himbeeren nach der Blüte von oben bis unten mit Rainfarn-Brühe, biologische Gärtner schwören darauf (Rezept, siehe Seite 106).
Himbeerrutenkrankheit ist die gefürchtetste Pilzkrankheit an Himbeeren, bei der Sie sofort handeln sollten. Anfangs zeigen sich graue, dann violettbraune Flecken auf den Ruten, die später aufplatzen und dann absterben. Diese Ruten sofort ganz herausschneiden.
Vorbeugend empfiehlt sich eine Mulchschicht aus Rindenmulch, Laub oder Torf, alles Materialien, die gleichzeitig den Boden leicht ansäuern.

Kennen Sie Jostabeeren?

Die Jostabeere ist eine Kreuzung aus Schwarzer Johannisbeere und Stachelbeere, die 1975 auf den Markt kam. Die Früchte erscheinen am 4jährigen Strauch, sind größer als Schwarze Johannisbeeren, glatthäutig und ebenso dunkel. Im Geschmack ähneln sie beiden Eltern. Man kann sie frisch verzehren oder einen wohlschmeckenden, sehr Vitamin-C-haltigen Saft aus ihnen bereiten.
Jostabeeren sind in der Pflege ausgesprochen anspruchslos, wuchsfreudig und resistent gegen die gefürchtetsten Krankheiten der Eltern: den

Amerikanischen Stachelbeermehltau, die Johannisbeergallmilbe und die Blattfallkrankheit. Es gibt sie als Sträucher und als Hochstämmchen.

Kiwis – nur für mildes Klima

Ende Mai können Sie Kiwis pflanzen – jedoch nur, wenn Sie in einem sehr milden Weinbauklima zu Hause sind oder ein wirklich geschütztes Plätzchen zur Verfügung haben. Kiwis sind nämlich äußerst wärmebedürftig und in ihrem Wuchsverhalten etwas gegenläufig zu unseren Temperaturen:

– Sie treiben schon früh aus, ein einziger Spätfrost genügt aber, um ihnen den Garaus zu machen.

– Sie reifen erst Ende Oktober/Anfang November und dürfen bis dahin ebenfallls keinen Frost abbekommen.

– Bei starken Wechseltemperaturen neigt ihr Holz leicht zu Rissen, woran oft die ganze Pflanze zugrundegeht.

Wer den Anbau wagen möchte, muß ihnen gute Bedingungen schaffen:

– Kiwis wachsen – wenn sie sich wohlfühlen – 5–8 cm im Jahr und brauchen dazu den nötigen geschützten Platz und ein Klettergerüst. Sie können sie auch wie Kletterbrombeeren an einem Drahtspalier ziehen.

– Der Boden sollte so sauer wie für Rhododendren und Heidelbeeren (pH-Wert 4,5–5,5) sein, wird also in den meisten Fällen aufbereitet werden müssen.

– Die Pflanzen werden immer mit Ballen geliefert und kommen etwa 5 cm tiefer in die Erde.

– Kiwis sind zweihäusig, das heißt, es ist immer eine männliche und eine weibliche Pflanze zusammenzugeben, wenn Sie Früchte ernten möchten.

– Den Sommer über müssen Kiwis gut gegossen werden, denn sie brauchen viel Feuchtigkeit.

Spinnmilben an Obstbäumen

Spinnmilben machen vor nichts halt, ihnen schmeckt jeder Obstbaum. Sie leben meist an der Unterseite der Blätter, wo sie ihnen laufend Saft entziehen. Besonders stark sind Obstbäume befallen, deren Boden schlecht durchlüftet und verkrustet ist. Entfernen Sie also aus dem Wurzelbereich die Unkräuter, lockern Sie den Boden, streuen Sie einen kalireichen Volldünger aus (er wirkt rasch) und mulchen Sie! Gegen den Befall selbst spritzen Sie am besten mit Rainfarn- oder Wermut-Brühe (siehe Seite 106) oder mit einem biologischen Insektizid.

Pfirsichbäumchen im Mai

Pfirsichbäume stoßen ohne weiteres Zutun gegen Ende Mai unbefruchtete Blütenansätze und kranke Früchte ab.

Ausdünnen. Im allgemeinen setzen Pfirsiche, wenn ihre Blüten nicht dem Frost zum Opfer gefallen sind, zu viele Früchte an, so daß die Qualität des einzelnen Pfirsichs darunter leidet. An einem Trieb sollten sich höchstens 5 Früchte befinden. Sind es mehr, müssen Sie sie ausdünnen, sobald sie die Größe einer Walnuß erreicht haben.

Kräuselkrankheit. Pfirsiche werden seltener als andere Obstbäume von

Pflaumenblüten.

Schädlingen oder Krankheiten befallen. Regelmäßiges Spritzen ist deshalb nicht nötig. Tritt allerdings die Kräuselkrankheit auf, kommen Sie nicht darum herum. Der Pilz überwintert in den Knospenschuppen und äußert sich im Frühjahr erst durch Rotfärbung, dann durch Kräuselungen und Wucherungen an den Blättern. Die befallenen Blätter vernichten und mit Ackerschachtelhalm-Brühe (siehe Seite 106) oder einem biologischen Fungizid spritzen.

Kirschen – bald zu erwarten

Mit einem einzigen Süßkirschenbaum ist noch niemand glücklich geworden, der nicht zufällig einen anderen Kirschbaum in der Nachbarschaft hatte. Denn Süßkirschen sind nicht selbstbefruchtend, sie benötigen einen Partner. Ganz anders ist es bei Sauerkirschen. Die meisten von ihnen sind selbstfruchtbar.

Im Mai, wenn sich Früchte und Blätter ausbilden, sind Kirschen für eine Reihe von Schädigungen anfällig:

Kirschenblüten.

Birnenblüten.

Die Kirschfruchtfliege ist von Mai bis Juli unterwegs und legt ihre Eier an den unreifen Kirschen ab. Später bohren sich die Maden in die Früchte, fallen danach zu Boden und verpuppen sich in der Erde. Dagegen ein biologisches Rezept: Spritzen Sie etwa 3 Wochen nach der Blüte mehrmals mit Wermut-Tee (siehe Seite 106), das hält die Fliegen von der Eiablage ab. Im Handel sind spezielle Kirschfliegenfallen, deren gelbe Farbe die Fliegen anlockt und nicht mehr losläßt. Sie werden einfach in die Bäume gehängt.

Die Schrotschußkrankheit tritt vor allem bei Sauerkirschen (aber auch bei Pflaumen und Zwetschen) auf. Verursacher ist ein Pilz, der auf den Blättern rötlich-braune Flecken hinterläßt, die eintrocknen und löchrig werden. Entfernen Sie sofort die befallenen Blätter (der Pilz überwintert darin) und spritzen Sie mit einem Fungizid. Kinder und Haustiere beim Spritzen (und einige Tage danach) vom Baum fernhalten. Pflanzen Sie auf die Baumscheibe Zwiebeln und Knoblauch, das wirkt vorbeugend gegen weiteren Befall.

Zwetschen und Pflaumen

Bei beiden gibt es sowohl selbstfruchtbare wie selbstunfruchtbare Sorten. Auch für sie ist jetzt die Zeit der Frucht- und Blattausbildung. Hier drohen einige Gefahren. Beide können von der Schrotschußkrankheit befallen werden, die Maßnahmen sind dann die gleichen wie für Kirschen (siehe oben).

Der Pflaumenwickler. Ein grauschwarzer Falter legt seine Eier von Mai bis Juni an die Früchte. Als Raupen fressen sie sich in das Innere der Frucht und fallen später mit den Pflaumen und Zwetschen ab. Sie entwickeln sich darin weiter und spinnen sich dann im Boden in der Nähe des Stammes ein. Spritzen Sie von Mai bis Juni oder im Juli/August mehrmals mit einem biologischen (bienenfreundlichen) Schädlingsvernichtungsmittel im Abstand von 10 Tagen. Später Fallobst aufheben, um die nächsten Generationen des Schädlings zu verhindern.

Der Milchglanz ist eine häufige Erkrankung von Pflaumen. Diese Pilzinfektion geht meist von frisch beschädigtem Holz aus. Anfänglich haben die Blätter silbrige oder milchige Flecken. Diese Blätter sind nicht »ansteckend«, aber mit der Zeit sterben die Triebe, an denen sie sitzen, ab. Schneiden Sie sobald Sie Symptome entdecken die Zweige mit den befallenen Blättern bis weit in gesunde Bereiche zurück. Im Endstadium haben die Blätte braune Ränder und Löcher; ein stark befallener Baum hat wenig Überlebenschancen. Häufig findet der Pilz Eingang, wenn Äste unter einer zu schweren Fruchtlast brechen. Verhindern Sie dies, indem Sie rechtzeitig (Anfang Juni) ausdünnen, die Früchte werden dann auch hochwertiger.

Obstbäume im ersten Jahr

Sie erhalten im Mai eine Spezialbehandlung. Junge Obstbäume, die im letzten Herbst oder im Frühjahr gepflanzt wurden, sollten im ersten Jahr noch keine Früchte tragen, damit Nahrung und Kraft dem Wurzelaufbau zugute kommen. Entfernen Sie also – wenn auch schweren Herzens – die ersten Blüten und gedulden Sie sich bis zum nächsten Jahr. Das Bäumchen wird dann um so kräftiger sein.

Der Mai ist für den passionierten Gemüsegärtner ein wahrer Wonnemonat, denn nach den Eisheiligen kann nahezu alles ins Freiland. Denken Sie daran, auch Ihre Gemüsebeete zu mulchen, Rasenschnitt dafür fällt nun dauernd an. Eine Mulchschicht hält den Boden feucht und verhindert zum Beispiel, daß sich Erdflöhe zwischen den Blättern Ihrer Rettiche und Radieschen ein fröhliches Stelldichein geben.

Monokulturbeete am besten nach den Regeln des Fruchtwechsels anlegen.

Ausdünnen

Es steht ganz oben auf dem Programm in diesem Monat und betrifft alle Gemüse-Aussaaten, die Sie bereits vorgenommen haben und die jetzt aufgehen. Zu eng ausgesätes Gemüse kann sich nicht zu voller Qualität entwickeln. Wer mit einem Saatband ausgesät hat, dem bleibt diese Arbeit erspart, denn dort sind die Samenkörner bereits im richtigen Pflanzabstand »eingeschweißt«.

Anhäufeln

Das Wuchswetter im Mai zieht manche Pflanzen förmlich aus dem Boden. Einige von ihnen müssen, sobald sie etwa 10–15 cm hoch sind, angehäufelt werden.
Bei Kartoffeln und Topinambur fördert das Anhäufeln die Knollenbildung, auf die es uns Menschen ja ankommt, Erbsen und Bohnen erhalten einen besseren Stand.

Aussaat ins Freiland

Nun ist es nur noch eine Frage des persönlichen Geschmacks und des Platzes, was alles ausgesät wird. Möglich sind:
Chicorée, Grünkohl, Kopfsalat, Mangold, mittelfrühe Möhren, Pflücksalat, Porree, Rosenkohl, Rote Bete, Sommerkohlrabi, Sommerradieschen, Sommerrettich.
Erst nach den Eisheiligen wird der Samen von Bohnen, Gurken, Kürbissen, Markerbsen, Zuckermais und frostempfindlichen Kräutern ins Freiland gebracht.

Aussaat und »Schießen«

Neueste Untersuchungen haben herausgefunden, daß das spätere Schossen von Gemüsen auf zu niedere Temperaturen während der Aussaat zurückzuführen ist. Wenn also Ihre Radieschen und Frühkohl-Arten statt Körper zu bilden, Blütentriebe hochschicken, so haben Sie zu früh gesät – oder das Wetter hat Ihnen einen Streich gespielt.

Ins Freiland pflanzen

Viel weniger Arbeit und eine frühere Ernte hat der, der nun gleich Jungpflanzen (vom Gärtner oder vom Gartencenter) einpflanzt. Möchten Sie einmal Sorten außerhalb des gängigen Angebots ausprobieren, kommen Sie allerdings um die Aussaat nicht herum. Auch alle selbstgezogenen Setzlinge aus dem Frühbeet oder Gewächshaus können nach den Eisheiligen ins Freilandbeet.

Bohnen – der zarte Genuß

Nach den Eisheiligen, besser erst gegen Ende Mai werden die Bohnen gelegt. Davor schon sollte sich der Gemüsefreund überlegt haben, welche Bohnen er anbauen möchte. Buschbohnen brauchen kein Rankgerüst, sind leicht zu ernten und ha-

ben eine kürzere Kulturzeit (40–90 Tage) als Stangenbohnen (100–120 Tage). Diese hingegen sind ergiebiger und von besonders feinem Geschmack.
Buschbohnen mögen einen lockeren, nahrhaften Boden und gedeihen auch im Halbschatten. Bevor Sie säen, geben Sie eine Grunddüngung in den Boden, zum Beispiel einen Gemüsespezialdünger (50 g pro m^2) oder einen organisch-mineralischen Volldünger (80 g pro m^2). Buschbohnen können in Reihen (alle 6–8 cm eine Bohne, Reihenabstand 40 cm) oder in Horsten (alle 25 cm 4–5 Bohnen im Kreis) gesät werden. Sie kommen etwa 4 cm tief in den Boden und werden danach gut angegossen. Sobald sie 10–15 cm hoch sind, häufeln Sie um die Pflänzchen herum an.
Buschbohnen brauchen viel Wasser und werden bei Blühbeginn zum 2. Mal gedüngt (auch Kopfdüngung möglich). Ernten können Sie die Bohnen ab Juli bis September. Unter ihnen gibt es sehr verschiedene Arten und Sorten.
Grüne Buschbohnen werden am häufigsten angebaut, bringen hohe Erträge und sind fadenlos; außerdem sehr schmackhaft und gegen einige Pilzkrankheiten resistent.
Filetbohnen sind besonders zart und müssen sehr jung geerntet werden (bei einer Länge von 8–10 cm), später bilden sie Fäden. Sie sind etwas für verwöhnte Gaumen. Im Handel laufen sie auch unter der Bezeichung »Haricot vert«.
Wachsbohnen nennt man gelbe Buschbohnen, die sehr reiche Ernten bringen.

Stangenbohnen kommen erst in die Erde, wenn Sie ihr Rankgerüst aufgestellt haben. Die Bohnenstangen dürfen keine scharfen Kanten haben und sollten 3 m lang sein. Sie können sie senkrecht in den Boden stecken, zelt- oder wigwamartig zueinander neigen. Stangenbohnen stellen etwas höhere Ansprüche an Boden und Sonne als Buschbohnen. Das Beet also vorher gut lockern, grunddüngen (siehe Buschbohnen) und einen Platz in der Sonne wählen. Ende Mai werden etwa 6–8 Bohnen um jede Stange gelegt. Pflanztiefe etwa 4 cm, gut angießen und feucht halten. Ebenso wie Buschbohnen anhäufeln, sobald sie 10–15 cm ausgetrieben haben. Werden Stangenbohnen während der Blütezeit zu trocken gehalten, verlieren sie leicht die Blüten.
Wichtig: Stangenbohnen winden sich gegen den Uhrzeigersinn um die Stangen; wenn sie nicht gleich Halt finden, binden Sie sie hoch. In der weiteren Pflege viel gießen und bei Blühbeginn ein 2. Mal düngen.
Die Feuer- oder Prunkbohne ist eine Stangenbohne besonderer Art. Sie ist wesentlich robuster und eignet sich daher auch für rauhere Lagen. Feuerbohnen besitzen sehr attraktive rote und weiße Blüten, ihre Hülsen sind wesentlich größer und rauher als die anderer Stangenbohnen. Ernten Sie deshalb lieber etwas früher als zu spät, damit sie nicht holzig sind.
Mischkultur mit Bohnenkraut, Kopfsalat, Radieschen, Rettichen.
Nachkultur: Endivien, späte Kohlsorten, Radieschen, Salat.

Schädlinge an Bohnen und Erbsen

Erbsenwickler. Dieser Schmetterling ist von Mai bis Juni unterwegs, seine kleinen madenförmigen Raupen fressen die Hülsen und Samen von Erbsen und Bohnen an. Spritzen Sie bei Befall mit einem biologischen Schädlingsbekämpfungsmittel zweimal abends gegen Ende der Blütezeit. Eine andere biologische Methode besteht darin befallene Pflanzen, einmal wöchentlich mit Algenkalk (siehe Seite 106) zu bestäuben.
Rost kann nicht nur Erbsen, Johannisbeeren, Rosen und viele andere Blumen befallen, sondern auch Bohnen. Kennzeichen dieser Pilzerkrankung sind rostbraune Flecken auf den Blättern. Kranke Blätter müssen vernichtet werden (nicht auf den Kompost!), die restliche Pflanze wird mit einem biologischen Fungizid 2–3mal im Abstand von 10 Tagen gespritzt. Biogärtner spritzen mit Ackerschachtelhalm-Brühe (siehe Seite 106).
Läuse stellen sich gern bei anhaltender Trockenheit ein. Lassen Sie es dazu nicht kommen und gießen Sie immer mit abgestandenem Wasser. Auch regelmäßiges Hacken hält Feuchtigkeit im Boden. Eine Unterpflanzung mit Bohnenkraut oder Kapuzinerkresse sieht nicht nur hübsch aus, sondern wehrt die Schwarze Bohnenlaus erfolgreich ab.

»tumatl« aus eigenem Anbau

So bezeichneten die Azteken das, was bei uns so malerische Namen wie Paradies- oder Liebesapfel erhielt. Die Tomate stammt nämlich

aus Peru, wo sie auch heute noch wild vorkommt. Ein tropisches Gewächs also, entsprechend sind ihre Bedürfnisse: Viel Wärme und viel Feuchtigkeit. Daneben sind Tomaten auch recht »hungrig« und brauchen einen nährstoffreichen Boden.
Ende Mai werden sie ins Freiland umgesiedelt. Haben Sie sie selbst am Fensterbrett oder im Gewächshaus großgezogen, sollten Sie unbedingt einen trüben Tag wählen, damit Licht und Luft nicht ein zu großer Schock werden.
Gekaufte Tomatenpflänzchen vor dem Einpflanzen gut wässern. Bekommen die »Paradeiser« nicht die Wärme, die sie brauchen, sind sie meist nicht bereit, Farbe zu zeigen und bleiben grün. Viele Gartenfreunde halten sie deshalb in rauheren Gegenden von Anfang an im Gewächshaus oder stülpen ihnen spezielle Tomatenhauben über, um Wärme einzufangen.
Und hier einiges Wissenswerte über die Tomatenvielfalt:
Stabtomaten sind all jene Tomaten, die an Pfählen hochgezogen werden. Dazu zählen die mittelgroßen, runden Sorten, die großen dicken Fleischtomaten (die besonders viel Wärme brauchen, um auszureifen), die länglichen Tomaten (sie heißen auch Koch- oder Safttomaten, obwohl sie ein festes, sehr aromatisches Fleisch haben und deshalb zum rohen Verzehr bestens geeignet sind), die Cocktail-Tomaten mit ihren süßlichen, kleinen Früchten und die Ziertomaten (kleine Pflanzen für Balkon- und Topfkultur).
Buschtomaten hingegen wachsen, wie ihr Name schon sagt, buschig; sie

Kräuter, die jetzt ins Freie kommen

Basilikum	Einjährig. Lichtkeimer. Sehr wärmebedürftig. Vorziehen auf der Fensterbank oder Jungpflanzen kaufen. Pflanzabstand 25 cm. Gedeiht bei uns im Topf auf Balkon und Terrasse besser als im Beet.
Bohnenkraut	Einjährig. Lichtkeimer. Aussaat in Reihen von 20–25 cm Abstand oder gekaufte Jungpflanzen einsetzen. Mischkultur mit Bohnen, Rote Bete und Zwiebeln.
Lavendel	Mehrjährig. Dunkelkeimer. Vorziehen auf der Fensterbank oder Jungpflanzen kaufen. Pflanzabstand 30 cm. Kann ausgepflanzt mit etwas Winterschutz überwintern. Vertreibt Ameisen und Läuse, paßt gut zu Rosen.
Lorbeer	Mehrjährig. Jungpflanzen kaufen. Muß im Haus überwintert werden.
Majoran	Einjährig. Lichtkeimer. 2 Sorten: Französischer Majoran ist kräftig und blattreich, Deutscher Majoran empfindlicher aber wuchsfreudig. Aussaat in Reihen von 20–25 cm Abstand oder gekaufte Jungpflanzen einsetzen. Achtung: Schnecken lieben junge Pflanzen sehr! Mischkultur mit Zwiebeln.
Origano	Mehrjährig. Dunkelkeimer. Aussaat in Reihen von 25 cm Abstand oder gekaufte Jungpflanzen einsetzen. Gute Bienenweide. Überwinterung im Garten mit etwa Schutz.
Portulak	Einjährig. Lichtkeimer. Aussaat in Reihen von 20 cm Abstand. Viel Sonne und gut feucht halten. Ist 3–4 Wochen nach der Aussaat bereits zu ernten. Blätter wachsen nach dem Schnitt wieder nach.
Rosmarin	Mehrjährig. Dunkelkeimer. Aussaat möglich, aber langdauernd (3 Jahre bis zur Ernte). Gekaufte Jungpflanzen am besten in Topfkultur. Muß im Haus überwintert werden. Mischkultur mit Möhren, Rote Bete, Salbei.
Salbei	Mehrjährig. Dunkelkeimer. Vorziehen aus Samen oder gekaufte Jungpflanzen einsetzen. Pflanzabstand 30 cm. Überwintert im Beet mit etwas Reisigschutz. Wehrt Läuse und Raupen ab. Mischkultur mit Bohnen, Fenchel, Kohl, Möhren und Rosmarin.
Wermut	Mehrjährig. Dunkelkeimer. Vorziehen aus Samen oder gekaufte Jungpflanzen einsetzen. Pflanzabstand 60 cm. Staude wird bis zu 1,50 m hoch. Kann im Garten überwintern, treibt neu aus. Mischkultur mit Johannisbeeren. Hemmt das Wachstum vieler anderer Pflanzen.
Ysop	Mehrjährig. Dunkelkeimer. Vorziehen aus Samen oder gekaufte Jungpflanzen einsetzen. Pflanzabstand 30 cm. Wehrt Läuse und Raupen ab. Kann im Garten überwintern (eventuell mit Winterschutz). Gute Bienenweide.

brauchen keine Halterung und werden nicht hochgebunden.
Einpflanzen. Der Boden erhält eine reichliche Grunddüngung, zum Beispiel Gemüsespezialdünger (60 g pro m^2) oder organisch-mineralischen Volldünger (100 g pro m^2). Vor dem Pflanzen werden die Haltepfähle eingeschlagen. Achten Sie darauf, daß sie noch mindestens 1,50 m über dem Boden hinausstehen, damit die Tomaten hoch hinaufwachsen können. Im Fachhandel gibt es Spiralhalterungen, an denen sich die Pflanzen emporranken können, ohne angebunden werden zu müssen. Der Abstand der Pfähle entspricht dem Pflanzabstand: 50 cm.
Setzen Sie Tomaten bis zum untersten Blattansatz in die Erde. Sie können dann aus dem Stengel neue Wurzeln treiben, was die gesamte Pflanze kräftigt. Anschließend jede Tomate gut gießen und sofort anbinden.
Weitere Pflege. Tomaten sollten nach der Pflanzung noch zweimal gedüngt werden: Mitte Juni und Mitte Juli. Großen Erfolg erzielen Sie bei Tomaten mit dieser biologischen Methode: Gießen Sie alle 2–3 Wochen mit Brennessel-Comfrey-Jauche (siehe Seite 106), 1:10 verdünnt! Sie werden sich wundern, wie kräftigend es auf die Pflanzen wirkt. Außerdem immer regelmäßig und von unten gießen (nie auf die Blätter, das fördert Pilzkrankheiten) und Stabtomaten entgeizen, das heißt, die Nebentriebe aus den Blattachseln ausbrechen. Sie kommen als Mulchschicht unter die Tomaten.

Knackig und frisch – erste Radieschen aus eigenem Anbau.

Mischkultur mit Basilikum, Kohlarten, Möhren, Petersilie, Radieschen, Rettichen, Salat und Sellerie.

TIP: Damit die durstigen Pflanzen auch immer genug kriegen, graben Sie ebenerdig neben sie einen größeren Blumentopf ein. Decken Sie das Abflußloch mit einer Scherbe zu und füllen Sie ihn beim Gießen mehrmals. Wenn die Erde ringsum mit Feuchtigkeit gesättigt ist, bleibt das Wasser im Topf stehen und fließt erst wieder ab, wenn Bedarf besteht.

Was Sie im Mai ernten können

Kohlrabi, Kopfsalat, Kresse, Pflücksalat, Radieschen, Rhabarber, Schnittlauch, Spinat.

Düngen einmal anders – stärkende Jauchen

Was passiert beim Düngen? Nichts anderes als die Versorgung der Pflanzen mit Nährstoffen. Die Hauptnährstoffe sind:
– Stickstoff, der das Wachstum der Triebe und Blätter fördert;
– Phosphor, er wird für die Blüten- und Fruchtbildung gebraucht;
– Kali, das für die Festigkeit des Pflanzengewebes zuständig ist;
– eine Reihe von Spurenelementen wie Magnesium (wichtig bei der Bildung von Blattgrün), Kalk (bindet die Säuren im Boden und erhöht damit den pH-Wert), Eisen (ebenfalls an der Chlorophyllbildung beteiligt), Kupfer, Molybdän usw.

All diese Nährstoffe gibt es in organischen und natürlichen mineralischen Produkten, aber auch in Form von Kunstdüngern (chemische Düngersalze). Der Unterschied besteht darin, daß die Pflanzen Kunstdünger direkt aufnehmen können, ja sogar müssen. Überdüngung bewirkt schwammiges Gewebe, die Widerstandskraft der Pflanzen läßt nach. Bei organischer Düngung hingegen werden die Nährstoffe von den Bodenorganismen erst für die Pflanzen aufbereitet. Es entsteht ein lebendiges Miteinander von Bodenstruktur und Pflanzenwachstum, was bei Kunstdünger nicht der Fall ist. Das Bodenleben schläft dort eher ein.

Natürliche stickstoffreiche Dünger: Gründüngung mit Leguminosen (Schmetterlingsblütlern wie Bohnen, Erbsen, Klee, Lupinen, die Stickstoff an ihren Wurzeln lagern), Schaf- und Ziegenmist, Brennesseljauche, Blutmehl, Hornmehl und Hornspäne.

Natürliche phosphorreiche Dünger: Guano, Geflügelmist, Knochenmehl, Rohphosphat, Schweinemist, Thomasmehl.

Natürliche kalireiche Dünger: Algenprodukte, Holzasche, Knochenmehl, Geflügel-, Rinder-, Schweinemist, Comfrey-Jauche, Kalimagnesia (Patentkali).

Natürliche kalkreiche Dünger: Algenkalk, Magnesiumkalk, Thomasmehl, Gesteinsmehl, Kalkmergel.

Natürliche magnesiumreiche Dünger: Algenkalk, Holzasche, Magnesiumkalk, Kalimagnesia (Patentkali).

TIP: Mist nicht frisch aufs Beet bringen, sondern in den Kompost integrieren oder als Jauche ansetzen.

Tierische Jauchen

Bei Rinder-, Pferde- und Kleintiermist (ob mit Stroh oder ohne) setzen Sie ⅓ Mist mit ⅔ kaltem Wasser an. Täglich wird einige Male kräftig umgerührt, damit durch Sauerstoff die Gärung voranschreitet. Es entstehen Blasen und ein sehr unangenehmer Geruch. Sobald sich keine Blasen mehr bilden (nach 2–3 Wochen), ist die Jauche fertig und kann abgesiebt werden. Verdünnen Sie sie mit Gießwasser 1:15, dies ist sehr wichtig, damit keine Überdüngung und dadurch Verbrennung entsteht. Jauche aus Geflügelmist wird etwas anders bereitet: ¼ Geflügeldünger wird mit kochendem Wasser überbrüht und dann mit ¾ Teilen kaltem Wasser aufgegossen. Nach dem Gärungsprozeß muß diese Jauche 1:20 mit Wasser verdünnt werden.

Pflanzliche Jauchen

Brennesseljauche ist die ideale stickstoffhaltige Jauche für jede Kulturpflanze. Sie wirkt sanft aber kräftigend, heilend, fördert das Wachstum und lockt Regenwürmer an. Nehmen Sie 1 kg frische Brennesseln (vor der Blütezeit) oder 200 g getrocknetes Kraut und setzen Sie es mit 10 l kaltem Wasser an. Täglich umrühren, bis die Gärung beendet ist. Die Jauche abseihen und 1:10 mit Wasser verdünnt zum Gießen nehmen.

Comfrey-Jauche ist sehr stickstoff- und kalihaltig. Sie wird wie Brennesseljauche bereitet und ebenso verdünnt ausgegossen.

Sie können auch beide Jauchen miteinander vermischen oder eine Jauche mit Blättern von beiden Pflanzen herstellen.

Tips zum Umgang mit Jauchen

1. Setzen Sie Jauchen nie in Metallgefäßen sondern in Holz- oder Kunststoffässern an.
2. Decken Sie die Jauchefässer ab (zum Beispiel mit einem Drahtgitter), so daß Kinder nicht hineinlangen können und kein Tier hineinfällt. Die Abdeckung darf aber nicht luftdicht sein, weil Sauerstoff zur Gärung nötig ist.
3. Der Gestank der Jauche läßt sich mildern, wenn Sie Baldrianblüten oder Steinmehl zugeben.
4. Gießen Sie die verdünnte Jauche nie auf die Blätter, sondern immer auf den Boden, am besten an trüben Tagen, nie während der Mittagshitze, um Verbrennungen zu vermeiden.

JUNI

JUNI

Blüht im Juni der Stock im vollen Licht,
große Beeren er verspricht.

1

2

3

4

5

6

7

8

9

10

11

12

Antonius
Regnet's am Antoniustag,
wird's Wetter später wie es mag.

13

14

15

16 Benno
Wer auf Benno baut,
kriegt auch viel Kraut.

17

18

19

20

21 Sommeranfang

22

23

24

25

26

Siebenschläfer
Ist der Siebenschläfer naß,
regnet's ohne Unterlaß.
27

28

Peter und Paul
St. Paulus hell und klar
bringt ein gutes Jahr.
29

30

In diesem Monat hält der Sommer Einzug. Er zeigt es durch die beginnende Rosenblüte und hat im Gefolge den warmen Sommerduft der Holunder- und Lindenblüten.

Zweijährige Blumen aussäen

Zweijährige Blumen werden im Juni (oder Mai) ausgesät, im Spätherbst an ihren endgültigen Platz ins Beet gesetzt und mit Fichtenreisig als Winterschutz abgedeckt. Im folgenden Jahr zeigen sie dann ihre farbenfrohen Blüten.

Staudenpflege im Juni

Die Stauden zieht es nun mit aller Macht in die Höhe. Die hohen von ihnen brauchen unbedingt eine Stütze, damit sie bei Wind und Regen Halt haben. Ideal sind die Staudenhalterungen des Fachhandels, die Sie in der Höhe mitwachsen lassen können. Sie müssen jedoch frühzeitig angebracht werden. Haben Stauden schon zu buschig ausgetrieben, können Sie sie nicht mehr anbringen. Schneiden Sie Verblühtes von Beetstauden immer sofort ab. Die Pflanze verausgabt sich so nicht in die Samenreifung – und manche Stauden lassen sich dadurch sogar zu einer zweiten Blüte im Herbst bewegen. Wildstauden hingegen, die in naturnahen Gärten meist wild verpflanzt sind, sollten Sie ihren Samen lassen, damit sie sich ganz von allein vermehren können.

Rosenblüte und -pflege

In diesem Monat entfalten viele Rosen ihren ganzen Charme. Nicht zu Unrecht ist der Juni als Rosenmonat in die Annalen eingegangen. Zunehmender Beliebtheit erfreuen sich in den letzten Jahren alte Rosen und die sogenannten »Englischen Rosen«. Das sind Neuzüchtungen von großer Gesundheit mit dem Aussehen und dem bezaubernden Duft historischer Rosen.
Schon vor der Blüte können Rosen von Mehltau und Sternrußtau heimgesucht werden.
Mehltau befällt sie besonders stark, wenn die Temperaturunterschiede zwischen Tag und Nacht groß sind, und wenn die Pflanzen zuviel Stickstoff erhalten haben. Manche Sorten sind aber auch von Haus aus anfällig für diesen Pilz, der sich als weißer Belag auf der Oberseite der Blätter zeigt.
Spritzen Sie, sobald Sie Symptome bemerken, mit einem biologischen Fungizid oder einem speziellen Präparat gegen »Echten Mehltau«.
Sternrußtau ist die schwerwiegendste Blatterkrankung von Rosen, weil er die Blätter zerstört. Diese bekommen anfangs braunschwarze Flecken, die sternförmig ausgefranst sind, dann werden sie gelb und fallen ab.
Auch hier ist ein Pilz am Werk, der im Gewebe der abgefallenen Blätter überwintert. Entfernen Sie also das befallene Laub (auch nichts am Boden liegen lassen) und spritzen Sie im Abstand von 14 Tagen mit einem Fungizid.
Verursacht wird der Sternrußtau durch Kühle und Nässe (vor allem auf den Blättern) und durch einen schweren, undurchlüfteten Boden.
Düngen Sie nun die Rosen zum zweiten Mal und bleiben Sie bei der gleichen Dünger-Art.
Gießen in trockenen Zeiten nicht vergessen!
Verblühte Rosen werden regelmäßig abgeschnitten, damit sich kein Herd für Pilze bildet. Schneiden Sie die Blüten immer bis zum ersten darunterliegenden Auge zurück. Das fördert einen zweiten Flor.

10 beliebte zweijährige Sommerblumen

Name	Farbe	Blütezeit
Bart- und Gartennelke (*Dianthus barbatus* und *caryophyllus*)	weiß, rosa, rot	VI –VIII
Gartenvergißmeinnicht (*Myosotis alpestris*-Hybriden)	weiß, rosa, blau	VI –VIII
Goldlack (*Cheiranthus cheiri*)	gelb, bräunlich, rot	VI –VII
Königskerze (*Verbascum*-Hybriden)	gelb	VII –IX
Marienglockenblume (*Campanula medium*)	weiß, rosa, blau	IV –VII
Maßliebchen (*Bellis perennis*-Hybriden)	weiß, rosa, rot	III –IX
Nachtviole (*Hesperis matronalis*)	weiß, violett	V –VI
Riesenfingerhut (*Digitalis purpurea*)	hellgelb, rot	VI –VII
Stiefmütterchen (*Viola wittrockiana*-Hybriden)	bunt	III –V
Stockrose (*Alcea rosea*)	weiß, gelb, rosa, rot, violett	VII –IX

Erster Heckenschnitt für sommergrüne Gehölze

Anfang Juni werden Formhecken aus Laubgehölzen (die im Winter ihre Blätter abwerfen) zum erstenmal geschnitten. Der 2. Schnitt findet Anfang August statt.
Vor allem junge Hecken werden dabei stark zurückgeschnitten, damit sie sich gut verzweigen und später unten nicht kahl werden. Sie sollten jährlich nicht mehr als 20–25 cm in die Höhe wachsen. Beim 2. Schnitt finden nur noch Korrekturen statt. Vor dem Schnitt unbedingt überprüfen, daß keine Vögel mehr in der Hecke brüten. Dann zuerst die Oberseite waagrecht schneiden, anschließend die Seitenwände. Dabei empfiehlt es sich von unten nach oben vorzugehen und zwar so, daß sich die Hecke dabei verjüngt. Damit der Schnitt »sitzt«, das heißt die Heckenwände geometrisch exakt werden, spannen Sie am besten Schnüre in gleicher Höhe als Orientierungshilfe. Der Schnittabfall kommt gut zerkleinert mit Kompostaufbereiter vermischt auf den Komposthaufen. Ist das Laub krank oder von Schädlingen befallen müssen Sie es vernichten.

TIP: Formhecken sind dicht gepflanzt und benötigen deshalb besonders viel Wasser. Gießen Sie sie bei Trockenheit ausgiebig!

Rasenpflege

Neben regelmäßigem Mähen ist nun eine 2. Düngung möglich. Bei Trokkenheit ausgiebig sprengen!

Kapuzinerkresse (*Tropaeolum*) unter Obstbäume gesät, hält Blutläuse ab.

Im Juni können Sie sich im Obstgarten die ersten Köstlichkeiten schmecken lassen. Gegen Ende des Monats reifen Erdbeeren und frühe Süßkirschen. Die zarten Brombeerblüten öffnen sich, und nach Johanni (24. 6.) dürfen Rhabarber und Spargel nicht mehr geerntet werden.

Erdbeeren – süße Früchtchen

Der Wohlgeschmack dieses beliebten Obstes hängt nach Gärtner-Aussagen nicht nur von der Sorte ab, sondern auch vom Grad der Bewässerung und vom Dünger. Wer seine Erdbeeren ausgiebig (allerdings nicht auf die Blätter) gießt und mit einem Langzeitdünger versorgt, hat angeblich die besten Erfolge.
Dünger, die schnell aufgenommen werden, bewirken, daß die Früchte zwar groß werden, aber wässrig und wenig aromatisch sind.
Ernten Sie möglichst einmal am Tag, am besten morgens. Trennen Sie mit den Fingernägeln den Stengel, so daß der Ansatz in der Beere bleibt. Dadurch halten sie sich etwas besser.
Vermehren. Während der Blüte und der Ernte beginnen Erdbeeren Ausläufer zu bilden. Der aufmerksame Gärtner hat längst zukünftige Mutterpflanzen markiert, deren Früchte besonders aromatisch sind, oder die reichlich angesetzt haben. Von diesen lassen Sie Ableger wachsen. Die der anderen Pflanzen sollten Sie entfernen, damit sie sich nicht erschöpfen. Um den Ablegern das Einwurzeln zu erleichtern, lockern Sie die Erde zwischen den Erdbeerpflanzen etwas auf. Bis August haben die Pflänzchen schon einen vollen Wurzelballen ausgebildet und können von der »Mutter« getrennt und in eigene Beete gesetzt werden.

Himbeeren pflegen

Sie reifen zwar erst im Juli, sollten aber nun gut umhegt werden. Nach der Blüte verabreichen Sie Ihren Himbeerpflanzen die 2. Düngung. Nehmen sie dabei den gleichen Dünger wie beim erstenmal. Achten Sie darauf, daß der Boden gleichmäßig feucht ist – eine Mulchschicht verhindert vor allem an heißen Tagen größere Verdunstung.
Was tun bei Grauschimmel (*Botrytis*)? Himbeeren, die im Jahr zuvor schon mit Grauschimmel befallen waren, werden vorbeugend mit einem Fungizid (am besten einem biologischen Präparat) bespritzt, ansonsten nur bei akutem Befall. Gießen Sie gelegentlich mit Brennessel-Jauche, das kräftigt die Pflanzen.

Süßkirschen – heiß begehrt

... und zwar nicht nur von uns Menschen, sondern auch von Vögeln, insbesondere Staren.
Ende des Monats reifen schon ganz frühe Sorten; deshalb ist es höchste Zeit, etwas gegen Kirschenräuber zu unternehmen. Sie haben die Wahl zwischen Netzen, die man über die Baumkronen legt und verschiedenen Abschreckungsmitteln, wie Vogelscheuchen, künstlichen Raubvögeln oder Katzenköpfen, blinkenden Blechstreifen oder Knallanlagen.

TIP: Netze über Kirschbäumen müssen unten zusammengebunden werden, damit Vögel nicht hineinfliegen können und darin gefangen werden.

Frühe Süßkirschen erreichen oft nicht die vollmundige Süße von späteren Sorten, haben aber den Vorteil, daß sie nicht von der Kirschfruchtfliege geschädigt werden. Späte Süßkirschen werden oft von ihr befallen. (Was Sie dagegen unternehmen können, siehe Mai.)

Apfel- und Birnbaum brauchen jetzt Pflege

Erschrecken Sie nicht, wenn gegen Ende des Monats viele grüne Früchte abgeworfen werden. So um Johanni (24. 6.) ist mit dem Junifruchtfall zu rechnen, der unterschiedliche Ursachen haben kann; zum Beispiel ungünstiges Wetter, Wassermangel, Schädlingsbefall oder auch ein Zuviel an Fruchtbildung, von dem sich der Baum selbst befreit. Optimale Pflege heißt in dieser Zeit:
Mähen und mulchen. Mähen Sie unter Obstbäumen den Rasen regelmäßig und lassen Sie den Schnitt als Mulchdecke liegen. Während wachsendes Gras der Baumscheibe laufend Nahrung entzieht, wird durch die Verrottung eine Humusbildung gefördert und damit ein Ernährungsprozeß eingeleitet.
Ausdünnen. Hat der Baum zu viele Früchte angesetzt, wird die Qualität und Größe des einzelnen Apfels oder der Birne darunter leiden. Vor allem Spindelbüsche neigen dazu. Lassen Sie dem Baum also nur so

viele, wie er Ihrer Meinung nach gut »versorgen« kann; die anderen Fruchtansätze werden entfernt.
Düngen sollten sie nur, wenn der Baum viele Früchte angesetzt hat, die sonstige Triebentwicklung jedoch gering ist. Gut tut hier ein stickstoffbetonter organischer Dünger (zum Beispiel Hornspäne).
Fallobst beseitigen. Vorzeitig abgeworfene Früchte sind sehr oft madig und werden zudem schnell schimmelig oder faulen, wenn sie im feuchten Gras liegen. Bleiben sie dort, kann der Baum wieder rückwirkend von diesen Schädlingen oder der Fäulnis (zum Beispiel an der Veredelungsstelle) befallen werden. Fallobst deshalb auch nicht auf den Komposthaufen geben!

Erdbeeren auf Stroh »gebettet«, werden weniger von Schimmel befallen.

Zweite Nachblütenspritzung für Apfel- und Birnbäume

Dem Apfelwickler verdanken wir wurmstichige Äpfel. Von Mai bis Juni fliegen die Falter abends in der Dämmerung und legen ihre Eier an jungen Äpfeln ab. Daraus entwickeln sich Raupen, die sich in das Fruchtfleisch bohren und bis zum Kernhaus durchfressen. Der Gärtner kann diesen Befall bereits erkennen:
Die Raupen hinterlassen nicht nur kleine »Freßlöcher«, sondern schieben durch sie auch ihren Kot ins Freie. Der Apfel verdirbt schnell, fällt mit der Raupe ab, oder sie seilt sich nach 4 Wochen selbständig ab. Sie kriecht dann in der Nähe des Stammes in den Boden, um sich zu verpuppen oder (je nach Temperatur) um sich gleich zum Falter zu entwickeln.
Eine Bekämpfung ist nur vor dem Einbohren der Raupe wirksam. Spritzen Sie also im Juni zum zweiten Mal mit einem Pyrethrum-Präparat. Erfahrene Biogärtner schwören auf Schmierseifenlösung als Spritzmittel.
Ist der Schaden bereits eingetreten, immer sofort das Fallobst aufheben!
Schorf ist bei Äpfeln und Birnen gleichermaßen die häufigste Erkrankung. Sie geht auf einen Pilz zurück und äußert sich durch dunkle Flekken auf den Blättern, die auch auf die Früchte übergehen. Oft reißt später deren Schale auf. Spritzen Sie dagegen mit einem biologischen Fungizid. Im Handel gibt es außerdem spezielle Präparate gegen diesen Pilz. Entfernen Sie im Herbst alles Laub und verbrennen Sie es. Der Baum erhält eine Mulchschicht aus Blättern von anderen Bäumen.
Blutläuse befallen Apfelbäume stärker als Birnbäume. An Trieben können Sie sie durch ihre wolligweißen Wachsausscheidungen erkennen. Die Läuse selbst sind braunrot und sitzen unter den »Wattehäufchen«. Spritzen Sie nur bei Befall, am einfachsten mit dem beliebten Biogärtner-Mittel: Schmierseifenlösung. Es ist gegen Blutläuse sehr wirksam.

TIP: Säen Sie vorbeugend Kapuzinerkresse auf die Baumscheibe, sie hält Blutläuse ab.

Das Programm in diesem Monat lautet: Neben dem Ernten von nun laufend gartenfrischem Gemüse – wässern, hacken, jäten! Gießen Sie – wenn möglich – mit abgestandenem Wasser und am besten abends. Eine »kalte Dusche« aus der Leitung kann vor allem bei wärmeliebenden Gemüse-Arten wie Bohnen, Gurken, Tomaten nach einem heißen Tag zu Wachstumsstörungen und Erkrankungen führen.

Gemüsesamen fürs Freiland

Was im Mai vergessen wurde auszusäen, können Sie noch bis Mitte Juni nachholen, und zwar: Buschbohnen, Dill, Kopfsalat, Mangold, mittelfrühe Möhren, Rote Bete, Sommerradieschen, Sommerrettich, Stangenbohnen, Zichoriensalate.

Vorteil: Ein eigenes Anzuchtbeet

Wer keine Jungpflanzen kaufen sondern selbst heranziehen möchte, sollte sich ein Anzuchtbeet anlegen. Den gleichen Zweck erfüllt natürlich ein Frühbeet, das den Sommer über für die ständige Nachzucht von Jungpflanzen genutzt wird. Sorgen Sie in diesem Beet für nahrhafte, besonders feinkrümelige Erde. Dieses Beet dient dazu, Jungpflanzen aus Samen den richtigen Start ins Leben zu geben, ohne dabei die Gemüsebeete durch lange Anzuchtzeiten zu blockieren. So können Sie laufend säen, gleichzeitig umpflanzen und ernten. Von großem Gewinn ist ein Anzuchtbeet auch für die Mischkultur, die Sie »nahtlos« mit Setzlingen aus eigenem Anbau ergänzen können.

Die ersten Rettiche sind reif – ein Fest für den Gemüsegärtner!

Was im Juni ins Anzuchtbeet ausgesät werden kann: Blumenkohl, Grünkohl, Kohlrabi, Kopfsalat, Porree, Winterendivie.

Pflanzzeit für Spätgemüse

Ob nun aus eigener Anzucht oder vom Gärtner: Nun sollten alle Spätkohlarten ausgepflanzt werden: Blumenkohl, Grünkohl, Kohlrabi, Kopfkohl und Rosenkohl. Daneben können noch Knollensellerie, Porree aber auch Zucchini ins Beet.

Heißer Tip: Zichoriensalate!

Säen Sie doch einmal Chicorée, Radicchio, Zuckerhutsalat aus; die Keimdauer beträgt 6–10 Tage und Sie können jeden Salat sehr vielseitig nutzen.

Chicorée ist ein sogenannter Treibsalat, von dem Sie zweimal ernten können. Die grünen Blätter werden im Herbst nach Bedarf gepflückt. Den chlorophyllosen Chicorée treiben Sie anschließend aus den Wurzeln im Winter. Beachten Sie beim

Samenkauf, daß es Sorten gibt, die beim Treiben ganz unter Sand kommen müssen und solche, die ohne Deckerde gezogen werden.
Den Samen im Mai oder Juni in Reihen aussäen und nach dem Keimen auf 15 cm Abstand vereinzeln. Ende Oktober können Sie den Salat bis auf 3 cm von den Rübenwurzeln abschneiden. Dann die Wurzeln ausgraben und die Erde entfernen. Nun sind sie zum Treiben im Dunkeln bereit (siehe Dezember). Rüben, die Sie nicht unmittelbar verwenden, lagern Sie dunkel, kühl und trocken.
Vorkultur: Spinat.
Mischkultur: mit Knollenfenchel, Möhren, Tomaten.
Radicchio / Roter Zichoriensalat wird ebenfalls in diesem Monat ins Beet gesät. Nach dem Keimen auf 20 cm vereinzeln. Im Herbst ist 1. Erntezeit: Schneiden Sie die länglichen Blätter bis auf 5 cm ab, ohne das Herz zu verletzen. Erst danach bilden sich die typischen kleinen roten »Köpfe«, die je nach Sorte bis Dezember geerntet werden können. Bei Schnee mit Reisig abdecken.
Vorkultur: Blumenkohl, Kopfsalat.
Mischkultur mit Gemüsefenchel, Kerbel, Kohlrabi, Möhren.

Im September gesteckter Knoblauch kann jetzt geerntet werden.

Zichorie / Zuckerhut ist ein immer beliebter werdender Salat, der auch als Kochgemüse schmeckt. Jetzt ins Beet aussäen und nach dem Keimen auf 35 cm vereinzeln. Ab Mitte Oktober bis Ende November kann geerntet werden. Zichorie verträgt bis zu −3 °C. Graben Sie ihn dann mit den Wurzeln aus. Sie können ihn einzeln in Zeitungspapier eingewickelt oder mit den Wurzeln in Erde gesteckt im kühlen Keller oder Frühbeet eng nebeneinander bis Januar knackig frisch aufbewahren.
Vorkultur: Kohlrabi, Radieschen, Rettich.
Mischkultur mit Knollenfenchel, Möhren.

Zucchini – groß im Kommen

Zucchini wachsen stürmisch, sind aber auch wahre Nährstoff-Fresser und nehmen im Beet durch ihren »Riesenwuchs« anderen Genossen schnell den Platz weg. Sie werden deshalb gern auf den Komposthaufen, besser daneben gepflanzt. So bekommen Sie immer noch genügend Pflanzenfutter ab und laugen den Kompost nicht zu sehr aus. Zucchini bilden sowohl männliche wie weibliche Blüten aus. Die weiblichen besitzen einen Fruchtknoten, aus dem sich nach der Bestäubung die Früchte entwickeln, aus den männlichen Blüten entstehen keine.
Pflege: Setzlinge bis Mitte Juni (bei eigener Anzucht am Fensterbrett oder im Gewächshaus: Aussaat im März) einpflanzen und häufig gießen. Gut vor Schnecken schützen, sie sind die einzigen Schädlinge, die Zucchini befallen. Die Pflanzen müssen also nicht gespritzt oder behandelt werden. Allerdings sind sie sehr dankbar für Brennesseljauche. Nach 5–6 Wochen können Sie bereits die ersten Früchte ernten. Tun Sie dies ungeniert, denn es regt die Pflanze immer wieder von neuem zum Blühen und Fruchten an.

Ein altbewährter Favorit: Kopfsalat.

Vorkultur: Spinat.
Mischkultur mit Radieschen, Rettichen, Stangenbohnen, Zwiebeln.

TIP: Ähnlich wie Zucchini werden Speisekürbisse und Squash kultiviert.

Was Sie im Juni ernten können:

Blumenkohl, Dicke Bohnen, Dill, Erbsen, Fenchel, Knoblauch, Kohlrabi, Kopfsalat, Mangold, Möhren, Petersilie, Pflücksalat, Radieschen, Rettichen, Schnittsalat, Schnittlauch, Wirsing, Zwiebeln.

Biologische Schädlingsabwehr
Setzen Sie nach Möglichkeit bei Schädlingsbefall und Pilzerkrankungen an Obst und Gemüse keine harten Gifte ein, es ist zu Ihrem eigenen Nutzen. Biogärtner kennen eine Reihe von »Hausmitteln«, die – wenn sie frühzeitig zur Anwendung kommen – Ihnen die Plagegeister vom Halse schaffen.
Gegen vieles ist ein Kraut gewachsen, entweder wild (wie Brennesseln, Ackerschachtelhalm und Rainfarn) oder im Garten kultiviert (wie Knoblauch und Wermut). Die Kräuter sind aber auch getrocknet in Drogerien, Apotheken, Kräuterläden und im biologischen Versandhandel erhältlich. Hier die bewährtesten Mittel zum Spritzen und Bestäuben:
Gärende Brennessel-Jauche wirkt als Spritzmittel gegen Blattrandkäfer, Blatt- und Blutläuse, Gespinstmotten, Kartoffelkäfer, Kirschfruchtfliegen und Spinnmilben.
– Rezept: 1 kg Blätter und Stengel (vor der Blütezeit) oder 200 g getrocknetes Kraut in 10 Liter Regenwasser 4–5 Tage einweichen und in der Sonne gären lassen. Täglich gut umrühren; nach 4–5 Tagen ist die Jauche schaumig und hell.
– Anwendung: 1:50 verdünnen und über Blätter und Triebe spritzen.

TIP: Die spätere, durchgegorene Jauche (ist dunkel, wirft keine Blasen mehr) wird 1:10 mit Gießwasser verdünnt und ist ein idealer Dünger, der die Pflanzen stärkt und das Bodenleben anregt.

Ackerschachtelhalm-Brühe hilft als Spritzmittel gegen Pilzkrankheiten wie Blattfleckenkrankheit, Grauschimmel, Johannisbeerrost, Kohlhernie, Kräuselkrankheit, Knollenfäule, Mehltau, Rost und Schwarzbeinigkeit.
– Rezept: 1 kg Blätter und Stengel (vor der Blütezeit) oder 150 g getrocknetes Kraut in 10 Liter Regenwasser 24 Stunden lang einweichen. Anschließend ½ Stunde lang schwach köcheln lassen und absieben.
– Anwendung: Brühe 1:5 mit Wasser verdünnen und bei trockenem, sonnigen Wetter spritzen (bei starker Erkrankung am besten an drei aufeinanderfolgenden Tagen).

Rainfarn-Tee oder -Brühe kann gegen Apfelwickler, Blattläuse, Blattrandkäfer, Blattwespen, Dickmaulrüssler, Erdbeermilben, Erdbeerblütenstecher, Erbsenwickler, Himbeerkäfer, Kohlgallenrüssler, Lauchmotten, Möhrenfliegen und Spinnmilben gespritzt werden.
– Rezept: Für die Brühe 300 g blühenden Rainfarn oder 30 g getrocknetes Kraut in 10 Liter Regenwasser 24 Stunden einweichen. Anschließend ½ Stunde schwach köcheln lassen und absieben. Für den Tee kochen Sie Pflanzen und Wasser auf und lassen alles 10 Minuten ziehen. Anschließend wird abgesiebt.
– Anwendung: Brühe oder Tee 1:2 mit Wasser verdünnen.
Wermut-Tee oder -Brühe wird gespritzt gegen Blattläuse, Blattrandkäfer, Erbsenwickler, Kirschfruchtfliege, Kohlfliege, Kohlweißling, Sägewespe und Spinnmilben.
– Rezept: Für die Brühe 300 g Blätter und Stengel (vor der Blütezeit) oder 30 g getrocknetes Kraut in 10 Liter Regenwasser 24 Stunden einweichen. Anschließend ½ Stunde schwach köcheln lassen und nach dem Erkalten absieben. Für den Tee die gleichen Mengen aufkochen, dann 10 Minuten ziehen lassen und absieben.
– Anwendung: Brühe oder Tee 1:3 mit Wasser verdünnen.
Knoblauch-Tee ist gut geeignet gegen Pilzkrankheiten und Möhrenfliege, Erdbeer- und Spinnmilben.
– Rezept: 75 g Knoblauchzehen zerkleinern und zusammen mit 10 Liter Regenwasser aufkochen, dann 10 Minuten ziehen lassen und absieben.
– Anwendung: Unverdünnt vorbeugend und bei Befall spritzen.
Schmierseifen-Lösung ist ein uraltes Hausmittel gegen Apfelwickler, Blutläuse, Erbsenwickler, Kohlfliegen, Pflaumenwickler, Schildläuse, Spinnmilben, Weiße Fliege.
– Rezept: 200 g Schmierseife in 10 Liter Regenwasser auflösen.
– Anwendung: Unverdünnt spritzen.

TIP: Bei Hinzugabe von Brennspiritus (⅓ l) wirkt die Lösung gegen Apfelblütenstecher, Gespinstmotten, Kohlweißlinge und Rote Spinne.

Algenkalk zum Bestäuben. Er sollte höchstens einmal im Monat auf die Pflanzen gestäubt werden, damit sie weiterhin gut atmen können. Zur Anwendung kommt er bei Ameisen, Erbsenwickler, Erdfloh, Kartoffelkäfer, Kohlfliege, Kohlweißling, Kraut- und Knollenfäule und Zwiebelfliege.

JULI

Des Juli warmer Sonnenschein
macht die Früchte reif und fein.

1

2

3

4 Ulrich
Regen am St.-Ulrichs-Tag
macht die Birnen stichig-mad'.

5

6

7

Kilian
An St. Kilian
säe Wicken und Rüben an.
8

9

10

11

12

13

14

15

16

17

18

19

20 Margareta
Bringt Margarethe Regenguß,
verderben für das Jahr die Nuß.

21

22

23

24

Jakobus
Ist's schön auf dem Jakobitag,
viel Frucht man sich versprechen mag.

25

26

27

28

29

30

31

Es ist Hochsommer im Garten geworden. Die strahlend weißen Madonnenlilien beginnen zu blühen und mit ihnen viele farbenprächtige Sommerstauden wie Rittersporn, Phlox, Schafgarbe und Mädchenauge, auf denen sich nun Schmetterlinge tummeln.

Gießen mit Köpfchen

Jetzt kann es schon zu längeren Hitze- und Trockenperioden kommen. Gießen ist dann nicht nur notwendig, sondern sollte auch so effektiv wie möglich geschehen. Ein- bis zweimal in der Woche ausgiebig zu wässern ist besser als täglich in kleineren Mengen. Diese Grundregel gilt zumindest für alle lehm- und humusreichen Böden, die Feuchtigkeit gut speichern können. Bei diesem Gießen sind die Pflanzen gezwungen, tiefer zu wurzeln, wodurch sie wiederum mehr Nährstoffe aufnehmen können und kräftiger werden. Bei sehr sandigen Böden ist die Speicherfähigkeit gering. Hier sollten Sie öfter und dafür weniger gießen. Wer sich nicht ganz sicher ist, macht einfach die Fingerprobe: Ist die Erde in 1 cm Tiefe noch feucht, müssen Sie noch nicht gießen. Notwendig wird es erst, wenn der Boden in einer Tiefe von 3 cm noch trocken ist.

Beste Zeit fürs Gießen ist der frühe Abend. Die Pflanzen haben dann die ganze Nacht die Möglichkeit, sich von der Tageshitze zu erholen. Natürlich können Sie auch am frühen Morgen wässern, allerdings wird bei Hitze ein Großteil des Wassers gleich wieder verdunsten, ohne daß es den Pflanzen zugute kommt.

Gießen Sie nie bei praller Sonne! Die Wassertropfen wirken auf den Blättern wie Brenngläser und es kann zu Verbrennungen kommen. Gießen Sie immer in den Wurzelbereich und nicht auf die Blätter. Mulden und Rinnen sind ideal, weil sie das Wasser direkt zu den Wurzeln leiten. Nasse Blätter werden leicht von Pilzkrankheiten heimgesucht.

Wasser ist kostbar

Mit Leitungswasser zu gießen, kann in trockenen Sommern zum teueren Vergnügen werden, reduziert die ohnehin knappen Trinkwasser-Reserven und ist für Pflanzen ein kalter Schock, wenn Sie es direkt aus der Leitung verwenden. Jeder besonnene Gärtner wird deshalb nach anderen Wegen suchen.

Regenwasser ist umsonst. Je mehr Regentonnen Sie besitzen, desto unabhängiger sind Sie vom Leitungswasser. Das hier aufgefangene Naß gleicht sich der Umgebungstemperatur an, und es bekommt den Pflanzen besonders gut, denn Regenwasser ist weich; ganz im Gegensatz zu dem mancherorts sehr kalkhaltigen Leitungswasser.

»Aber ist es denn nicht sauer?«, wird sich mancher fragen , denn immer wieder hört man Hiobsbotschaften, daß Regenwasser nicht mehr zum Gießen geeignet sei.

Hier 3 Tips zum sinnvollen Umgang damit:

1. Regenwasser ist tatsächlich nicht mehr so sauber wie einst. Fangen Sie auch nicht mehr alles auf, was so vom Himmel herunterkommt. Wenn es nach längerer Trockenheit zum ersten Mal wieder regnet, decken Sie Ihre Tonne zu und lassen Sie den Schmutz von Luft und Dach erst einmal herunterregnen.
2. Regenwasser in bekanntermaßen schadstoffbelasteten Gebieten sollten Sie untersuchen lassen. Den Säuregrad kann man selbst mit Indikatorpapier oder -flüssigkeiten bestimmen. Sie erhalten sie im Gartenfachhandel oder in Fachgeschäften für Aquaristik oder Laborbedarf.
3. Ist Ihr Gießwasser wirklich sauer, so müssen Sie bei pH-Werten unter 4 für Ausgleich sorgen, indem Sie in den Boden Kalk einarbeiten. Ein im Handel erhältlicher Calcittest gibt an, wieviel Kalk je nach Versauerung nötig ist.

Feuchtigkeit im Boden bewahren ist eine andere Methode, um Wasser zu sparen. 5 Tips, wie Sie das erreichen können:

1. Wer nach jedem starken Regenguß hackt, bewahrt die Krümelschicht des Bodens und verhindert so eine vorschnelle Verdunstung.
2. Mulchen hält die Feuchtigkeit im Boden und vermeidet gleichzeitig eine zu große Erhitzung, die die Verdunstung nur fördern würde.
3. Mischkultur läßt den Boden nicht austrocknen, weil durch die intensive Bepflanzung alle Erde schattiert wird. Sobald bei der Ernte Lücken entstehen, gleich nachpflanzen!
4. Ein Windschutz um den Garten (Hecken, Stauden usw.) verhindert ein vorzeitiges Austrocknen des Bodens durch Winde.

5. Boden, der wenig Feuchtigkeit speichert, sollten Sie aufbereiten. Durch Flächenkompostierung erhöhen sie den Humusgehalt an Ort und Stelle. Oder Sie arbeiten direkt feuchtigkeitsbindende Substanzen in den Boden ein wie Lehm, Kokosfasern oder andere organische Stoffe.

Gartenblumen schneiden

Schneiden Sie nicht nur alle abgeblühten Blumen von Stauden, Einjahrs- und Zweijahrsblumen, sondern nehmen Sie auch ungeniert frische Blumen für die Vase ab. Die Folge ist meist ein vermehrtes Blühen. Das liegt daran, daß jede Pflanze auf die Erhaltung ihrer Art – also ihres Samens – hin angelegt ist. Hat er sich einmal gebildet, gibt es für sie keinen Grund mehr zu blühen. Entfernen Sie aber die Blüte zuvor, wird sie immer wieder Blüten nachschicken, um ihr Ziel zu erreichen.

»Zweijährige« pikieren

Zweijahrsblumen, die Sie im Juni ausgesät haben, müssen jetzt vereinzelt werden. Wer das Aussaatbeet für andere Zwecke braucht, kann die Keimlinge in Torfpreßtöpfe mit Anzuchterde einsetzen. Diese können sie mit zunehmenden Wachstum durchwurzeln, ohne daß sie neu aus- und eingetopft werden müssen. Im Herbst kommen sie dann mit diesen durchwurzelten Töpfen ins Beet an ihren Bestimmungsplatz.

Rittersporn und Lupinen – der Inbegriff warmer Sommertage.

Bartiris pflanzen oder teilen

Bartiris (*Iris germanica*) gehören zur bezaubernden Gattung der orchideenähnlichen Schwertlilien, von denen es etwa 200 bekannte Arten gibt. Sie lassen sich in rhizom- und zwiebelbildende Schwertlilien unterscheiden. Die rhizombildenden sind unsere Bart- oder Garteniris und können jetzt gepflanzt werden. (Die Zwiebeliris hingegen kommt im Herbst in den Boden.)

Bartiris gibt es in 3 Wuchsformen, denen unterschiedliche Blütezeiten entsprechen.

– Die Miniatur-Iris werden nur etwa 25 cm hoch und blühen Ende April.

– Die mittelhohen Bartiris sind etwa 25–70 cm hoch, ihre Blütezeit ist im Mai.

– Besonders attraktiv sind die hohen Bartiris mit über 70 cm, die im Mai und Juni blühen. Ihre Schönheit verleitete die Züchter Jahr für Jahr zu neuen Schöpfungen. Bartiris gibt es in allen Farben außer Schwarz, sowohl ein- wie mehrfarbig. Vor allem die neueren Züchtungen sind außerordentlich resistent gegen Krankheiten und Regen.

Man sollte nie vergessen, daß Bartiris Steppenpflanzen sind. Daraus leiten sich ihre Bedürfnisse ab. Sie lieben einen durchlässigen, leicht kalkhaltigen Boden und volle Sonne. Schwere, lehmhaltige Böden müssen also gut gelockert und mit Sand versetzt werden.

Einpflanzen. Die Rhizome der Bartiris sind dicke, unterirdische Sprosse, an deren Enden die breiten Blätter in dichten Büscheln gebildet werden. Sie müssen waagrecht eingepflanzt werden. Zuvor die langen Blätter etwas abschneiden und beschädigte Wurzeln kürzen. Heben Sie eine flache Mulde aus und setzen Sie das Rhizom auf eine etwas erhöhte Mitte. Die Wurzeln breiten Sie nach beiden Seiten aus und decken sie dann mit Erde zu. Wenn Sie das Pflanzloch auffüllen, darf das Rhizom nicht mehr als 1 cm unter die Erde kommen. Gießen Sie anschließend weich an.

Teilen. Ältere Rhizome verzweigen sich und können geteilt werden. Heben Sie die Pflanzen behutsam mit der Grabgabel aus der Erde. Das Rhizom wird mit einem scharfen Messer duchschnitten, die Schnittstellen bestäuben Sie mit Holzkohlenpuder. Dann wieder einpflanzen.

TIP: Iris machen sich besonders hübsch, wenn sie in Gruppen von mindestens 5 gepflanzt werden.

Dahlien sind bald soweit

Dahlien sind nun kräftig im Wachsen und brauchen viel Wasser. Geben Sie ihnen jetzt als Düngerration am besten einen organisch-mineralischen Volldünger. Sollten Sie noch keine Halterungen angebracht haben, so wird es höchste Zeit.

Rosenpflege im Juli

Hier gibt es in diesem Monat ein Dreipunkte-Programm:

- Abgeblühtes schneiden,
- bei Trockenheit gießen und
- zum letzten Mal düngen.

Bevor Sie einen Dünger ausstreuen, entfernen Sie alle Schnitt- und sonstigen Pflanzenreste vom Boden. Denn gerade Sporen von Pilzen wie Sternrußtau (siehe Juni), Rosenrost und Grauschimmel (Botrytis) können sich über befallene Blätter, die am Boden liegen, ausbreiten. Den Dünger leicht in den Boden einhakken und gründlich wässern.

Rosenschädlinge am Werk

Die Rose, als Königin der Blumen, ist sehr begehrt. Leider auch von Schädlingen, die Sie kennen sollten.

Rosenblattlaus. Diese grünen oder rotbraunen Insekten sitzen an Triebspitzen, jungen Blättern und Knospen. Sie treten nach größerer Trokkenheit oft plötzlich in Massen auf. Nur bei starkem Befall sollten Sie mit einem Insektizid (zum Beispiel Pyrethrum-Präparat) spritzen. Bei schwachem Befall hilft auch ein Abspritzen mit einem starken Wasserstrahl oder ein mehrfaches Spritzen mit frisch angesetzter Brennesseljauche.

Rosenblattrollwespe. Sie legt ihre Eier ab Mai an die Blattränder, die sich röhrenförmig einrollen. Die Larven verlassen im Juli das Versteck, um sich im Boden zu verpuppen. Die neue Wespengeneration schlüpft im nächsten Frühjahr. Achtung also: Befallene, eingerollte Blätter mit den Larven entfernen und Pflanze mit Schädlingsvernichtungsmittel spritzen (Behandlung muß 14 Tage später wiederholt werden). Achten Sie darauf, daß beim Spritzen die Blattunterseiten kräftig benetzt werden. Der Abfall darf nicht auf den Kompost!

Rosentriebbohrer sind Wespen, die ihre Eier an Rosen ablegen. Die Larven fressen sich in die Triebe und in ihnen entlang. Äußeres Symptom: Triebspitzen welken und verdorren. Befallene Triebe bis ins gesunde Holz zurückschneiden und vernichten. Die Wundstellen mit Holzbalsam oder ähnlichem bestreichen, damit sich keine Pilze ansiedeln können.

Bei starkem Befall müssen Sie ein systemisches Insektizid verwenden.

Herbstblüten aus Knollen

Ende dieses Monats werden die Knollen für Herbstkrokusse (*Crocus*), Herbstzeitlosen (*Colchicum autumnale*, Vorsicht: giftig!) und Freilandalpenveilchen (*Cyclamen linearifolium*) in die Erde gebracht. Alle – außer dem Freilandalpenveilchen – lieben einen sonnigen Platz.

Glyzinen »bändigen«

Blauregen (*Wisteria*) blüht von Mai bis Juni und ist von geradezu stürmischem Wachstum. Wenn Sie jetzt lange junge Triebe bis auf 5 Blätter zurückschneiden, gibt es im nächsten Jahr größere Blütentrauben.

Bei Trockenheit müssen Sie Glyzinen reichlich gießen. Die beliebteste Art ist übrigens die Chinesische Traubenwinde (*Wisteria sinensis*).

Blick über den Zaun – Gemüse, Kräuter und Blumen im Bauerngarten.

Gehölze pflegen

Bei großer Trockenheit müssen auch Gehölze gegossen werden. Vor allem im Frühjahr gepflanzte junge Bäume und Sträucher haben noch keine tiefen Wurzeln ausgebildet und sind auf Wassergaben angewiesen. Auch Rhododendren sind an heißen Tagen sehr »durstig«. Gießen Sie nur mit abgestandenem Regenwasser, denn es ist angewärmt und weich.

Balkon- und Kübelpflanzen

Spätestens Anfang Juli sollten Sie damit beginnen im Mai frisch eingetopfte Balkon- und Kübelpflanzen zu düngen. 6 Wochen rechnet man nämlich durchschnittlich für die Wirkung eines Grunddüngers, der der Pflanzerde beigemischt wurde. Nun sollten Sie einmal wöchentlich einen Blühdünger ins Gießwasser geben.

Rasenpflege im Juli

Stellen Sie jetzt beim Mähen die Schnitthöhe auf Ihrem Rasenmäher höher ein. In diesen Hochsommerwochen wächst das Gras langsamer und bei mehr Länge bleibt der Boden besser im Schatten. So werden Schäden durch Austrocknung vermieden – vor allem dann, wenn Sie vorhaben in Urlaub zu fahren und niemand den Rasen bei Trockenheit sprengt.

Unkraut zwischen Platten?

Macht sich unliebsames Unkraut zwischen Platten von Wegen und Terrasse breit, greifen Sie nicht gleich zum Gift! Kochendes Salzwasser zwischen die Fugen geschüttet, erfüllt den gleichen Zweck.

Juli ist der Beerenmonat! Erdbeeren, Himbeeren, Johannis- und Stachelbeeren sind nun reif, daneben können Sie auch Kirschen und erste Pflaumen von den Bäumen pflücken. Reichtragende Apfel- und Birnbäume brauchen eine Stütze.

Gießen und wässern!

So heißt auch im Obstgarten die Devise. Obstbäume werfen bei Wassermangel gern ihre halbreifen Früchte ab, und bei Himbeeren können Sie wesentlich mehr ernten, wenn Sie gut gießen.

Erdbeeren

Die Ernte der einmaltragenden Sorten geht nun dem Ende zu. Wollen Sie die Pflanzen noch ein weiteres Jahr kultivieren, sollten Sie jetzt alle Ableger abnehmen (und gegebenenfalls in ein neues Beet setzen). Unkraut wird gejätet, der Boden leicht gelockert und die Pflanzung gut gedüngt (mit einem organisch-mineralischen Volldünger). Sind die Erdbeeren von Grauschimmel oder einem anderen Pilz befallen, schneiden Sie alle Blätter ab. Die Pflanzen treiben wieder neu aus.

Himbeeren

Die Ernte erstreckt sich über 4 Wochen. Ernten Sie mehrmals wöchentlich und schneiden Sie nach der gesamten Ernte die abgetragenen Ruten dicht über dem Boden ab. Von den jungen Trieben läßt man die 8–10 kräftigsten pro Meter fürs nächste Erntejahr stehen.

Rote Johannisbeeren – frühe Sorten reifen bereits Ende Juni.

Stachelbeeren

Wenn Ihre Stachelbeersträucher übervoll sind, nehmen Sie etwa die Hälfte im halbreifen Zustand ab, die Früchte können gut eingemacht werden. Die restlichen werden um so schöner und größer. Nach der Ernte einige der ältesten Triebe herausschneiden und etwa gleichviel Jungtriebe belassen.

Johannisbeeren

Rote Johannisbeeren nach der Ernte wie Stachelbeeren schneiden. Bei Schwarzen Johannisbeeren werden die abgetragenen Triebe entfernt.

Jostabeeren und Kulturheidelbeeren

Auch sie sind in diesem Monat zu ernten. Jostabeeren werden wie Stachel- und Rote Johannisbeeren nach der Ernte geschnitten, Kulturheidelbeeren erhalten in den ersten 5 Jahren keinen Schnitt. Erst danach werden überalterte Triebe von der Basis weg herausgeschnitten.

Kirschenzeit

Süßkirschen. Nach der Ernte der köstlichen Früchte ist der beste Zeitpunkt, um große Schnittarbeiten an ihnen auszuführen. Nimmt man nämlich dicke Zweige im Winter heraus, kommt es bei Kirschen besonders leicht zum gefürchteten Gummifluß. Alle wichtigen Schnittarbeiten (zum Beispiel ein Verjüngen der Krone, und den Schnitt von zu engstehenden oder nach innen wachsenden Trieben und Wassertrieben) können Sie jetzt durchführen, so daß im Winter höchstens noch Korrekturen anfallen.

Sauerkirschen (die folgenden Angaben beziehen sich auf die beliebteste Art, die »Schattenmorelle«) müssen unbedingt nach der Ernte geschnitten werden, sonst bilden sie die häufig zu sehenden peitschenförmigen Triebe, die nur noch an den Spitzen tragen und den Sauerkirschen zu Unrecht den Ruf »schlecht zu tragen« eingebracht haben. Schattenmorellen tragen fast nur an Trieben, die sich im Vorjahr gebildet haben. Schneiden Sie also nach der Ernte die abgetragenen Triebe weit zurück, am besten bis auf Jungtriebe in der Nähe stärkerer Äste. Auch Konkurrenztriebe und nach innen wachsende Äste werden entfernt.

TIP: Alle Schnittstellen mit einem Baumharz oder LacBalsam gut verstreichen.

Schnitt von Pfirsichen

Pfirsiche sind jetzt noch nicht erntereif. Ihr Schnitt kann vor, während oder nach der Blüte stattfinden. Da ihre Blüten sehr frostempfindlich sind, empfiehlt sich vor allem in rauhen Lagen ein späterer Schnitt, weil Sie dann durch Frost zerstörte Blüten erkennen und entfernen können. Pfirsiche tragen an den im Vorjahr gebildeten Trieben und werden deshalb stark geschnitten. Zum richtigen Pfirsich-Schnitt müssen Sie 4 verschiedene Arten von Trieben kennen:

Buketttriebe sind sehr kurz und mit vielen Blüten besetzt. Sie werden nicht geschnitten.

Holztriebe sind ausschließlich mit länglich-spitzen Holzknospen besetzt. Sie werden ganz entfernt.

Wahre Fruchttriebe sind etwa bleistiftdick und 50 cm lang; meist sitzen an ihnen 3 Knospen beieinander (zwischen 2 rundlichen Blütenknospen, eine längliche Holzknospe). Diese Triebe werden um die Hälfte gekürzt und bringen im folgenden Jahr die größten Früchte.

Falsche Fruchttriebe sind schwächer, meist kürzer und besitzen fast nur Blütenknospen. Da ihnen Blätter fehlen, werden sie kaum Früchte tragen. Hier erfolgt ein Rückschnitt bis auf einen Stummel von 2 Knospen. Er regt den Baum zur Bildung wahrer Fruchttriebe im folgenden Jahr an.

Himbeeren erst ernten, wenn sie vollreif sind.

Sommerschnitt von Obstbäumen

Die bisherigen Schnittmaßnahmen im Juli bezogen sich ausschließlich auf Steinobst-Arten, für deren Schnitt der Monat besonders günstig ist. Generell können im Juli/August jedoch alle jüngeren Obstbäume geschnitten werden, sozusagen als Begleitmaßnahme für den Erziehungsschnitt oder sogar als Ersatz für ihn. Im Winter müssen dann nur noch kleinere »Erziehungsmaßnahmen« stattfinden.

Erziehungsschnitt heißt:

- Schnitt der Konkurrenztriebe von Stamm und Leitästen.
- Schnitt senkrechter Triebe, denn Obstbäume fruchten nur an waagrechten Zweigen.
- Schnitt zu dicht stehender, schwacher Triebe.
- Schnitt nach innen wachsender Triebe.

Der Vorteil dieses Sommerschnitts: Der junge Baum baut jetzt die Krone schneller auf als im Winter.

Der Juli ist nicht nur eine Zeit reichen Erntesegens, er ist auch der Monat, in dem Sie spätestens mit Nachkulturen beginnen sollten. Da der Boden von der ersten Ernte beansprucht ist, wird er vor der neuen Bestellung gut gelockert und gedüngt.

Lieben Sie Bohnen?

Im Juli beginnt die Bohnen-Ernte. Schon Anfang des Monats sind Buschbohnen soweit, gegen Ende Juli dann die ersten Stangenbohnen. Unter Umständen können Sie bis September pflücken. Wußten Sie übrigens, daß ein zeitiger Erntebeginn den Fruchtansatz fördert? Ganz begeisterten Bohnen-Gourmets sei jetzt noch die Aussaat von Buschbohnen empfohlen. Sie stehen dann zum Pflücken an, wenn die letzten Stangenbohnen gerade geerntet sind.

TIP: Verzehren Sie Bohnen nie roh und achten Sie darauf, daß Kinder sie nicht ungekocht essen. Die Früchte enthalten Phasin (eine Stickstoffverbindung), das in größeren Mengen für den Organismus schädlich ist, beim Kochen aber zerstört wird. Abgeerntete Bohnen nie mit den Wurzeln aus der Erde reißen. An ihnen befinden sich wertvolle Stickstoff-Knöllchen. Schneiden Sie die oberirdischen Pflanzenteile ab – Sie können sie, wenn keine Schädlinge und Krankheiten daran sind, auf den Kompost geben – lockern Sie den Boden mit dem Sauzahn, arbeiten Sie einen organischen Volldünger ein, und schon ist das Beet bestens für die Nachkultur bereitet.

Nachkultur: Endiviensalat, Feldsalat, späte Kohlsorten.

Frühkartoffeln ernten

Ab Juli ist Erntezeit für frühe Kartoffeln. Nehmen Sie aber nur soviel aus der Erde, wie Sie für Ihren täglichen Bedarf benötigen, denn zu diesem Zeitpunkt entwickeln sich die Kartoffeln im Boden noch weiter.
Und so wird's gemacht: Heben Sie sie einfach mit der Grabgabel heraus. Ende Juli bis Mitte August ist es dann an der Zeit, alle restlichen Frühkartoffeln aus der Erde zu nehmen. Sie eignen sich nicht für eine längere Lagerung und sollten daher schnell verspeist werden. Anschließend wird der Boden mit einem organischen Volldünger angereichert für die Nachkultur. Sie können aber auch zur Erholung eine Gründüngung (siehe Seite 133) einsäen.
Nachkultur: Buschbohnen, Endivien, Erdbeeren, Kohlarten, Salat, Spinat.

Knollenfenchel jetzt aussäen

Das mild-würzige Aroma dieser magenfreundlichen Scheinknollen erobert immer mehr auch unsere Küche. Knollenfenchel gedeiht am besten, wenn er erst im Juli ausgesät wird. Bei früher Aussaat müssen Sie damit rechnen, daß er schnell schießt. Dieser späte Saattermin macht ihn zu einer idealen Nachkultur. Ganz besonders gut gedeiht Fenchel nach Erbsen oder Kartoffeln.
Was Knollenfenchel braucht: Der Boden sollte nährstoffreich, also zuvor mit Kompost oder einem organischen Volldünger angereichert worden sein; bauen Sie Fenchel besser nicht nach Starkzehrern an!
Knollenfenchel wird in Reihen von 40 cm Abstand ausgesät und später auf einen Pflanzabstand von 20–25 cm vereinzelt. Die Keimdauer beträgt 2–3 Wochen. Sobald sich Knollen zeigen, werden sie leicht angehäufelt und stets leicht feucht gehalten. Vor allem bei trockenem Herbst viel gießen! Ernten können Sie dann das Gemüse von Oktober bis November.
Mischkultur mit Endivien, Feldsalat und Zichoriensalaten, die alle zur gleichen Zeit kultiviert werden.

TIP: Fenchel nicht mit Tomaten zusammenpflanzen!

Rund um die Möhre

Im Juli können Sie im Freiland Möhren aussäen und (natürlich nicht die gleichen Sorten) ernten. Möhren lassen sich in 3 Gruppen einteilen:
- Die frühen Sorten werden bereits im März/April gesät und können ab Juni geerntet werden.
- Die mittelfrühen oder Sommer-Möhren sät man im April; jetzt im Juli sind sie zu ernten.
- Die späten oder Winter-Möhren kommen von Mai bis Juli in den Boden und werden im Oktober geerntet.

Trotz dieser Unterschiedlichkeit haben alle Möhren die gleichen Ansprüche: Sie lieben einen tiefgründigen, lockeren Boden und volle Sonne.
Möhren keimen sehr langsam; es kann bis zu 4 Wochen dauern bis Keimblätter zu sehen sind. Säen Sie in Reihen von 20 cm Abstand und vereinzeln Sie die Keimlinge auf 5–7 cm.

Gedüngt wird am besten nach dem Aufgehen der Sämlinge mit einem organischen Volldünger (nie mit Mist, erstaunlich schnell können Sie sich nämlich Schädlinge einhandeln!). Möhren gleichmäßig feucht halten. Bei größeren Schwankungen zwischen Trockenheit und Nässe neigt das Wurzelgemüse zum Platzen. Falls die Rüben aus dem Boden herauswachsen, werden sie angehäufelt, damit die Kuppen nicht grün werden. Grundsätzlich gilt: Lassen Sie die Möhren möglichst lange im Boden, ihr Aroma gewinnt dadurch.
Mischkultur mit Erbsen, Knoblauch, Mangold, Porree, Rüben, Salbei, Schnittlauch, Sellerie.
Nachkultur: Endivien, Feldsalat, späte Kohlsorten.

TIP: Wußten Sie, daß die langen Wurzeln Möhren heißen, während die kleinen runden Rübchen Karotten genannt werden?

Kräuter richtig ernten

Gewürzkräuter besitzen nur dann ihr volles Aroma, wenn Sie sie zur richtigen Zeit geerntet haben. Geschnitten werden alle um die gleiche Tageszeit, aber in recht unterschiedlichen Wachstumsphasen. Am würzigsten sind Kräuter, wenn Sie sie am frühen Morgen oder nach Sonnenuntergang ernten.
Vor der Blüte geschnitten werden Beifuß, Dill, Deutscher Estragon, Pfefferminze, Pimpinelle, Salbei, Wermut.
Zu Beginn der Blüte geschnitten werden Basilikum, Bohnenkraut, Russischer Estragon, Salbei, Ysop, Zitronenmelisse.
Während der Blüte schneidet man Lavendel, Majoran, Rosmarin.

Was Sie jetzt noch aussäen können

Folgesaaten verhindern, daß abgeerntete Beete brachliegen. Damit sie eine gute Ernte bringen, bedarf es gewisser Vorbereitungen:
Die abgeernteten Beete lockern (am besten mit einem Sauzahn, weil damit die Erdschichten nicht durcheinandergebracht werden) und düngen (mit einem organischen Volldünger). Achten Sie auch darauf, daß Sie eine Folgesaat wählen, die zur Vorkultur paßt.
Und das können Sie aussäen: Buschbohnen, Chinakohl, Endivien, Knollenfenchel, Möhren, Pak Choi, Porree, Radieschen, Rettich, Spinat, Zichoriensalate.

Jetzt pflanzen für eine späte Ernte

Blumenkohl, Grünkohl, Kohlrabi, Kohlrüben, Kopfsalat, Porree, Winterendivien, Wirsing.

Was Sie im Juli ernten können

Dicke Bohnen, Grüne Bohnen, Brokkoli, Grüne Erbsen, Frühkartoffeln, Gurken, Kohlrabi, Möhren, Neuseeländer Spinat, Radieschen, Rettiche, Schalotten, Tomaten, Zucchini, Zuckererbsen, Zwiebeln.

Bretter zwischen Gemüsebeeten ermöglichen einen »sauberen« Zugang.

Hilfe, die Schnecken kommen!

Wer kann sie sich schon im Garten halten, unsere besten Schneckenjäger, die Enten? Man muß sich also etwas anderes einfallen lassen. Aber bitte – auch wenn die Massen und die Gefräßigkeit, mit denen Schnekken in unsere Gärten eindringen, schon so manchen liebenswerten Zeitgenossen zu rohesten Gewalttaten veranlaßten – geschändet werden müssen sie deshalb nicht.
Im biologisch orientierten Garten wird kein Schneckenkorn gestreut. Bierfallen sind erlaubt, denn die nützlichen Weinbergschnecken mit ihrem kräftigen Gehäuse sind Antialkoholiker und meiden die gestellte Fallen.
Unterscheiden Sie also sehr genau bei allen Schneckenbekämpfungsmaßnahmen zwischen Nacktschnekken, denen die Abwehr gilt und den Weinbergschnecken, die keinen Schaden anrichten, weil sie sich vorwiegend von welken Blättern und verfaulten Früchten ernähren. Sie sind Nützlinge im Garten, fressen sie doch auch die Eier der schädlichen Nacktschnecken. Was kann man gegen diese tun?
Schnecken einsammeln ist sicher nicht die bequemste Methode, aber bei regelmäßiger Anwendung nicht ganz erfolglos!

– Tagsüber lassen sie sich unter allen Gegenständen, die ihnen Schutz vor Austrocknung gewähren (wie Bretter, Säcke, Pappkartons, Rhabarberblätter, leider auch unter Mulchschichten) fangen und absammeln.
– Bei Regenwetter können Sie Tag und Nacht auf Jagd gehen.
– Günstig sind abends ausgelegte Köder wie angefaulter Salat, Scheiben von rohen Kartoffeln und Küchenabfälle, die Schnecken geradezu magisch anziehen.
– Auch am Komposthaufen werden Sie viele finden, er ist einer der beliebtesten Schneckensammelorte.
– Manche Gartenfreunde gehen strategisch vor und pflanzen ihrem Salat zuliebe weitab Tagetes. Diese Leibspeise wird anscheinend meilenweit gerochen und lenkt von anderen Leckerbissen ab.
– Wer nachts mit der Taschenlampe Schnecken sucht, darf, wenn es ganz ruhig ist, seinem Gehör vertrauen. Die Freßgeräusche sind dann nämlich zu hören, man muß ihnen nur nachgehen.
– Zum Einsammeln empfehlen sich übrigens Gummihandschuhe oder Greifgegenstände, wie ausrangierte Gebäckzangen.
– Schnecken nach dem Einsammeln in den Wald hinauszutragen, ist sicher ein löbliches Unterfangen. Wer hat dazu aber bei massenhaftem Auftreten täglich Zeit? Die schnellste Methode Schnecken abzutöten ist das Überbrühen mit kochendem Wasser. Nehmen Sie kein Salz, es ist böse Tierquälerei.

Immer wieder wird behauptet, der so entstandene Schneckensud wirke abschreckend auf andere Schnekken, wenn man ihn um Beete schüttet. Dies kann nicht bestätigt werden. Er ist aber hoch eiweißhaltig und kann auf dem Komposthaufen gute Dienste leisten.
Schnecken abwehren ist weniger arbeitsintensiv und teilweise sehr wirksam!

– Schneckenzäune bestehen aus Weißblech oder Kunststoff und haben einen scharf nach außen geknickten Rand, den Schnecken nicht überwinden können. Diese Zäune sind in der Anschaffung nicht ganz billig, bewähren sich aber viele Jahre lang, wenn sie hoch genug sind. Nehmen Sie nur Zäune mit einer ausreichenden Höhe, denn Nacktschnekken können bis zu 15 cm lang werden und über Brücken von Gras oder ähnlichem ohne weiteres niedere Zäune überwinden.
– Eine andere Art von Zäunen ist leicht elektrisch geladen. Sie werden aus Batterien gespeist und versetzen Schnecken einen kleinen Stromstoß, der sie das Weite suchen läßt.
– Bei trockenem Wetter halten folgende Stoffe, ums Beet gestreut, Schnecken fern: Algenkalk, Holzasche, Sand, Sägemehl und Steinmehl.
– Den Geruch der folgenden Pflanzen können Schnecken nicht ausstehen: Adlerfarn, Holunder, Rainfarn, Schafgarbe und Thuja als Mulchschicht auf dem Beet hält sie ab.

Schnecken ausladen. Nur zu oft werden Staudenrabatten über Nacht regelrecht weggefressen. Setzen Sie in diesem Fall Blumen ein, die die Schnecken nicht mögen, zum Beispiel: Ehrenpreis, Montbretie, Pfingstrosen, Rosen, Schafgarbe, Schmuckkörbchen, Sommerastern, Sonnenbraut, Schwertlilie, Staudenphlox, Wicken und viele andere.

AUGUST

AUGUST

Der August muß Hitze haben,
sonst wird der Obstbaumsegen begraben.

1

2

3

4 Dominikus
Hitze an St. Dominikus,
ein strenger Winter kommen muß.

5

6

7

8

9

Laurentius
Sollen Trauben und Obst sich vermehren,
müssen mit Lorenz die Gewitter aufhören.

10

11

12

13

14

Mariä Himmelfahrt
Wer Rüben will, recht gut und zart,
sä' sie an Mariä Himmelfahrt.

15

16 Rochus
*Wenn St. Rochus trübe schaut,
kommt die Raupe in das Kraut.*

17

18

19

20

21

22

23

Bartholomäus
Bartholomä voll Sonnenglut,
macht Wein und Reben stark und gut.

24

25

26

27

28

29

30

31

Der Spätsommer beginnt. Dahlien und Gladiolen öffnen ihre Blüten neben den alles überragenden Riesensonnenblumen. Wer sich eine besondere Erinnerung an den Sommer bewahren will, kann jetzt Blumen schneiden und trocknen, um sie später zu hübschen Gestecken, Kränzen oder Sträußen zu verarbeiten.

Sommerputz im Staudenbeet

Die meisten Stauden sind äußerst blühfreudig, sehr robust und neigen nur selten zu Krankheiten. Trotzdem brauchen sie regelmäßige Pflege, auch wenn sie auf Vernachlässigung nicht gleich zimperlich reagieren. Schneiden Sie also weiterhin Verblühtes und Verwelktes ab. Viele Stauden lassen sich dadurch noch immer zu neuer Blüte anspornen. Jäten Sie auch regelmäßig das Unkraut, das sich zwischen ihnen breitgemacht hat. Es entzieht auf Dauer doch viele Nährstoffe. Nach einem längeren Urlaub oder einer »Gärtnerpause«, bei denen Sie sich vielleicht einmal weniger um die Bestellung Ihres Gartens kümmern konnten als sonst, kann es um diese Jahreszeit leicht vorkommen, daß Unkräuter in der Staudenrabatte (aber auch im Gemüsebeet) schon zu blühen begonnen oder ihren Samen ausgebildet haben. Hier empfiehlt es sich, sie vor dem Jäten vorsichtig in eine Tüte oder ein Körbchen hineinzuschneiden, weil sonst beim Herausreißen der Samen ins Beet fiele.
Sobald ältere Stauden wirklich abgeblüht sind, können Sie sie mit der Grabgabel herausnehmen und teilen (siehe Seite 142).

Pflanzzeit für besondere Stauden

Damit sie gut über den Winter kommen und im nächsten Jahr wunderschön blühen, müssen die folgenden Stauden unbedingt im August eingepflanzt werden.
Christrosen (*Helleborus*-Arten) erfreuen uns mit ihren weißen, gelbgrünen, rosa und purpurvioletten Blüten mitten im Winter. Sie gedeihen im Halbschatten unter Bäumen und Sträuchern mit den Jahren immer prächtiger. Lassen Sie die niederen, immergrünen Stauden verwildern, sie können uralt werden. Christrosen lieben einen leicht kalkhaltigen, feuchten und humusreichen Boden. Geben Sie ihnen deshalb etwas kalkhaltiges Steinmehl mit in die Pflanzerde und setzen Sie sie ruhig etwas tiefer ein.

TIP: Vorsicht bei Kindern und Haustieren! Die Pflanze ist in allen Teilen sehr giftig!

Kaiserkronen (*Fritillaria imperialis*) besitzen faustgroße, fleischige Zwiebeln, deren knoblauchartiger Geruch Wühlmäuse vertreibt. Sie blühen gelb, orange und rot und überragen im frühlingshaften Garten (Blütezeit April/Mai) alle anderen Blumen mit ihrer stattlichen Höhe von etwa 80 cm. Wählen Sie einen sonnigen bis halbschattigen Standort mit lockerer und nahrhafter Erde, am besten im Beet. Die Zwiebeln müssen 25 cm tief in die Erde. Ist der Boden nicht gut durchlässig, geben Sie unter die Zwiebeln besser eine Sandschicht, damit das Wasser sich nicht staut. Die Pflanzerde mit einem organischen Volldünger oder abge-

Kapkörbchen (*Dimorphotheca*) – eine liebenswerte »Einjährige«.

lagertem Stallmist versetzen. Pflanzen Sie Kaiserkronen in Gruppen, das sieht besonders hübsch aus und wählen Sie einen Platz, an dem sie jahrelang bleiben können.

TIP: Sollen Ihre Kaiserkronen dennoch einmal den Standort wechseln, so ist Juli/August die beste Zeit zum Umsetzen.

Madonnenlilien (*Lilium candidum*) sind blendendweiße Schönheiten, die bis zu 1,80 m hoch werden. Sie blühen im Juni/Juli und ziehen ähnlich wie Kaiserkronen nach der Blüte Stengel und Blätter ein. Anfang August müssen sie eingepflanzt werden; sie weichen nicht nur darin von allen anderen Lilien ab. Im Unterschied zu diesen kommen sie auch nur 5 cm tief in die Erde. Dies muß so zeitig geschehen, damit sich bis zum Herbst noch ein Austrieb bilden kann, und die Zwiebel am Leben bleibt. Pflanzen Sie Madonnenlilien in Gruppen (Pflanzabstand 25 cm), sie sehen dann noch viel strahlender aus. Gedüngt werden sie erst im Frühjahr.

Steppenkerzen (*Eremurus*-Arten) müssen ebenfalls jetzt eingepflanzt werden. Diese imposanten Liliengewächse treiben aus Blattrosetten 1–2 m hohe Blütenkerzen in Weiß, Gelb, Orange und Rosa. Wie ihr Name besagt, sind sie Kinder der Steppe und dementsprechend sind ihre Bedürfnisse: Ein warmer, sonniger Standort, ein durchlässiger, sehr nahrhafter Boden und möglichst freistehend, nicht eng in andere hohe Stauden eingebaut – so wollen es die Pflanzen.

Löwenmäulchen (*Antirrhinum*) sind hervorragende Schnittblumen.

Heben Sie das Pflanzloch etwa 20 cm tief aus (der Boden darunter soll tiefgründig gelockert sein, schweren Lehm mit scharfem Sand vermischen!). Innerhalb des Pflanzlochs wird ein kleiner Sandhügel geformt, auf den die Wurzeln aufgesetzt werden. (Gehen Sie behutsam mit den seesternartigen Wurzeln um, denn sie brechen leicht!). Die restliche Pflanzerde wird mit Kompost oder einem organischen Volldünger vermischt und aufgefüllt. Leicht andrücken und gut nachgießen. Steppenkerzen kommen am besten in Gruppen mit einem Pflanzabstand von 60–80 cm in den Boden.

TIP: Auch zum Versetzen und Teilen älterer *Eremurus*-Pflanzen ist Juli/August die geeignete Zeit.

Rosen pflegen und vermehren

Schneiden Sie weiter die verblühten Rosen ab und behalten Sie die Blätter der Pflanzen im Auge. An ihnen kann man nämlich die Mehrzahl aller Krankheiten erkennen. Bei großer Hitze sollten Sie gießen, auch wenn Rosen Tiefwurzler sind und sich über längere Trockenzeit ganz gut selbst versorgen können. Ende Juli/Anfang August werden sie zum letzten Mal in diesem Jahr gedüngt. Eine spätere Düngung ist nicht zu empfehlen, damit ihr Holz bis zum Wintereinbruch ausreifen kann.

TIP: Wildrosen, bei denen es uns auf die leuchtend bunten Hagebutten im Herbst ankommt, behalten natürlich ihre Blütenstände.

Vermehren. Juli/August sind die besten Monate um Rosen zu veredeln.

Sicher, es ist etwas für wirklich Fortgeschrittene. Aber vielleicht ist Ihnen eine Ihrer Rosen sehr ans Herz gewachsen und nicht mehr erhältlich, oder Sie wagen einmal den Versuch, ein eigenes Hochstämmchen heranzuziehen.
Informieren Sie sich zuvor auf alle Fälle beim Fachmann und besorgen Sie sich die nötigen Werkzeuge.
Hier die wichtigsten Schritte:
– Die Pfropfunterlage muß gesund und gut angewurzelt sein. Geeignet sind wüchsige Wildrosen wie *Rosa canina* und *Rosa multiflora*.
– Wollen Sie einen Strauch heranziehen, so wird am Wurzelhals veredelt; bei Hochstämmchen müssen Sie in der gewünschten Höhe an 3 Stellen rund um den Stamm pfropfen.
– Schneiden Sie von der Edelrose einen kräftigen Trieb ab, von dem Sie wiederum mit dem Okuliermesser ein Edelauge auf einem etwa 3 cm langen Rindenblättchen herauslösen. Dieser Span darf nicht zu dünn sein, damit das Auge rückwärts nicht verletzt wird. Haben Sie zuviel Holz abgelöst, können Sie es vorsichtig mit den Fingern entfernen.
– An der Wildlingsunterlage machen Sie nun an der Veredelungsstelle einen T-förmigen Schnitt und heben die beiden Rindenecken vorsichtig an. Nun schieben Sie den Span mit dem Edelauge von oben in die geöffnete Stelle, drücken die beiden Rindenteile darüber und binden mit Bast die Okulationsstelle fest, wobei das Edelauge freibleiben muß. Abschließend wird Baumwachs über die Stelle gestrichen, und wiederum das Edelauge ausgespart. Es soll in diesem Jahr anwachsen, aber noch nicht austreiben.

Lavendel
Duft aus Großmutters Tagen

Nun wird es Zeit für den Lavendel-Schnitt. Dabei lassen sich übrigens die abgeschnittenen Triebspitzen vorzüglich als Stecklinge verwenden (Hat man die blühenden Rispen nicht bereits schon abgeschnitten und getrocknet, so nimmt man sie gleich jetzt mit ab). Geben Sie sie in eine Aussaatschale mit einem Torf-Sand-Gemisch und stellen Sie sie warm, aber schattig. Immer leicht feucht halten und bei sinkenden Temperaturen ins Haus nehmen und kühl überwintern. Die Stecklinge sind noch nicht resistent gegen Frost, können aber im folgenden Frühjahr ausgepflanzt werden.

Letzte Düngung

Die erste Augustwoche ist der letzte Düngetermin für Ziergehölze. Wer um diese Zeit im Urlaub ist, sollte die Düngung in den Juli verlegen. Bei einem späteren Düngen treiben die Gehölze zu spät noch einmal kräftig aus. Die zarten Jungtriebe haben dann meist nicht mehr die nötige Zeit, vor Wintereinbruch zu verholzen. Mit hoher Wahrscheinlichkeit werden sie ein Opfer von Frost und Kälte. Laubgehölze (vor allem Hekken) erhalten einen Volldünger, Nadelgehölze einen Spezial-Tannendünger.
Der Dünger wird jeweils in den Boden leicht eingearbeitet, danach gut wässern.

Die große Zeit
des Heckenschnitts

Im August können Formhecken aller Art geschnitten werden.
Immergrüne Laubhecken erhalten jetzt ihren 2. Schnitt (der erste war im März).
Sommergrüne Laubhecken stehen ebenfalls zum 2. Schnitt an.
Nehmen Sie bei beiden höchstens kleine »Schönheitskorrekturen« vor, die die Sträucher nicht mehr strapazieren.
Nadelgehölzhecken werden nicht regelmäßig geschnitten. Tun Sie es erst, wenn sie über die gewünschte Höhe hinausgewachsen sind. Dann ist allerdings der August der richtige Zeitpunkt. Es darf aber nie bis in die braun-verholzten Heckenwände hinein geschnitten werden. Gerade bei Nadelgehölzen ist es wichtig, daß immer noch genügend Grün vorhanden bleibt.

Pflanzzeit für Nadelgehölze

Die große Frage bei der Gehölze-Pflanzung lautet nach wie vor: »Was ist nun besser – die März/April- oder die Spätsommerpflanzung?«
Für wüchsige Edeltannen und Edelfichten ist Mitte August bis Mitte September die beste Pflanzzeit und zwar aus folgendem Grund:
Bei einer Spätsommerpflanzung können diese Bäume bis zum Winter noch genügend Saugwurzeln bilden. Das sichert eine gute Versorgung der Jungtriebe nicht nur über den Winter, sondern auch im folgenden Frühjahr, falls er trocken ausfallen sollte.
Bei einer Pflanzung im März/April müssen Sie unter Umständen bei

Trockenheit damit rechnen, daß die jungen Triebspitzen eintrocknen, was den gleichmäßigen, pyramidalen Wuchs mittelgroßer und größerer Nadelbäume verhindert.
Kleine und unregelmäßig wachsende Koniferen können Sie hingegen ohne Bedenken im März/April pflanzen, weil es bei ihnen nicht auf den regelmäßigen Wuchs ankommt. Aber auch hier werden sich natürlich die lebenserhaltenden Saugwurzeln bei einer jetzigen Pflanzung schneller entwickeln.
Achten Sie beim Kauf darauf, daß der Ballen gut durchwurzelt ist. Dann ein geräumiges Pflanzloch graben, die Pflanzerde am besten mit Rindenhumus oder Alzohum (einer reinen Nadelholzerde) aufbereiten und die Pflanzen ins Pflanzloch stellen. Ballentuch aufknüpfen, es muß nicht entfernt werden, sondern verrottet später von selbst. Erde auffüllen, festtreten und mit viel Wasser einschlämmen.

Sträucher über Stecklinge vermehren

Von Nadelgehölzen und einigen anderen Sträuchern können Sie jetzt Stecklinge abnehmen. Schneiden Sie kräftige Triebe mit ein paar Blättern (Nadeln) daran ab, stecken Sie sie in Töpfe mit Anzucht- oder Einheitserde und besprühen Sie das Ganze. Anschließend eine durchsichtige Plastikhaube darüberziehen und mit Gummiband dicht am Topfrand verschließen, damit die Feuchtigkeit im Innern gehalten wird. Lüften Sie gelegentlich, denn es soll sich kein Schimmel bilden. Die meisten bewurzeln sich noch vor Wintereinbruch, lediglich Fichten brauchen länger. Gut geeignet für diese Methode der Vermehrung sind neben Nadelgehölzen: Heckenkirsche, Maiblumenstrauch, Sauerdorn, Scheinzypresse, Thuja, Wacholder und Weigelie.

Oase im Blumengarten mit blauen Schmucklilien und violettem Phlox.

Rasenpflege nach dem Urlaub

Nach einem längeren Urlaub müssen Sie mit langem Gras, vermehrtem Unkraut oder Trockenstellen in Ihrem Rasen rechnen. Wollen Sie ihn nicht verkümmern lassen, sollten Sie schnell einschreiten:

– Mähen ist jetzt vorrangig, aber verzichten Sie auf einen Radikalschnitt und stellen Sie die Schnitthöhe Ihres Rasenmähers relativ hoch ein, so daß das Gras nur um ein Drittel gekürzt wird. (Wenn Sie es gleich ganz kurz schneiden, fördern Sie Kahlstellen und Unkrautwuchs!)
– Mähen Sie auf diese Weise mehrmals im Abstand von 5 Tagen.
– Zwischendurch und bei heißem Wetter müssen Sie sprengen, vor allem dann, wenn der Rasen bläulich oder gelb ausieht, denn das sind deutliche Symptome von akutem Wassermangel.
– Unkräuter sollten Sie nach und nach ausstechen.
– Kahlstellen am besten lockern, mit Kompost versorgen und Rasen neu ansäen (Samen dabei behutsam ins Erdreich einrechen und gut wässern).

TIP: August/September und April/Mai sind übrigens die besten Monate für eine Rasen-Neuaussaat!

An den Annehmlichkeiten der Obsternte wollen sich ab August auch die Wespen beteiligen. Mit ihren kräftigen Kiefern fressen sie sich förmlich in süße, saftige Früchte hinein. Ernten Sie am besten nur mit Handschuhen, denn was von der einen Seite wie eine köstliche Frucht aussieht, kann von der anderen von mehreren Wespen besetzt und schon ausgehöhlt sein.

Erdbeeren

Wer seine Erdbeer-Ableger noch nicht abgenommen hat, muß sich jetzt ans Werk machen. Sie werden erstaunt sein, welch kräftige Wurzeln die kleinen Pflänzchen bereits entwickelt haben. Nun brauchen sie die »Mutter« nicht mehr, dafür aber ihr eigenes Beet, wenn sie im nächsten Jahr tüchtig fruchten sollen. Erdbeeren erhalten einen Pflanzabstand von 30 cm. Wählen Sie zudem einen weiten Reihenabstand, denn Erdbeeren gedeihen prächtig in Mischkultur mit Zwiebeln und Knoblauch, die Sie im nächsten Jahr dazwischenstecken können.

Fruchtige Brombeer-Ernte

Lassen Sie sich Zeit mit der Brombeerernte. Nicht jede Dunkelfärbung der Früchte bedeutet schon Reife. Sie brauchen oft noch mehrere Tage, bis sie auch ihr volles Aroma und ihre Süße gewonnen haben. Brombeeren sind dann wirklich reif, wenn sie sich leicht vom Zapfen lösen lassen. Nach der Ernte werden die abgetragenen Ruten wie bei Himbeeren weggeschnitten und auch die langen Seitentriebe an den jungen Ruten (falls sich viele gebildet haben) bis auf einige Augen zurückgeschnitten.

Pfirsiche sind wärmebedürftig und gedeihen nur an geschützten Stellen.

Saure Brombeeren?

Eine große Enttäuschung wurde schon so manchem bereitet, wenn er seine erste Brombeere erntete, die aber recht herb – um nicht zu sagen sauer – schmeckte. Verursacher ist nicht selten die Brombeergallmilbe, die über die jungen Blätter in die Blütentriebe wandert und später an den unreifen Früchten saugt. Diese werden vorzeitig rot, färben sich aber nicht dunkel und bleiben hart und sauer. Schneiden Sie bei Befall alle Fruchttriebe ab und spritzen Sie mit einem biologischen Schädlingsbekämpfungsmittel. Auch Rainfarn- und Wermutteespritzungen sollen sehr erfolgreich sein. Zur Vorbeugung gegen die Schädlinge braucht der Boden eine Mulchschicht.

Pfirsiche und Aprikosen sind reif

Es gibt einige frühe Aprikosen-Sorten, die schon Ende Juli zu ernten sind und einige späte September-Pfirsiche; generell ist die Haupterntezeit für beide Früchte aber im August. Das beste Aroma haben sie, wenn sie am Ast voll ausreifen und am frühen Morgen geerntet werden.

Pflaumen, Zwetschen, Mirabellen und Renekloden

Auch sie sind im August reif. Hand aufs Herz: Wissen Sie ganz genau,

Zwetschen sind länglich und reifen etwas später als Pflaumen.

was sich hinter diesen Bezeichnungen, die regional recht unterschiedlich verwendet werden, eigentlich verbirgt?
Alle sind mit der Pflaume verwandt und deshalb recht anspruchslose und robuste Obstgehölze. Von allen gibt es selbstfruchtende und selbstunfruchtbare Sorten. Achten Sie beim Kauf darauf, wenn Sie nur einen einzigen Baum pflanzen möchten! Allerdings können sich die vier untereinander bestäuben.
Pflaumen (*Prunus domestica ssp. domestica*) zählen wie die Kirschen zum Steinobst und werden meist als Halbstämme verkauft. Im Winter können dünne Triebe ausgelichtet werden, der Hauptschnitt erfolgt wie beim anderen Steinobst aber im Sommer. Pflaumen sind von Zwetschen oft schwer zu unterscheiden. Sie sind meist eiförmig bis rund, ihre Stiele sind dicker als Zwetschen und ihr Stein ist ebenfalls rund.
Zwetschen/Zwetschgen (*Prunus domestica ssp. domestica*) sind zum Backen, Einkochen und Einfrieren besser geeignet als Pflaumen und reifen später als diese. Sie besitzen eine längliche Form, ihr Stein ebenfalls.
Mirabellen (*Prunus domestica ssp. syriaca*) sind eine beliebte Pflaumensorte, jedoch etwas wärmebedürftiger als die große Verwandte. Ihre kirschgroßen gelben Früchte schmecken sehr süß und saftig.
Renekloden (*Prunus domestica ssp. italica*) wollen es ebenfalls rundum sonnig und geschützt. Die gelblichgrünen oder violettroten Früchte sind etwas größer als die von Mirabellen.

Apfel- und Birnbäume stützen

Diese Bäume tragen in manchen Jahren besonders reich. Damit Äste und Zweige unter der schweren Last der Früchte nicht brechen, müssen sie abgestützt werden. Der Fachhandel führt ein Sortiment von Stangen für diesen Zweck.

Fallobst verwerten

Bereits im Juli wurde darauf hingewiesen, daß Fallobst auf keinem Fall am Boden liegen bleiben sollte, damit Maden und andere Schädlinge keine Entwicklungs- oder Fortpflanzungsmöglichkeiten haben. Vor allem unreife Falläpfel können ausgeschnitten, entsaftet und zu köstlichem Apfelgelee verarbeitet werden. Natürlich läßt sich dieses Gelee auch von Birnen oder einer Mischung aus Apfel- und Birnensaft zubereiten.

Frühe Äpfel und Birnen ernten

Frühes Obst muß eine Woche vor der Vollreife geerntet werden, sonst schmecken die Früchte mehlig und sind wenig saftig. Die sogenannte Pflückreife besitzen Äpfel und Birnen, wenn sich der Fruchtstiel mühelos vom Baum lösen läßt. Sie werden beim Ernten außerdem feststellen, daß die Früchte in recht unterschiedlichem Entwicklungszustand sind. Die der Sonne zugeneigten sind größer und reifer als andere. Pflükken Sie deshalb an verschiedenen Tagen immer wieder. Dies fördert die Qualität der noch nicht geernteten Früchte.
So wird geerntet: Drehen Sie die Frucht mit der Hand. Wenn sie pflückreif ist, löst sich der Stiel vom Ast.

Der August ist ein Allround-Termin für Gemüse-Ernte. In keinem anderen Monat können Sie so viele verschiedene Arten gleichzeitig ernten. Nun reifen die ersten Tomaten und Gurken im Freiland. Zwiebeln sind übrigens dann »fertig«, wenn ihre Schlotten (das vergilbte Grün) vertrocknet auf dem Beet liegen. Binden Sie mehrere in Bündeln daran zusammen und lassen Sie sie etwa 3 Wochen schattig und luftig aufgehängt nachreifen.

Chinakohl – gar nicht fernöstlich

Von Mitte Juli bis Anfang August ist die beste Zeit für die Aussaat. Immer wieder machen Hobbygärtner, die zu früh beginnen, die enttäuschende Beobachtung, daß Chinakohl dann leicht »schießt«. Hingegen birgt ein spätes Aussäen die Gefahr, daß das Gemüse, bevor es noch geerntet ist, vom Frost eingeholt wird. Es verträgt maximal bis zu −3 °C, und ist bei jetziger Aussaat bis Ende Oktober zu ernten. Chinakohl besitzt damit die kürzeste Kulturzeit von allen Kohlarten.

Säen Sie ihn nicht in ein Beet, in dem zuvor Kohl angebaut wurde – es ist eine Vorbeugemaßnahme gegen die gefürchtete Kohlhernie. Ebenfalls vorbeugend wirkt, wenn Sie etwas Algenkalk oder kohlensauren Kalk in die Erde mischen. Der pH-Wert des Bodens wird angehoben und eine Infektionsgefahr mit Kohlhernie reduziert.

Wie alle Kohlarten braucht auch Chinakohl einen nährstoffreichen Boden. Versetzen Sie die Erde mit Kompost oder einem organischen Volldünger. Achten Sie aber darauf, daß Erde und Pflanzen nicht zu viel Stickstoff abbekommen, Chinakohl ist etwas empfindlich dagegen. Säen Sie in Reihen von 40 cm Abstand; die Samenkörner kommen etwa 2 cm tief in den Boden und werden später auf 30 cm Abstand ausgedünnt. Halten Sie die Erde feucht, Sie fördern damit das Wachstum und wehren gleichzeitig Erdflöhe ab.

Vorkultur: Ackerbohnen, Buschbohnen, Kopfsalat.

Mischkultur mit Kopfsalat, Möhren und Spinat.

TIP: Pak Choi ist ein Verwandter des Chinakohls. Er bildet keinen Kopf, besitzt glänzende Blätter und weiße, fleischige Blattstengel. Er wird wie Chinakohl jetzt ausgesät und kann wie dieser roh (als Salat) oder gedünstet (als Gemüse) verspeist werden.

Dauerbrenner: Petersilie

Jeder Gartenfreund kennt die »Eigenwilligkeit« von Petersilie, was das Keimen angeht. Im Frühjahr dauert es besonders lang, viel schneller geht es jetzt im August. Die Pflanze ist zwar zweijährig, bildet aber im 2. Jahr die Blüten aus und verliert dabei viel von ihrem Aroma. Säen Sie sie deshalb jährlich neu aus – und, was wichtig ist: immer an einen anderen Platz, denn Petersilie ist mit sich selbst unverträglich. Suchen Sie auch möglichst eine Stelle aus, auf der nicht zuvor Dill, Fenchel, Möhren oder Sellerie standen.

Petersilie kommt in Reihen von etwa 15 cm Abstand und 3 cm tief in die Erde. Sie können dann bereits im Spätherbst Blättchen ernten. Nie alle Stengel auf einmal entfernen und nicht die Wurzeln herausziehen, nur so treibt sie immer wieder neu aus.

TIP: Wenn Sie jetzt im Freien Petersilie mit glatten Blättern aussäen, und zwar in Töpfen, so keimt sie genauso schnell wie im Beet. Sie haben dabei aber die Möglichkeit, frische Petersilie auch nach Winterbeginn ins Zimmer zu holen und am Fensterbrett zu ernten.

Mangold – vielseitig und robust

Es ist eigentlich verwunderlich, daß ein so schmackhaftes, robustes und pflegeleichtes Gemüse wie Mangold sich in unseren Gärten nicht besser behauptet. Es gibt 2 Arten:

- Schnittmangold (auch Blattmangold), der dem Spinat ähnelt und
- Stiel- oder Rippenmangold, dessen Stiele und Rippen ähnlich wie Spargel zubereitet werden.

Mangold kann im April bereits ins Freiland gesät werden und ist dann ab Juli zu ernten. Wenn Sie dabei immer nur die äußeren Blätter entfernen, können Sie den ganzen Sommer hindurch pflücken. Aber auch jetzt kann Mangold noch ausgesät werden. Zum Überwintern schützen Sie ihn am besten mit Reisig oder Laub.

Mangold wächst nahezu in jedem Boden, am üppigsten natürlich in nährstoffreichem. Geben Sie vor der Aussaat etwa 80 g organischen Volldünger pro m^2 in die Erde. Die Samen werden 2 cm tief in die Erde gesteckt (Reihenabstand 30 cm) und nach dem Keimen vereinzelt:

- Blattmangold auf 10 cm,
- Rippenmangold auf 40 cm.

Mischkultur mit allen Kohlarten, Kopfsalat, Möhren, Radieschen.

TIP: Mangold ist mit sich selbst unverträglich. Pflanzen Sie ihn jährlich also an eine andere Stelle. Auch nicht direkt nach Rote Bete und Spinat anbauen.

Frühlingszwiebeln aussäen

Der Gärtner muß tatsächlich schon im August an den nächsten Frühling denken. Frühlingszwiebeln besitzen einen feinwürzigen Geschmack und ein aromatisches Laub, das in der modernen Küche sehr beliebt ist. Jetzt gesät, können Sie ab März des nächsten Jahres junges Zwiebelgrün ernten und im April die Zwiebeln. Die Reihen sollten einen Abstand von etwa 20 cm haben; nach dem Keimen die Sämlinge auf 4 cm vereinzelt. Wer mehr Wert auf die Zwiebeln legt, sollte sie im März noch einmal auf 8 cm verziehen.

TIP: Denken Sie bei der Aussaat daran, daß diese Zwiebeln nur etwa 1 Monat gelagert werden können, damit Sie nicht zuviel anbauen.

August ist Gurkenzeit

Moderne Züchtung hat es möglich gemacht, daß inzwischen auch Schlangengurken im Freiland angebaut werden können. Aber egal, ob Gewächshaus-, Folien- oder Beetkultur, jetzt sind Gurken zu ernten. Wenn Sie sie möglichst jung abnehmen, werden sich noch weitere Fruchtansätze gut ausbilden. Im temperierten Gewächshaus können Sie bei regelmäßiger Nachdüngung bis in den Winter hinein ernten.

Roter Mangold ist eine Attraktion im Gemüsebeet.

Rhabarber pflanzen

Fehlt Rhabarber noch in Ihrem Garten? Dann können Sie ihn jetzt pflanzen. Rhabarber liebt Wärme, sehr nahrhaften Boden und Feuchtigkeit. Geben Sie ihm also einen sonnigen bis halbschattigen Platz, der zumindest im Hochsommer nicht ständig in der prallen Sonne liegt, und stechen Sie 2 Spaten tief um. Geben Sie reichlich abgelagerten Stallmist hinein und setzen Sie die Pflanze so ein, daß ein Auge auf Bodenhöhe ist. Gut angießen und zwischen einzelnen Stauden einen Abstand von mindestens 1 m halten. Rhabarber sollte erst im 3. Jahr nach dem Pflanzen geerntet werden.

TIP: Es gibt grün- und rotstielige Rhabarber-Sorten. Wählen Sie die roten, sie enthalten weniger Nitrat und Oxalsäure als die grünen!

Gründüngung als Nachkultur

Nutzen Sie diese einfache doch wirksame biologische Methode, um Ihren Gartenboden zu regenerieren. Das ganze Jahr übrigens können Sie eine Gründüngung aussäen, sie wird sich vor allem da empfehlen, wo ein Beet gerade abgeerntet ist, und keine Folgesaat sofort stattfinden soll. Gründüngerpflanzen bringen Leben und Luft in den Boden, sie machen ihn feinkrümeliger und einige reichern ihn sogar mit Stickstoff an. Später werden sie abgeschnitten und in den Boden eingearbeitet. Besonders günstig im August auszusäen sind:

Leguminosen (sie sind Stickstoffsammler). Zu ihnen gehören: Bohnen, Erbsen, Kleearten, Lupinen, Sojabohnen, Wicken.

Im Fachhandel gibt es Mischungen wie zum Beispiel das 'Rotenburger

Kombigemenge' oder das 'Landsberger Gemenge' (wertvolle Stickstofflieferanten), die bis in den September gesät werden können.
Ölrettich ist ebenfalls im August zu säen, sammelt jedoch keinen Stickstoff, sondern lockert schwere Böden besonders tiefgründig.
Senf ist eine ideale Gründüngung für kleine Gärten, da er nicht sehr hoch wird und schnell aufgeht. Im Winter erfrieren die Pflanzen, können jedoch auf dem Beet liegen bleiben und werden im Frühjahr in den Boden eingearbeitet. Sie hinterlassen eine feinkrümelige Bodenstruktur. Nach Senf keinen Kohl anbauen, weil er wie dieser zu den Kreuzblütlern gehört und deshalb die gefürchtete Kohlhernie übertragen kann!
Winterspinat. Er ist kälteunempfindlich, bedeckt den Boden zu einer Jahreszeit, wo sonst nicht viel wächst und ist ein gutes Gemüse. Er wird abgeschnitten, zur Humusbildung bleiben die Wurzeln im Boden.
Lupinen, Phazelia, Wicken sind Leguminosen, also Stickstoffsammler, die durch ihre Blüten Augen wie Bienen erfreuen.
Daneben gibt es für die August-Aussaat noch Alexandrinerklee, Espargette, Inkarnatklee und eine Vielzahl von sehr guten Saatmischungen einzelner Samenhändler.

Was Sie im August aussäen können

Adventwirsing, Chinakohl, Frühlingszwiebeln, Herbstrübchen, Möhren (die im Beet überwintern sollen), Petersilie, Radieschen, Rettiche, Sauerampfer, Schwarzwurzeln, Winterportulak, Winterspinat.

Gemüsepflanzungen im August

Blumenkohl, Brokkoli, Grünkohl, Kohlrabi, Kopfsalat, Porree, Winterendivie.

Was Sie im August ernten können

Auberginen, Erbsen, Gurken, Knoblauch, Kräuter, Paprika, Radieschen, Rettiche, Rote Bete, Salat, Stangenbohnen, Tomaten, Zwiebeln.

Biotop Blumenwiese

Biotope im Garten sind Naturschutzgebiete im Kleinen für Tier- und Pflanzengemeinschaften, denen herkömmliche Gärten oft keine Lebensgrundlage bieten. Auf Dauerwiesen sollen sich angeblich bis zu viermal so viele Vogelarten einfinden wie auf einem gepflegten Rasen. Je bunter und artenreicher unsere Blumenwiese sein soll, desto magerer muß der Boden sein. Vom gut gepflegten Sportrasen (Fettwiese) zur Dauerwiese (Magerwiese) ist also ein weiter Weg, sein Name lautet »Abmagern«. Schnell erreicht ist dies durch ein aufwendiges Verfahren: Den Rasen abtragen, Humusschicht nicht ersetzen, sondern gleich Samenmischung ausstreuen.
Wer die langsamere Methode wählt, erlebt die interessante Phase der allmählichen Umstellung. Das heißt für den Gartenfreund: Keine Rasenpflege, kein Düngen mehr. Im Frühjahr wird der alte Rasen gut vertikutiert und eine Blumenwiesen-Samenmischung ausgestreut. Es gibt sie für unterschiedliche Böden, Lagen und Wünsche (zum Beispiel Schmetterlingswiese, Wiesenblumen, Wildblumen). Nach dem Säen den Boden mindestens 6 Wochen lang gut feucht halten, denn die Samen keimen unterschiedlich lange. Gemäht wird zweimal im Jahr mit der Sense oder dem Balkenmäher im Juli/August und im September/Oktober. Der Wiesenschnitt kann als Mulchmaterial unter Sträuchern (nicht aufs Beet wegen der Samen) gelegt werden; er darf aber keinesfalls vor Ort liegenbleiben, um keine neuen Nährstoffe zuzuführen.
Und nun haben Sie viel Geduld, denn es braucht schon 4–5 Jahre, bis Ihre Blumenwiese so ist, wie Sie es sich wünschen!
Was Sie bedenken sollten: Blumenwiesen sind empfindlich und können nicht so in die Freizeitgestaltung einbezogen werden wie ein Strapazierrasen. Sie sind etwas für Tiere und fürs Auge: Werden sie betreten, ist die Blumenpracht schnell dahin. Wer Heuschnupfen hat, weiß, daß blühende Gräser im Garten zur Qual werden und sollte besser auf eine Wiese verzichten.

SEPTEMBER

September schön in den ersten Tagen,
will er so den ganzen Herbst ansagen.

1 Ägidius
Ist auf Ägidi Sonnenschein,
so gibt es vielen guten Wein.

2

3

4

5

6

7 Regine
Ist Regine warm und wonnig,
bleibt das Wetter lange sonnig.

An Maria Geburt
fliegen die Schwalben furt.

8

9

10

11

12

13

14

15

16

17

18

19

20

21 Matthäus
Tritt Matthäus ein, soll die Saat beendet sein.

22

23 Herbstanfang

24

Michael
*Wenn Michaeli der Wind von Nord und Ost weht,
ein harter Winter zu erwarten steht.*

25

26

27

28

29

30

***Septemberwetter warm und klar,
verheißt ein gutes nächstes Jahr.***

Wieder einmal verlangt der Ziergarten unsere ganze Aufmerksamkeit: Die Ordnungsarbeiten für dieses Jahr beginnen, und die Vorbereitungen auf die nächste Saison stehen an. Entfernen Sie gerade in diesem Monat das Unkraut in den Blumenrabatten und Staudenbeeten sorgfältig, denn viele Unkräuter bilden um diese Zeit ihre Samen aus.

Einjährige Blumen – adieu

Nach und nach verblühen die einjährigen Blumen. Sobald ihre Schönheit dahin ist, wandern sie – soweit sie gesund und schädlingsfrei sind – auf den Komposthaufen. Schneiden Sie sie kurz über dem Boden ab, die Wurzeln können zur Humusbildung darin bleiben.

Zweijährige Blumen auspflanzen

Haben Sie zweijährige Blumen im Juni ausgesät, dann holen Sie die jungen Pflänzchen nun aus ihren »Wartebeeten« und setzen Sie sie an die Stelle, die Sie ihnen zugedacht haben. Oder – falls der Platz noch »besetzt« ist – die abgeblühten Einjahrsblumen herausnehmen, kompostieren, Beet gut umstechen und reifen Kompost unter die Erde mischen. Da hinein die »Zweijährigen« pflanzen.

Pflanzzeit für Frühlingsblumen

All die farbenfrohen Vorfrühlings- und Frühlingsblüher werden jetzt in die Erde gebracht. Eine riesige Fülle an bezaubernden Blumen mit unendlich vielen Farb- und Formvarianten stehen Ihnen zur Auswahl. Wer größere Pflanzungen vor hat, sollte zuerst ans Planen gehen.

8 Tips zur Planung:

1. Niedere Pflanzen nahe ans Haus oder in den vorderen Beetteil pflanzen, weil sie dort optisch besser zur Wirkung kommen.
2. Leuchtendfarbene, große Blumen können weiter vom Haus entfernt stehen, sie sind auch dann noch ein fröhlicher Blickfang.
3. Frühlingsblumen immer in Horsten nach Farbe und Blütezeit geordnet pflanzen. Besonders hübsch sieht es aus, wenn Sie Gruppen von Tulpen und Narzissen mit Stiefmütterchen, Traubenhyazinthen oder Vergißmeinnicht unterpflanzen.
4. Zum Verwildern im Rasen und unter Gehölzen eignen sich:
   Anemonen (*Anemone*);
   Blaustern (*Scilla*);
   Botanische Tulpen (*Tulipa*);
   Hundszahn (*Erythronium*);
   Krokusse (*Crocus*);
   Märzenbecher (*Leucojum vernum*);
   Narzissen (*Narcissus*)
   Schneeglöckchen (*Galanthus*);
   Traubenhyazinthen (*Muscari*);
   Waldanemone (*Anemone sylvestris*);
   Winterling (*Eranthis*);
   Zierlauch (*Allium*-Arten);
   Zwiebel-Iris (*Iris danfordiae, Iris reticulata*).
5. Hyazinthen (*Hyacinthus*) immer zu mehreren in vollsonniger Lage pflanzen. Zum Beispiel Beet, Balkonkasten, Rabatte.
6. Tulpen wirken sowohl im Beet wie im Rasen, in Stein- und Vorgärten gleichermaßen reizvoll.
7. Achten Sie auch auf die unterschiedlichen Blütezeiten und verteilen Sie frühe und späte Blüher gut über den Garten.
8. Fertigen Sie doch hier in Ihrem Gartenkalender eine Skizze Ihrer Pflanzungen an, denn wenn die Zwiebeln einmal in der Erde sind, ist nichts mehr zu erkennen.

Tips zum Kauf: Die Faustregel besagt, je größer die Zwiebel, desto größer die Blüte. Die Zwiebeln sollten ferner glatthäutig, prall und fest sein. Prüfen Sie es mit leichtem Daumendruck. Sind sie welk und trokken, nehmen Sie sie lieber nicht. Wenn sich die Haut von manchen Zwiebeln löst, so braucht Sie das jedoch nicht zu stören.

Tips rund ums Pflanzen: Lassen Sie die Zwiebeln nach dem Kauf nicht lange liegen, sondern pflanzen Sie sie so bald wie möglich ein. Spätestens vor den ersten Bodenfrösten müssen sie im Beet sein.

Viele der hübschen Frühlingszwiebel-Blüher sind Wildstauden, die nahezu in jedem Boden gedeihen. Wenn Sie sich allerdings für besonders prachtvolle Hybriden entschieden haben – es gibt Jahr für Jahr vor allem bei Tulpen und Narzissen attraktive Neuzüchtungen – müssen Sie ihnen schon ein geschütztes, sonniges Plätzchen im Beet einräumen, bei guter Bodenlockerung und Düngung.

Bodenvorbereitung im Beet: Der Boden soll tiefgründig gelockert werden, damit die Zwiebeln nicht unter Staunässe leiden. Mischen Sie großzügig Komposterde oder einen organischen Volldünger darunter. Eine etwas teurere aber wirksame Alternative sind Blumenzwiebel-Düngetabletten, die beim Einsetzen

der Zwiebeln unter die Pflanze ins Erdreich kommen. Sie wirken allerdings nicht auf rein organischer Basis.
Bodenvorbereitungen für Wildpflanzungen: Stechen Sie in den Rasen ein großes »H« oder »T« und klappen Sie die Grassoden zurück. Darunter muß der Boden ebenfalls gut gelokkert und gedüngt werden.
Vor dem Einpflanzen werden die Zwiebeln probeweise verlegt, damit Sie Pflanzabstände noch korrigieren können.
Die Zwiebeln werden einzeln gesteckt (hilfreich sind dafür die Pflanzautomaten, die es preiswert im Fachhandel gibt) oder in Gruppen in Blumenzwiebel-Pflanzschalen eingesetzt. Diese bieten den Vorteil, daß Sie nach dem Einziehen die ganze Pflanzung mit einem Spatenstich wieder aus dem Beet nehmen können und daß die Zwiebeln zumindest von unten her gegen Wühlmäuse geschützt sind.
Beachten Sie beim Einsetzen, daß Frühlingsblumen unterschiedliche Pflanztiefen haben. Sie sind fast immer auf der Verpackung angegeben. Falls nicht, so halten Sie sich an folgende Gärtnerregel: Die Zwiebel kommt immer dreimal so tief in den Boden wie sie hoch ist. Beim Einpflanzen in den Rasen klappt man nach dem Setzen die Soden wieder zurück und tritt sie behutsam an.

Blumenzwiebeln für den Steingarten

Ob es sich um eine Neuanlage oder die farbliche Auffrischung des Steingartens handelt: Zwiebelblumen dürfen darin nicht fehlen, bringen sie doch sehr früh im Jahr schon buntes Leben zwischen die grauen Steine.

10 beliebte Steingarten-Blumen

Blausternchen (*Scilla sibirica*)
Kleinwüchsige Narzissen (z. B. 'Hawera', 'Tête-à-Tête', 'Minnow', 'Thalia')
Schachbrettblume (*Fritillaria meleagris*)
Schneeglöckchen (*Galanthus*-Arten)
Traubenhyazinthe (*Muscari*-Arten)
Wild-Krokus (z. B. 'Blue Bird', 'Ruby Giant', 'Fuscotinctus')
Wildnarzisse (z. B. *Asturiensis minimus*)
Wild-Tulpe / botanische Tulpe (z. B. 'Tarda', 'Pulchella', 'Turcestanica', 'Ancilla', 'Rotkäppchen')
Winterling (*Eranthis*-Arten)
Zwergiris (*Iris reticulata*)

Pfingstrosen pflanzen

Die Pfingstrosen-Blüte löst nahtlos die der späten Tulpen und Narzissen ab. Wer die strahlenden Blüten einmal im Garten hatte, wird sie nie mehr missen wollen. Beim Kauf können Sie wählen zwischen Sorten der etwas niederen Bauernpfingstrose (*Paeonia officinalis*), deren Blütezeit ein wenig früher einsetzt und den sehr beliebten Züchtungen der Chinesischen Pfingstrose (*Paeonia lactiflora*).
Das Wichtigste bei Paeonien ist, daß sie den richtigen Standort haben, an dem sie bleiben können. Dann werden sie uralt und von Jahr zu Jahr prächtiger. Ist die Stelle sonnig und windgeschützt, der Boden nährstoffreich und tief gelockert, kann beinahe schon nichts mehr schief gehen.

Im September beginnt die Parade der farbintensiven Blumen.

Pflanzen Sie die Pfingstrose flach ein, daß ihre Wurzeln zwar senkrecht, die dicken Triebknospen aber nur wenige Zentimeter unter die Erde kommen. Zu tief gepflanzte Paeonien blühen nicht. Decken Sie sie oben mit Kompost oder abgelagertem Stallmist ab und geben Sie ihnen bei Wintereinbruch in den ersten Jahren einen Schutz aus Zweigen. Und nun brauchen Sie nur noch Geduld – Pfingstrosen zeigen erst nach 2–3 Jahren, was in ihnen steckt. Davor blühen sie eher zaghaft.

Dahlienzeit. Besonders beliebt sind die hohen Schmuckdahlien.

Stauden pflanzen und teilen

Sicher ist es Ihnen auch schon so ergangen, daß Sie eines Tages zufällig in einem anderen Garten eine Blume oder Pflanzenanlage sahen, die sich gut in Ihren Garten einfügen würde. Wenn es Stauden waren, die Sie gern in Ihrem Garten hätten oder eine ganze Staudenrabatte, so ist jetzt der richtige Zeitpunkt zum Pflanzen gekommen. Stauden werden vermutlich auch deshalb so gern im September gepflanzt, weil die Eindrücke von ihren reizvollen Blüten noch so frisch in unserer Vorstellung sind. Jetzt sind die meisten Sommerstauden verblüht und können ge- oder verpflanzt werden.

Pflanzen. Bereiten Sie den Boden gründlich vor: Also gut lockern und Kompost oder abgelagerten Stallmist einarbeiten, notfalls tut es auch ein organischer Dünger. Die Stauden kommen wieder so tief in die Erde wie sie es zuvor (im Container oder im Gartenboden) waren. Erde fest andrücken und gut angießen.

Teilen. Geteilt werden ältere Stauden, deren Blühwilligkeit nachgelassen hat, Stauden, die zu sehr wuchern und andere im Wachstum behindern und solche, die Sie auf diese Weise vermehren möchten.

So wird's gemacht: Schneiden Sie an einem bewölkten Tag die Stauden 15 cm über dem Boden ab und lockern Sie ihre Wurzeln von allen Seiten mit der Grabgabel. Dann den Wurzelballen vorsichtig aus der Erde heben und mit zwei Grabgabeln auseinanderziehen. Manche Ballen lassen sich von Hand trennen, andere sind so verfilzt, daß sie mit dem Spaten durchschnitten werden müssen. Unkräuter, die in den Ballen eingewachsen sind, können nun sehr gut entfernt werden. Nach dem Trennen die Stauden gleich wieder einpflanzen.

TIP: Stauden mit fleischigen Wurzeln oder Pfahlwurzeln nur im Notfall trennen. (Schnittstellen der Wurzeln dann mit Holzkohlenpuder gegen Pilzinfektion bestäuben.) Dazu gehören:
Akelei (*Aquilegia*), Palmlilie (*Yucca*), Pfingstrose (*Paeonia*), Silberkerze (*Cimicifuga*), Tränendes Herz (*Dicentra*) und Türkenmohn (*Papaver orientale*).

Lilien pflanzen und vermehren

Für Lilien wird zwar vorwiegend die Frühjahrspflanzung empfohlen (siehe April), Sie können sie jedoch auch ohne weiteres im September/Oktober ins Beet bringen. Einzige Ausnahme: Madonnenlilien müssen im August gepflanzt werden.
Haben Sie schon einmal versucht, Lilien selbst zu vermehren? Es gibt für die einzelnen Arten ganz verschiedene Methoden. Jetzt ist der richtige Zeitpunkt dafür.

Schmuckdahlien sind in Beet und Vase gleichermaßen sehr haltbar.

Vermehrung durch Schuppen. Sie ist die einfachste Methode um wertvolle Lilien selbst zu vermehren. Blütenstände abschneiden und Mutterzwiebel ausgraben. Äußere beschädigte oder welke Schuppen entfernen; dicke, feste tief im Zwiebelboden ablösen. Wenn Sie die Mutterzwiebel wieder verwenden möchten, dürfen Sie nicht mehr als ein Drittel entfernen. Die abgelösten Schuppen bis zur Hälfte in eine Saatschale mit Anzuchterde stecken, besprühen, eine durchsichtige Plastikhaube darüberziehen und warm (etwa 20 °C) und hell aufbewahren. Nach 6–8 Wochen bilden sich an den Bruchstellen der Schuppen kleine Zwiebeln. Nun in einzelne Töpfe setzen und kühl (um 5 °C) überwintern. Im Frühjahr auf die warme Fensterbank stellen bis die Blätter zu treiben beginnen. Ab April können Sie die Pflänzchen in ihren Töpfen ins Frühbeet zum Abhärten stellen und im folgenden Herbst ins Beet auspflanzen.

Vermehren durch Teilen. Königslilie und Feuerlilie bilden so schnell neue Zwiebeln, daß man sie alle 3–4 Jahre ausgraben und teilen kann.

Vermehren durch Brutzwiebeln. Feuerlilie und Tigerlilie setzen in den Blattachseln winzige grüne oder violette Brutzwiebeln an. Um die Blütezeit herum lassen sie sich leicht abnehmen. Legen Sie sie in eine Saatschale mit Anzuchterde und decken Sie sie ab. Sie werden wie junge Schuppenstecklinge überwintert und abgehärtet, im folgenden Herbst dann ebenso ausgepflanzt.

Verliebt in Heide?

Wer es im April nicht geschafft hat, seinen Traum vom Heidegarten zu verwirklichen, kann jetzt die Pflanzung anlegen oder vervollständigen. September/Oktober sind gute Pflanzzeiten für alle Erika-Gewächse (siehe auch April).

Rosen jetzt pilzgefährdet

Haben Sie nun ein besonderes Auge auf Ihre Rosen. Durch die mitunter großen Temperaturschwankungen zwischen Tag und Nacht sind sie besonders mehl- und sternrußtaugefährdet. Ist es passiert, dann müssen alle befallenen Blätter entfernt (der Pilz überwintert darin!), und die Rosen mit einem biologischen Fungizid gespritzt werden.

Immergrüne Laub- und Nadelgehölze pflanzen

Die Pflanzzeit für Nadelgehölze beginnt bereits im August (siehe August), nun können auch robuste immergrüne Laubgehölze gepflanzt werden, obwohl deren Hauptpflanzzeit im April ist (siehe April).
Hier einige Beispiele:
Feuerdorn (*Pyracantha*), Heckenkirsche (*Lonicera*), Immergrün (*Vinca*), Mahonie (*Mahonia*), Rhododendron (*Rhododendron*) und Stechpalme (*Ilex*).

Empfindliche Kübelpflanzen müssen ins Winterquartier

Kübelpflanzen, die Temperaturen unter 10 °C nicht gut vertragen, sollten Sie vorsorglich schon ins Haus bringen.

Wenn der Holunder reift, hat der Herbst unweigerlich begonnen. Im Obstgarten biegen sich die Äste, es ist Apfel- und Birnenzeit! Neben den frühen Sorten wie 'James Grieve' und 'Gravensteiner' oder 'Clapps Liebling' und 'Williams Christ' steht nun auch mittelfrühes Obst zur Ernte an.

Ableger von mehrmalstragenden Erdbeeren

Mehrmalstragende Erdbeeren fruchten zum ersten Mal im Juni, den größten Erntesegen bringen sie aber von August bis zum Frost. Jetzt haben sich kräftige kleine Ableger bewurzelt, die Sie abnehmen sollten, damit die Mutterpflanze entlastet wird. Wer will, wählt die kräftigsten aus, um ein neues Beet damit zu bestücken. Zuvor muß der Boden dort besonders mit Nährstoffen angereichert werden, denn mehrmalstragende Erdbeeren bringen das ganze Jahr über Spitzenleistungen, die zehren. Zu empfehlen sind Thomasphosphat und Kalimagnesia (100 g pro m^2 tief eingarbeitet) sowie Kompost auf die Oberfläche. Die Ableger werden dann in einem Abstand von 30 cm bei einem Reihenabstand von 80 cm gepflanzt.

Tips zur Apfel- und Birnenernte

Von September bis Oktober kommt in manchen Jahren eine wahre Apfelschwemme auf uns zu. Da heißt es schnell und richtig pflükken, denn Geschmack, Aussehen, Größe und Haltbarkeit der Äpfel und Birnen werden vom richtigen Pflückzeitpunkt beeinflußt. Der Gärtner spricht hier von der Pflück- oder Baumreife im Unterschied zur Vollreife, die später einsetzt. Auf gut deutsch: Äpfel und Birnen dürfen weder zu früh, noch zu spät geerntet werden.

Bei zu früher Ernte neigen die Früchte zum Schrumpfen, zu Hautverfärbungen, werden stippig und fade im Geschmack.

Wird zu spät gepflückt, werden sie sehr schnell mehlig-weich und faulig. Der richtige Pflückzeitpunkt ist dann, wenn die Kerne braun geworden sind, grüne Früchte eine hellgrün bis grüngelbe Farbe annehmen, und rothäutige Sorten in ein leuchtendes Rot übergehen. Bei den meisten Äpfeln und Birnen löst sich beim Drehen der Frucht jetzt auch der Stiel leicht vom Zweig.

Birnen müssen bei der Ernte besonders vorsichtig gepflückt und abgelegt werden. Schon kleine Druckstellen können in Fäulnis übergehen. Achten Sie vor allem beim Lagerobst darauf, daß die Wachsschicht der Haut nicht verletzt wird. Am besten die Fingernägel zur Ernte ganz kurz schneiden oder Gartenhandschuhe anziehen.

Die Früchte nicht von den Zweigen reißen, damit die Blütenansätze, die sich dort für den nächsten Sommer gebildet haben, nicht verletzt werden.

Keine Angst vor frühen Nachtfrösten! Äpfel am Baum sind nicht so schnell umzubringen. Bei Frost bis −2 °C warten Sie einfach mit dem Pflücken, bis die Früchte aufgetaut und abgetrocknet sind.

Selbst stark angefrorene Äpfel sind zu retten: Legen Sie sie in kaltes Wasser bis sie aufgetaut sind, dann abtrocknen und kühl lagern.

Vorsicht: Gewicht!

Reichtragende Apfel- und Birnbäume können unter dem Gewicht ihrer eigenen Früchte brechen. Stützen Sie deshalb »schwere« Äste ab. Gut geeignet sind Stangen mit einer Gabelung oder einem Rundeisen am vorderen Ende. Ist das Malheur bereits passiert und der Ast angebrochen, haben Sie noch eine Chance, wenn Sie sofort eingreifen: Pressen Sie die frischen Wundstellen aneinander – der Ast muß dazu gut abgestützt werden – die Wundränder werden mit LacBalsam bestrichen und fest mit Schnur umbunden.

Johannisbeersträucher vermehren

Ende September/Anfang Oktober ist die beste Zeit, wenn Sie Johannisbeersträucher vermehren möchten. Das Vermehren über Steckholz ist eine generative Vermehrung, bei der Sie Sträucher erhalten, die mit der Mutterpflanze identisch sind. Wählen Sie deshalb nur guttragende und gesunde Sorten dafür aus. Unten aus dem Strauch werden kräftige Triebe herausgeschnitten, die sich in diesem Jahr gebildet haben. Sie ergeben das beste Steckholzmaterial. Entfernen Sie alle Blätter daran, damit die Verdunstungsfläche reduziert wird. Dann wird der Trieb in Stücke mit je 6 Augen geschnitten und kommt zu ⅔ in ein lockeres Beet. Es genügt, wenn 2 Knospen darüber hinaussschauen. Die Steckhölzer sollten im Abstand von 20–25 cm in die Erde kommen. Achten Sie darauf, daß diese auch im Winter nie völlig austrocknet.

Ab dem Frühjahr können Sie dann

September ist Haupterntezeit für Äpfel.

'Gellerts Butterbirne' reift Mitte September und ist sehr aromatisch und saftig.

mit Austrieben rechnen. Zeigt sich nur einer, so entspitzen Sie über dem 5. Blatt, dann verzweigt sich die Jungpflanze. Bis zum Herbst haben Sie so einen 5-triebigen Strauch. Er kann nun verpflanzt werden und wird im darauffolgenden Frühjahr auf 3–5 Augen zurückgeschnitten.

Pfirsich- und Pflaumenbäume schneiden

Soweit es notwendig ist, kann man nach der Ernte Pfirsich- und Pflaumenbäume zurückschneiden. Jungbäume vertragen jetzt einen starken Erziehungsschnitt, ältere lassen sich verjüngen, indem man Leit- und Nebenäste stark kürzt. Natürlich werden bei dieser Gelegenheit auch Konkurrenztriebe, Wasserschosse und tote oder kranke Zweige entfernt.

Mulchschicht erneuern

Ergänzen Sie im Herbst die Mulchdecke unter Beerensträuchern und auf Obstbaumscheiben. Beim Gartenputz fallen genug Abfälle dafür an. Geeignet ist jedoch nur gesundes organisches Material, das meist den Winter über verrottet. Sollte dies bis zur Blütezeit im folgenden Jahr noch nicht geschehen sein, so müssen Sie vorübergehend während Frost- und Blütezeit die Mulchdecke entfernen, weil sie Bodenfrost reflektiert. Im Mai nach den Eisheiligen wird dann erneut gemulcht.

September ist ein Monat, in dem starke Temperaturschwankungen möglich sind. Neben heißen Spätsommertagen, die den Boden tüchtig austrocknen können, ist unter Umständen schon mit ersten Nachtfrösten zu rechnen. Es ist also einiges zu tun, um wärmeliebende und späte Gemüse gut über die Runden zu bringen.

Kälteempfindliche Gemüsearten schützen und ernten

Die heikelsten in Sachen Temperatur sind Auberginen, Bohnen, Gurken, Melonen, Paprika, Tomaten und Zucchini. Wer sie nicht sicherheitshalber im Gewächshaus kultiviert, muß nun wirklich aufpassen. Bei Temperaturen unter 10 °C stockt ihr Wachstum – am besten Sie ernten, was zu ernten ist und halten für kühle Tage schützende Hauben oder Folien(tunnel) bereit.

Auberginen reifen im August und September. Sie können sie ernten, sobald sie dunkelviolett und glänzend werden.

Bohnen sind frostempfindlich und sollten vor einer mutmaßlichen frühen Frostnacht besser abgenommen werden (auch wenn sie noch zart und klein sind) statt sie erfrieren zu lassen.

Gurken benötigen an heißen Tagen viel Wasser, das möglichst abgestanden sein sollte. Trockenheit und Kälte bewirken Wachstumsstockungen, die Folge sind bittere Früchte.

Melonen sind wie Zucchini und Kürbisse mit den Gurken verwandt und haben ähnliche Ansprüche. Ein wirkliches Aroma werden sie aber in unseren Breiten – außer im Gewächshaus – nur vor wärmereflektierenden Südwänden in sehr warmen Sommern gewinnen. Sie reifen jetzt im September und verraten dies durch den süßen Duft und durch Risse in der Schale am Stielansatz.

Brennesseljauche im Gießwasser bringt Tomaten-Prachternten.

Paprika sind reif, wenn sie sich rot oder gelb (je nach Sorte) verfärbt haben. Dann besitzen sie ihren vollen, fruchtig süßlichen Geschmack. Sie können sie aber auch in unreifem Zustand pflücken, wenn sie noch grün sind. Sie schmecken dann etwas herber. Im Freiland angebaut werden sie kaum über die »Grünphase« hinausgelangen. Schuld ist unser kurzer Sommer mit mangelnder Wärme und zu schwacher Sonneneinstrahlung.

Tomaten erhalten jetzt am besten, soweit sie noch grün sind, ihre Wärmehauben; darunter können sie ungestört reifen. Sie können sie aber auch grün abnehmen und im Zimmer ausreifen lassen (zum Beispiel in Eierschachteln). Es geht ganz von allein.

Daneben gibt es eine Vielzahl von

pikanten Rezepten für grüne Tomaten. Sie müssen allerdings größer als Walnüsse sein, weil sie sonst das gesundheitsschädliche Solanin in größeren Mengen enthalten.
Zucchini wachsen bei reger Ernte bis Oktober immer wieder nach. Am besten schmecken sie, wenn sie etwa 15–20 cm lang sind. Aber auch mit »Riesenkeulen« lassen sich köstliche Gerichte zubereiten.

Spätgemüse richtig pflegen

Alles, was im September noch wachsen soll, damit es zu einem späteren Zeitpunkt geerntet werden kann, wird bei Bedarf gegossen und erhält noch einmal eine Düngergabe (organischer Volldünger). Dies betrifft Gemüsearten, die schon länger im Beet sind wie Chinakohl, Grünkohl, Knollensellerie, Möhren, Porree, Radieschen und Winterrettiche, aber auch die Augustaussaaten, die jetzt kräftig am Keimen sind. Sie müssen außerdem auf folgende Abstände vereinzelt werden:

- Chinakohl auf 30–40 cm,
- Frühlingszwiebeln auf 3–4 cm,
- Radieschen auf 5–7 cm,
- Rettiche auf 10–15 cm,
- Winterkopfsalat auf 20–25 cm.

Verdichteter und verschlämmter Boden zwischen den Saaten wird weiterhin regelmäßig etwa 3 cm tief gehackt und Unkraut entfernt. Kündigt sich Frost an, so decken Sie die Jungpflanzen mit einem Vlies oder einer Folie ab, für höhere Pflanzen eignen sich Folientunnel oder -hauben.

Rosenkohl noch ohne Röschen?

Rosenkohl, der noch vor Wintereinbruch geerntet wird, sollte schon zahlreiche Röschen ansetzen. Sind sie sehr klein oder noch gar nicht zu sehen, wird die Triebspitze über einem großen Blatt abgeschnitten. Alle Triebkraft kommt dadurch der Ausbildung der Röschen zugute. Bei spätem Rosenkohl müssen Sie nicht entspitzen.

So platzt kein Kohlkopf!

Weiß- und Rotkohl können Ende des Monats bereits geerntet werden. Bei stärkerem Regen neigen die ausgereiften Köpfe zum Platzen. Sobald die äußeren Blätter aufzubrechen beginnen, fassen Sie den Kohl mit beiden Händen und ziehen ihn ruckartig etwas in die Höhe, so daß ein Teil der Saugwurzeln abreißt. Dadurch wird die übermäßige Versorgung eingedämmt, und das Platzen hört auf.

Jetzt Gemüse bleichen

Gemüse wird »bleich«, wenn es wegen Lichtmangel kein Chlorophyll aufbauen kann. Bei manchen Gemüsearten ist dies erwünscht, weil ihr Geschmack dann besonders fein ist.
Endivien wird gern gebleicht, damit er nicht zuviele Bitterstoffe entwikkelt. Sie können ihn oben zusammenbinden, besser ist jedoch ein Abdecken mit einer Schwarzfolie.
Knollenfenchel soll knackig und dabei zart und fein bleiben. Deshalb werden die Knollen, sobald sie Zwiebelgröße erreicht haben, angehäufelt, so daß sie völlig mit Erde bedeckt sind. Stengel und Blattgrün hingegen schauen darüber hinaus. 4 Wochen nach dem Anhäufeln ist es dann soweit: Sie können die Knollen ernten. In der Küche werden die Knollen und das Blattgrün, nicht jedoch die dicken Stengel verwendet.
Porree können Sie gar nicht hoch genug anhäufeln, damit die Stangen schön lang und bleich werden. Regenschauer waschen die Anhäufelungen oft aus, so daß Sie danach erneut ans Werk gehen müssen.
Stangensellerie wird nun ebenfalls gebleicht. Binden Sie an einem trokkenen Tag die schon relativ hoch gewachsenen Stengel zusammen und häufeln Sie sie bis unter den Blattansatz mit Erde an. Wem dies zuviel Aufwand ist, kann um die Stengel herum auch eine schwarze Schattierfolie locker wickeln, sie hält gleichzeitig sauber. Wie beim Fenchel können Sie das Gemüse nach 4 Wochen ernten.

Nach der Erbsen- und Bohnenernte

Bohnen- und Erbsenwurzeln düngen den Boden, denn beide sind Stickstoffsammler. Sie nehmen den Stickstoff aus der Luft auf, Bakterien, die mit den Wurzeln in Symbiose leben, sammeln ihn und verwandeln ihn in den für Pflanzen verfügbaren Nährstoff. Sie können die Stickstoffanlagerungen in Form weißer Knöllchen an den Wurzeln mit bloßem Auge sehen. Schneiden Sie also die abgetragenen Ranken über dem Boden ab und entfernen Sie die Kletterhilfen. Die Wurzeln bleiben als Pflanzenfutter im Boden.
Soweit es nötig ist, werden die Kletterstangen nicht nur gereinigt, sondern auch neu imprägniert.

Jetzt noch ins Freiland aussäen

Noch immer ist es für Aussaaten nicht ganz zu spät.

Feldsalat kann noch den ganzen Monat ausgesät werden. In rauhen Lagen empfiehlt sich ebenfalls eine Folie. Dicht gesät hat Feldsalat die Eigenschaften einer Gründüngung, weil er eine Gründecke über das Beet breitet. Als recht widerstandsfähig gegen Mehltau erwiesen sich die Sorten ('Elan', 'Verella' und 'Vit'). Besonders günstig ist Feldsalat als Nachfolgekultur zu Bohnen oder in Mischkultur mit Grün- und Rosenkohl. Die Samen kommen in Reihen von 10–15 cm Abstand in den Boden, etwa 1 cm tief. Bis zum Keimen feucht halten und auch anschließend gut gießen. Bei Schnee mit Folie abdecken, damit weiter geerntet werden kann.

Frühe Radieschen können noch in der 1. Septemberwoche ausgesät werden. Bereits Mitte Oktober haben Sie dann knackige Radieschen fürs Butterbrot. Wenn Sie über die Aussaat eine Folie geben, geht es noch rascher.

Winterspinat ist um diese Jahreszeit im wahrsten Sinne des Wortes ein »Lückenbüßer«, denn wo Beete abgeerntet werden, kann man ihn ansäen. Sie können dies bis Mitte September tun, wenn Sie im Winter ernten möchten. Natürlich empfiehlt es sich, dann eine Folie über das Beet zu geben. Bei der Ernte wird der Spinat abgeschnitten, die Wurzeln bleiben zur Humusbildung im Boden.

TIP: Spinat nicht nach Mangold oder Rote Bete anbauen!

Zwiebeln wohin man schaut

Für Zwiebeln ist im September Aussaat- und Erntezeit zugleich. Geerntet werden die im Frühjahr ausgesäten Zwiebeln. Sie sind reif, wenn ihr Laub verwelkt am Boden liegt. Lockern Sie sie mit der Grabgabel, anschließend lassen sie sich leicht herausziehen. Einige Tage in der Sonne sind nun notwendig, damit sie gut abtrocknen. Besonders hübsch sieht es aus, wenn Sie das Laub zu einem Zopf flechten. Nach dem Abtrocknen die Erde abschütteln, dann werden die Zwiebeln luftig, kühl und dunkel gelagert.

In diesem Monat können Sie auch Zwiebeln aussäen und zwar die sogenannten Winterzwiebeln. Sie kommen in Reihen (von 25 cm) mit einem Abstand von 2 cm in die Erde. Im Winter empfiehlt sich eine Abdeckung aus Stroh oder Reisig.

Im März werden die Zwiebeln vereinzelt, und im Mai sind sie zu ernten. Besonders gut gedeihen sie im Frühbeet oder im Gewächshaus.

Knoblauch ernten und stecken

Knoblauch kann zu 2 verschiedenen Zeiten im Jahr gesteckt werden: Im März/April, dann ist nun Erntezeit. Die bessere Pflanzzeit ist aber zweifellos jetzt im September/Oktober. Die Zehen sprießen meist noch im selben Jahr, geerntet wird im Juni. Knoblauch ist dann reif, wenn – wie bei Zwiebeln – die Blätter abgestorben am Boden liegen. Lockern Sie die Zwiebeln mit der Grabgabel, dann können sie leicht herausgezogen werden. Knoblauchzwiebeln, die im Boden bleiben, treiben im folgenden Jahr neu aus.

Kennen Sie Cardy?

Cardy (*Cynara cardunculus*) ist eine nahe Verwandte der Artischocke (*Cynara scolymus*) beide gehören zu den Distelgewächsen. Cardy wird noch höher als diese (bis zu 2,50 m) und ist allein aufgrund ihrer prächtigen violetten Blüten schon eine Augenweide in jedem Ziergarten. Während bei Artischocken die würzig-herben Blütenköpfe geschätzt werden, ißt man bei Cardy nur die dickfleischigen Stiele.

Cardy ist zwar eine imponierende Erscheinung die etwa pro Pflanze 1 m^2 Platz braucht, sie muß aber jedes Jahr neu ausgesät werden. Dies geschieht am besten im April in warmer Vorkultur (wie bei Gurken) oder ab Mai im Freiland. Cardy braucht einen sehr nahrhaften Boden, viel Dünger, Wasser und Sonne. Ab August werden die Stiele gebleicht, in dem man sie zusammenbindet und mit Folie oder Stroh umwickelt. Noch besser ist es, wenn Sie gleichzeitig unten anhäufeln. Dies ist wichtig, weil sie sonst (sogar gedünstet) wie roh schmecken. Von September bis November können Sie Cardy ernten. Bei der Zubereitung entfernt man die Blätter und hohlen Enden von den Stielen. Wie bei Rhabarber werden die Längsfäden abgezogen, und die Stiele sofort mit Zitronensaft beträufelt, damit sie sich nicht verfärben. In Stücke geschnitten wird Cardy gedünstet und kann mit Saucen angerichtet, serviert werden.

Kräuter im Herbst

Mehrjährige winterharte Kräuter, die verjüngt werden müssen, können Sie mit der Grabgabel ausgraben, teilen und wieder ins Beet setzen. Dazu gehören Estragon, Liebstöckel, Pfefferminze, Salbei, Schnittlauch, Thymian, Wermut und Zitronenmelisse.

Rosmarin holen Sie besser aus dem Beet, setzen ihn in einen geräumigen Topf zum Überwintern. Gesellen Sie ihn zu ihren Kübelpflanzen, möglichst hell und zwischen 5–10°C. Gelegentlich gießen, damit er nicht austrocknet.

Petersilie bleibt im Beet, damit sie im Frühjahr gleich austreiben kann.

Schnittlauch wird jetzt zum Treiben am Fensterbrett präpariert. Dazu graben Sie ihn aus (möglichst dickröhrige Stöcke) und lassen die Wurzelballen einige Zeit im Freien liegen, damit sie eintrocknen. Dann werden sie geteilt und in Töpfe gepflanzt.

Alle einjährigen Kräuter müssen nun schleunigst abgeerntet werden, allen voran Basilikum, das schon einige Nächte unter 10°C nicht heil übersteht.

Frühbeet und Gewächshaus werden ganz aktuell

Natürlich stehen Frühbeet und Gewächshaus auch den Sommer über nicht leer. Als Anzuchtmöglichkeit oder Kulturraum für wärmeliebende Gemüse leisten sie in den Sommermonaten unschätzbare Dienste. Nun aber, wo die Freilandernte immer dünner wird, können in ihnen Gemüsearten gezogen werden, die den Speiseplan beträchtlich bereichern. Sobald Frühbeet oder Gewächshaus abgeerntet sind, sollten Sie sie wieder bestellen. Zuvor wird der Boden gelockert und mit Kompost, sowie einem organischen Volldünger angereichert.

Jetzt gepflanzter Kopfsalat und dazwischengesäte Radieschen sind schon im November herrlich frisch zu ernten. Ansonsten können Sie aussäen:

Endivien, Feldsalat, Frühretticke, Kerbel, Kohlrabi. Wählen Sie unbedingt Kurztagssorten, die mit weniger Licht zurechtkommen.

Im beheizten Gewächshaus kann, wer will, rund um die Uhr gärtnern. Allerdings werden auch hier im Winter keine wärmeliebenden Sommergemüse angebaut, um die Heizkosten in einem vernünftigen Rahmen zu halten.

Die ersten Weißkohlköpfe können geerntet werden.

Was Sie im September ernten können

Artischocken, Auberginen, Blumenkohl, Bohnen, Brokkoli, Cardy, Chinakohl, Erbsen, Gurken, Kohlrabi, Knoblauch, Knollenfenchel, Kopfsalat, Melonen, Möhren, Paprika, Porree, Radieschen, Rettiche, Rote Bete, Rotkohl, Spinat, Stangensellerie, Tomaten, Weißkohl, Wirsing, Zucchini, Zuckermais, Zwiebeln.

Biotop Trockenmauer

September ist Pflanzzeit für Stauden, eine günstige Zeit auch für die Anlage einer Trockenmauer, denn die kleinen Stauden und Gehölze werden bereits beim Bau miteingesetzt. Als Windschutz, Abstützung eines Abhangs und überall dort, wo sie sonst eine Betonwand oder eine Palisade errichten könnten, ziehen Sie doch einmal eine Trockenmauer als Alternative in Betracht. Sie besteht aus Natursteinen, Erde, reizvollen kleinen Pflanzen und Wurzeln und bietet einer Vielzahl von Tieren (Eidechsen, Kröten, Igeln, Blindschleichen, Insekten) einen ausgewogenen Lebensraum.

Grundmaterial: Stein. Trockenmauern sollten grundsätzlich aus Natursteinen – am besten aus der jeweiligen Gegend – gebaut werden. Sie fügen sich sehr harmonisch ins Landschaftsbild ein. Längliche und rechteckige Steine geben der Mauer eine größere Stabilität als runde oder ovale.

Wichtiges zum Bau. Die Mauer benötigt ein Fundament von etwa 40 cm Tiefe aus Beton oder Schotter. Stützmauern an einem Hang erhalten ein Fundament von mindestens 70 cm Tiefe. Die Breite der Mauer sollte in etwa ⅓ der Höhe betragen. Die erste Steinlage wird etwas unterhalb der Bodenoberfläche auf das gemauerte Fundament gelegt und gut im Boden verkeilt. Darauf folgt eine Schicht Erde, die alle Lücken gut auskleidet. Nun immer abwechselnd Steine und Erde auflegen, so daß sich die Mauer nach oben verjüngt. Sie erhält dadurch ihre letzte Stabilität.

Bepflanzen. Die Pflanzen werden am besten gleich während des Baues mit eingepflanzt. Geeignet sind kleine Stauden, Farne und Sträucher, wobei die Pflanzenwahl davon abhängt, ob die Mauer vorwiegend in der Sonne oder im Schatten liegt. Vergessen Sie nicht bei Trockenheit regelmäßig zu gießen, um das Anwurzeln zu erleichtern.

Stauden für sonnigen Standort

Blaukissen (*Aubrieta*-Hybriden)
Glockenblume (*Campanula carpatica*)
Hornkraut (*Cerastium biebersteinii*)
Hungerblümchen (*Draba aizoides*)
Katzenminze (*Nepeta x faassenii*)
Kissenprimel (*Primula auricula*)
Polsterphlox (*Phlox douglasii, Phlox subulata*)
Steinbrech (*Saxifraga*-Arten)
Steinkraut (*Alyssum*-Arten)
Tripmadam (*Sedum reflexum*)

Kleine Sträucher für sonnigen Standort

Felsenmispel (*Cotoneaster congestus* 'Jürgl')
Geißklee (*Cytisus ardoini*)
Heiligenkraut (*Santolina chamaecyparissus*)
Jasmin (*Jasminum nudiflorum*)
Johanniskraut (*Hypericum polyphyllum*)
Lavendel (*Lavandula angustifolia*)
Silberwurz (*Dryas x suendermannii*)
Sonnenröschen (*Helianthemum*-Hybriden)

Stauden und Farne für schattigen Standort

Akelei (*Aquilegia einseleana*)
Blasenfarn (*Cystopteris fragilis*)
Gänsekresse (*Arabis procurrens*)
Goldtröpfchen (*Chiastophyllum oppositifolium*)
Hirschzungenfarn (*Phyllitis scolopendrium*)
Lerchensporn (*Corydalis lutea*)
Ramonda (*Ramonda myconi*)
Steinbrech (*Saxifraga-arendsii*-Hybriden)
Tüpfelfarn (*Polypodium vulgare*)
Waldsteinie (*Waldsteinia ternata*)

Kleine Sträucher für schattigen Standort

Efeu (*Hedera helix*)
Felsenmispel (*Cotoneaster dammeri*)
Immergrün (*Vinca major, Vinca minor*)
Immergrüne Kriechspindel (*Euonymus fortunei*)

TIP: Schützen Sie die Pflanzen im Winter mit Fichtenzweigen vor Frost.

OKTOBER

Bringt der Oktober viel Regen,
so ist's für die Felder ein Segen.

1 Remigius
Regen an St. Remigius
bringt für den ganzen Mond Verdruß.

2

3

4

5

6

7

8

9

10

11

12

13

14

15

16

17

18 Lukas
*Ist Lukas mild und warm,
kommt ein Winter, daß Gott erbarm'.*

19

20

21

22

23

24

25

26

27

Simon und Judas
Bevor du Simon Judas schaust,
pflanze Bäume, schneide Kraut.
28

29

30

31

In einem großartigen Farbenspiel zeigt die Natur noch einmal, was in ihr steckt. Neben strahlenden Dahlien blühen Herbstastern und Chrysanthemen; die Laubgehölze nehmen warme, rotgoldene Töne an – aber im Garten hängt schon der modrige Geruch von abgefallenem Laub, der den ganzen Herbstputz begleitet.

Herbstastern können bis zu 1.50 m hoch werden.

Knollen kommen ins Winterquartier

Dahlien, Begonien, Gladiolen, Indisches Blumenrohr, Freesien und andere Knollenblüher sind nicht winterhart. Sobald der erste Frost eintritt, müssen sie aus der Erde genommen und frostfrei überwintert werden.

Dahlien (*Dahlia*) etikettieren (Name, Blütenfarbe, Höhe usw.), abschneiden (bis auf 10–15 cm Stengellänge) und vorsichtig mit der Grabgabel ausgraben. Die anhaftende Erde leicht abschütteln und etwa 14 Tage mit den Stengeln nach unten (damit keine Feuchtigkeit in die Knollen gerät) luftig zum Abtrocknen lagern. Jetzt erst die restliche Erde gründlich entfernen. Die Knollen werden in flache Kisten gelegt und kühl (bei etwa 5 °C), trocken und dunkel aufbewahrt. Altbewährt ist auch die Methode die Knollen in trockenen Torf oder Sand eingeschlagen zu überwintern. Haben Sie keinen kühlen Raum dafür zur Verfügung, dann müssen Sie Sand oder Torf anfeuchten, damit die Knollen nicht austrocknen.

Begonien (*Begonia*) **und Tigerblumen** (*Tigridia pavonia*) werden ebenso über den Winter gebracht.

Mit Gladiolen (*Gladiolus*) verfahren Sie ähnlich. Sind sie jedoch vom Gladiolen-Blasenfuß befallen, schneiden Sie alle krautigen Teile bis 1 cm über der Knolle ab, damit der Plagegeist nicht auf den Knollen überwintert. Während seine Verwandtschaft – die Thripse – mit einer Vielzahl von Zimmerpflanzen vorliebnimmt, hat er sich auf das Aussaugen von Gladiolenblättern spezialisiert. Nach dem Aussaugen dringt Luft in das Zellgewebe, so daß die Blätter befallener Gladiolen silbrig zu schimmern beginnen oder auch Blüten verkrüppeln. Sind eindeutige Hinweise auf einen Befall erkennbar, pudern Sie die abgetrockneten und geputzten Knollen noch mit Insektenstaub ein. Nach dem Abtrocknen und Reinigen der Knollen nimmt man die kleinen Brutzwiebeln ab. Für sie lohnt sich ein Überwintern nur, wenn Sie sie »großziehen« möchten. Bedenken Sie aber, daß die Aufzucht 2–3 Jahre dauert, erst dann bringen sie Blüten hervor. Die Mutterknollen werden wie Dahlien gelagert.

Montbretien (*Crocosmia*) **und Ranunkeln** (*Ranunculus*) überwintern Sie wie Gladiolen.

Indisches Blumenrohr (*Canna*) wird auf 15 cm gestutzt, mit Erdballen ausgegraben und in einen geräumigen Topf gesetzt. Es braucht eine trockene und warme Überwinterung bei 15–18 °C und darf nicht austrocknen.

Sterngladiolen (*Acidanthera bicolor*), **Schönhäutchen** (*Hymenocallis speciosa*) **und Freiland-Freesien** (*Freesia*) stutzt man wie Dahlien. Ihre Knollen sollen ebenfalls abtrocknen, werden dann gereinigt, jedoch bei 15 °C aufbewahrt.

Stauden im Oktober

Noch immer lassen sich – wie im September – mehrjährige Stauden teilen und pflanzen. Längst in Ihrem Garten eingewöhnten Stauden wird Ende des Monats Winterruhe verordnet.

Prachtstauden im Beet schneiden Sie auf 15 cm zurück, der Boden um sie herum wird gelockert und das letzte Mal Unkraut entfernt.

Frei ausgepflanzte Wildstauden beläßt man Fruchtstände und Blätter, damit sie sich aussäen können. Für Vögel sind sie eine Nahrungsquelle in karger Zeit und für uns ein bezaubernder Anblick, wenn sie mit Rauhreif »überzuckert« sind. Da sie sich meist in gemischten freien Pflanzungen befinden, muß kein Boden gelockert werden, größere Unkräuter sollten Sie jedoch heraushacken.

Gräser im Herbst

Sie zählen zu den Wildstauden und werden um diese Jahreszeit grundsätzlich nicht geschnitten, sondern erst im Frühjahr.

Gräser sind weitgehend winterhart. Einige brauchen einen Winterschutz aus Laub um die »Füße«, zum Beispiel Chinaschilf (*Miscanthus sinensis*), Lampenputzergras (*Pennisetum compressum*) und Pfahlrohr (*Arundo donax*).

Ihr attraktivster Vertreter, das Pampasgras (*Cortaderia selloana*) sollte es besonders warm bekommen: Neben einer Fußmatte aus Laub wird es an seinen langen Rispen oben zusammengebunden, damit keine Nässe in den Grasstock eindringen kann. Außen herum stecken Sie Fichtenzweige als Frostschutz.

Pflanzzeit für Rosen

Im Oktober beginnt die Hauptpflanzzeit für Laubgehölze, zu denen die Rosen zählen. Als »Königin der Blumen« hat sie so ihre eigenen Ansprüche, die der Gärtner kennen sollte:

– Das ideale Pflanzwetter ist mild, bewölkt und trocken.

– Der Standort sollte sonnig und luftig sein. Schlecht sind Plätze, an denen die Luft stagniert, Kältelöcher oder Standorte unter hervorstehenden Dächern mit Tropfwasser. Besonders wohl fühlen sich Rosen in der Nachbarschaft von Buchs, Lavendel oder höheren Stauden (wie Rittersporn oder Margeriten).

– Der richtige Rosenboden ist tiefgründig, durchlässig, dabei nahrhaftlehmig. Wenn Sie Rosen an einen Platz pflanzen möchten, an dem schon jahrelang zuvor welche waren, müssen Sie die Erde austauschen, denn nach einigen Jahren werden so bepflanzte Böden »rosenmüde«, weil sie einseitig von den Pflanzen ausgelaugt sind. Der Boden muß bis zu 60 cm tief gründlich gelockert sein.

– Rosen, die nicht aus dem Container stammen, sollten mindestens 12 Stunden in Wasser gestellt werden. Bei der Herbstpflanzung werden die Wurzeln etwas eingekürzt, nicht aber die Triebe. Sehr förderlich für das Anwurzeln ist es, wenn die Wurzeln vor dem Einpflanzen in einen Lehmbrei getaucht werden. Wie eingepflanzt wird, können Sie im März (siehe Seite 43) nachlesen. Anschließend wird die Rose fest eingedrückt und gut eingeschlämmt. Nicht – wie es häufig gemacht wird – Erde festtreten, dabei wird der Boden oft zu sehr verklumpt, was dem Anwachsen hinderlich ist. Auch bei der Herbstpflanzung werden die Rosen angehäufelt. Sobald es kälter wird, erhalten sie zusätzlich einen Schutz aus Fichtenreisig.

Kletter- und Rankgehölze pflanzen

Haben Sie während des Sommers eine Pergola errichtet oder ist Ihnen eine Idee zur Begrünung von Haus oder Garage gekommen? Dann ist jetzt die Möglichkeit Kletterpflanzen »auf den Weg zu schicken«. Welche Arten es hierbei gibt, und was beim Einpflanzen alles zu beachten ist, finden Sie im April (siehe Seite 64), dies ist nämlich der zweite günstige Pflanztermin für ›Klettermaxen‹.

Große Pflanzzeit für Laubgehölze

Eine uralte Gärtnerregel besagt: »Laubgehölze werden gepflanzt, solange kein Laub an ihnen ist«. Zu ergänzen wäre: ... »und solange der Boden nicht gefroren ist«. Diese Zeit beginnt nun mit dem Blätterfall. Jetzt in die Erde gebrachte Gehölze haben noch ausreichend Gelegenheit, neue Saugwurzeln zu bilden, bevor der Frost den Boden verschließt. In der nächsten Wachstumsperiode können diese Sträucher und Bäume bereits viel Kraft in Trieb- und Blütenbildung stecken. Frühjahrspflanzungen hingegen haben ein großes Pensum zu leisten, nämlich Wurzel- und Triebbildung in einem.

Pflanzen Sie also am besten von Oktober Anfang bis Ende und nicht später, damit Ihre jungen Gehölze noch viel Zeit zum Einwurzeln haben, bis der große Frost kommt. Gehölze einzusetzen ist nicht nur eine Frage der richtigen Pflanztechnik, sondern vorab eine Sache der Gestaltung und des persönlichen Geschmacks. Denn lange bevor gepflanzt wird muß geklärt werden, »was« nun eigentlich wohin kommen soll.

Die richtige Wahl. Vor allem Besitzer von kleineren und mittelgroßen Gärten haben nicht den Platz für aufwendige Gehölzepflanzungen, so daß die 2 oder 3 Sträucher, die sie pflanzen, ein ganzes Bündel von Erwartungen und Wünschen erfüllen müssen. Hier heißt es also gründlich überlegen und planen.

1. Was möchte ich von diesem Strauch: Blüten (zu welcher Jahreszeit?), attraktives Laub, eine besonders schöne Herbstfärbung, Fruchtschmuck und Wildfrüchte, malerischen Wuchs, schöne Rinde, Sichtschutz (dann muß er breit, hoch und buschig wachsen)?
2. Was kann ich ihm anbieten: Lage, Boden, Klima und Umgebung?

Gehölze richtig pflanzen. Sträucher können Sie ohne Ballen kaufen, meistens jedoch als Ballenware (mit einem Ballentuch), was vor allem für Sträucher, die sich beim Anwachsen etwas schwer tun, von Vorteil ist. Im Kommen sind Containerpflanzen, die im Kübel großgezogen wurden und das ganze Jahr über gepflanzt werden können, weil ihr Wurzelwerk besonders gut entwickelt ist. Sie sind allerdings wesentlich teurer. Beim Pflanzen gelten für Bäume und Sträucher die gleichen Regeln:

– Gehölze ohne Ballen werden vor dem Einpflanzen etwa 12 Stunden ins Wasser gestellt, dann schneidet man die Wurzeln um ⅓ zurück, und zwar so, daß die Schnittstellen nach unten zeigen.

– Ballen- und Containerpflanzen werden vor dem Einpflanzen gut gegossen. Das Ballentuch wird nicht entfernt, wohl aber der Topf der Containerware. Schneiden Sie bei keiner von beiden die Wurzeln.

– Nun das Pflanzloch ausheben; es soll doppelt so breit und tief wie das Wurzelwerk oder der Ballen sein.

– Bei Bäumen ohne Ballen wird der Stützpfahl senkrecht vor dem Pflanzen eingeschlagen. Achtung: Er darf später nicht in die Krone ragen! Bei Ballen- und Containerpflanzen kommt er erst nach dem Einpflanzen schräg in den Boden, um den Wurzelballen nicht zu verletzen. Sie können bei größeren Bäumen auch 2–3 schräge Stützen einstemmen.

– Die Gehölze kommen so tief in den Boden, wie sie es zuvor waren.

– Nach dem Einsetzen muß das Ballentuch aufgeknotet werden, es verrottet dann im Lauf der Zeit von selbst. Schütten Sie nun das Pflanzloch mit kompostvermischter Erde zu und achten Sie darauf, daß sie lükkenlos zwischen die Wurzeln kommt. Sehr empfehlenswert ist die Methode während des Zuschüttens immer wieder Wasser darüber zu schütten, damit die Wurzeln direkt Anschluß an die Erde bekommen.

– Abschließend Pflanzerde noch einmal gut festtreten und einen kleinen Wall um das Loch anlegen, damit das Gießwasser direkt zu den Wurzeln geleitet wird.

Hecken pflanzen

Vor dem Start ein paar wichtige Argumente zu den unterschiedlichen Heckentypen:

Schnitthecken werden oft für kleine Gärten bevorzugt, weil sie wenig Platz brauchen. Im unteren Bereich sind sie etwa 90 cm tief und verjüngen sich nach oben auf 70 cm. Allerdings wirken sie bei weitem nicht so lebendig und lassen auch kein so vielfältiges Leben zu wie freiwachsende Hecken.

Freiwachsende Hecken beanspruchen mit der Zeit eine Tiefe von mindestens 2,50 m, »schlucken« also einigen Platz. Dafür haben Sie schöne Gestaltungsmöglichkeiten:

– Blütenhecken kann man aus Sträuchern mit verschiedenen Blütezeiten kombinieren (so daß es immer irgendwo blüht), oder mit Sträuchern gleicher Blütezeit aber unterschiedlicher Farbe (als Blickfang und Schwergewicht, wenn es zu dieser Zeit im Garten woanders gerade weniger interessant ist).

– Immergrüne Hecken brauchen nicht einförmig und langweilig sein; hier können Sie auf sehr reizvolle Weise Koniferen, Rhododendren und andere Immergrüne zusammenstellen.

– Kombinierte Hecken sind nicht nur sehr robust, sondern bieten vielen Tierarten Schutz und Lebensraum und halten im Herbst eine Reihe von Leckerbissen (Wildfrüchte!) für sie bereit.

Rasenpflege im Oktober

Vor allem bei feuchtem Wetter ist es wichtig, Laub und Fallobst zu entfernen, damit keine Pilzsporen in den Rasen gelangen. Empfehlenswert ist auch ein nochmaliges Vertikutieren, damit Luft in den Unterboden gelangt. Größere Moosanreicherungen sollten noch vor Wintereinbruch beseitigt werden, damit der Rasen frisch und durchlüftet in den Winter geht.

Den Gartenteich auf den Winter vorbereiten

Die größte Gefahr für einen Gartenteich ist das »Umkippen« durch ein Übermaß an Nährstoffen (vermodernde Pflanzenteile zum Beispiel). Erfahrene Gartenteichbesitzer sorgen deshalb dafür, daß der Gartenteich »sauber« in den Winterschlaf geht.

1. Fischen Sie regelmäßig die in den Teich gefallenen Blätter ab.
2. Wenn Ihr Teich eine Tiefe von 1 – 1,50 m hat, können Fische, Amphibien und winterharte Wasserpflanzen (an den tiefsten Stellen) bleiben, weil er nicht bis unten durchfriert. Teiche mit senkrechten Wänden müssen Sie entleeren.
3. Bei größeren und tieferen Teichen entfernen Sie die oberste Mulchschicht und wechseln einen Teil des Wassers.
4. Niedere Gartenteiche werden entleert, von Mulchschicht und Algen befreit und dann wieder mit frischem Wasser gefüllt. Die Fische nimmt man heraus und überwintert sie kühl (in Becken) im Haus. Sollten sich auch Amphibien bei Ihnen eingefunden haben, so setzen Sie sie an einer geschützten Stelle in der Nähe des Teichs aus.

Wein mit zauberhafter Herbstfärbung.

5. Seerosen und alle anderen Pflanzen mit Rhizom sollten Sie jetzt umpflanzen. Dabei verfaulte Stellen abschneiden. Winterharte Arten versenken Sie an der tiefsten Stelle im Teich, die anderen werden im Haus oder Gewächshaus überwintert.
6. Tropische und subtropische Wasserpflanzen werden generell herausgenommen und bei mindestens 15 °C überwintert.
7. Sumpf- und Wasserpflanzen aus gemäßigten Zonen können im Teich bleiben. Ihre Blätter und Triebe sterben zwar meist ab, die Wurzeln treiben aber im nächsten Frühjahr neu aus. An flachen Stellen sollten Sie sie mit etwas Reisig abdecken.
8. Einheimische Schwimm- und Unterwasserpflanzen sinken auf den Grund und überdauern hier den Winter.

Goldener Oktober: Spinnwebfäden ziehen sich durch den Obstgarten, und das Ernten ist noch lange nicht vorbei. Anfang des Monats können die letzten Haselnüsse abgenommen werden. Wenn die Kastanien reifen, beginnt auch die Ernte der Walnüsse. Über den ganzen Zeitraum hinweg erstreckt sich das Pflücken der Winteräpfel und -birnen.

Leimringe anbringen

Anfang Oktober sollten Sie an jedem Obstbaum Leimringe anbringen. Mitte bis Ende des Monats schlüpfen nämlich die Falter des Frostspanners, die bis jetzt im Boden verpuppt waren. Die Weibchen sind flugunfähig und klettern zu Fuß die Bäume hoch, um an den Zweigen ihre Eier abzulegen. Mit Beginn der Blüte schlüpfen im Frühjahr die Raupen, die sich mit Heißhunger über Blüten und Blätter hermachen. Leimringe verhindern also, daß das Weibchen sein Ziel erreicht, es bleibt an ihnen kleben.

Obst richtig lagern

Zum Lagern eignen sich nur Äpfel, Birnen und Quitten. Alle anderen Obstarten können tiefgefroren, eingeweckt, versaftet oder zu Gelee und Marmelade verarbeitet werden.

10 Tips zum Lagern von Obst

1. Ernten Sie Lagerobst mit Handschuhen, damit die Früchte nicht verletzt und dadurch schnell schlecht werden.
2. Wie lange sich Äpfel lagern lassen, hängt von der Sorte ab (siehe Tabelle, Seite 162).

Jetzt sind Haselnüsse reif.

3. Lagerfähige Winterbirnen lohnen sich nur in sehr warmen Regionen, wo sie genügend ausreifen können, sonst setzen sie kein Aroma an.
4. Lassen Sie Lageräpfel und -birnen nicht zu lange am Baum. Am besten pflückt man sie kurz vor Beginn der Pflückreife, sonst wird das Fruchtfleisch schnell mehlig und braun.
5. Der Lagerraum muß vor dem Einlagern keimfrei gemacht werden. Das gilt ebenso für die Lagerkisten und -regale. Empfehlenswert ist es, die Kellerwände bereits im Spätsommer frisch zu kalken, Obstkisten und Regale mit einem 4%igen Sodawasser mit Schmierseife abzubürsten, gründlich zu spülen und an der Luft zu trocknen.
6. Die Lagerräume sollen kühl (mindestens 8 °C), luftig, trocken und dunkel sein.
7. Wärmere Keller werden kühler, wenn Sie in kalten Nächten lüften, tagsüber die Kellerfenster jedoch geschlossen halten.
8. Denken Sie daran, die Fensteröffnung mit engem Maschendraht zu verkleiden, so daß keine »Mitesser« wie Mäuse usw. hineingelangen können.
9. Lagern Sie Obst und Gemüse möglichst nicht im gleichen Raum, sie übertragen nicht nur Gerüche aufeinander, sondern verkürzen auch gegenseitig ihre Haltbarkeit. Manche Gärtner empfehlen dem, der nur einen Lagerraum zur Verfügung hat, entweder Obst oder Gemüse in reinem Torf zu lagern.

Weinlese – ein fruchtiges Vergnügen.

10. Und hier noch ein Tip ohne Gewähr: Russische Forscher haben angeblich herausgefunden, daß Lagerobst, wenn es mit einem Aufguß von Zwiebelschalen und Zwiebeln besprüht wird, doppelt so lang hält. Wer mag, kann's ausprobieren, der Zwiebelgeruch soll übrigens nach einigen Wochen verschwinden.

Obstbäume pflanzen

Außer Pfirsichen und Aprikosen können Sie nun jedes Obstgehölz pflanzen. Wählen Sie mit Bedacht aus, welchen Gefährten Sie sich in den Garten holen. Obstart und Sorte sollten natürlich Ihrem persönlichen Geschmack entsprechen. Andererseits kann es durchaus möglich sein, daß Sie Einschränkungen oder Kompromisse machen müssen. Im folgenden die wichtigsten Aspekte, die zu bedenken sind.

Wie steht's mit der Befruchtung? Bei vielen Obstarten gibt es Sorten, die selbstfruchtbar und solche, die selbstunfruchtbar sind. Selbstunfruchtbare brauchen einen Pollenspender möglichst im eigenen oder zumindest in Nachbars Garten, wenn sie fruchten sollen. Das Ganze wird noch dadurch erschwert, daß jede Sorte nur ganz bestimmte andere Sorten zur Bestäubung »akzeptiert«. Wenn Sie also einen einzelnen Obstbaum in Ihren Garten stellen wollen, so achten Sie darauf, daß er selbstfruchtbar ist – oder erkundigen Sie sich in Baumschulen nach Spezialpfropfungen, das heißt nach Bäumen, auf die 2 oder 3 verschiedene Sorten veredelt sind, die sich gegenseitig befruchten.

Blütezeit. Sie muß vor allem bei selbstunfruchtbaren Apfelsorten berücksichtigt werden. Angenommen Sie pflanzen einen Apfelbaum, der einen »Kollegen« in der Nähe hat, so kann die Ernte dennoch mißlingen, wenn beide nicht zur gleichen Zeit blühen. Bei Birnen, Pflaumen und Kirschen besteht diese Gefahr weniger, weil die Blütezeiten von frühen und späten Sorten sich über einen guten Zeitraum hinweg überschneiden.

Krankheitsresistenz ist ein wichtiger Gesichtspunkt bei der Auswahl von Obstgehölzen, denn was nützt eine wohlschmeckende Frucht, wenn der Baum immer wieder erkrankt und ständige Betreuung braucht.

Erntezeit und Erntedauer. Haben Sie schon bedacht, daß Ernten Zeit kostet? Kirschen reifen manchmal während der Pfingstferien und frühe Äpfel, Birnen und Pflaumen sind zur Haupturlaubszeit reif und müssen vom Baum.

Aber auch die Erntedauer ist ein Faktum, das sich auf Ihre Zeit auswirkt. Einige Sorten müssen innerhalb von 14 Tagen geerntet werden, bei anderen erstreckt sich die Pflückzeit über einen ganzen Monat.

Lagerfähigkeit. Manche Äpfel schmecken am besten frisch vom Baum (zum Beispiel 'James Grieve' und 'Gravensteiner'), andere hingegen können Sie monatelang lagern (zum Beispiel 'Berlepsch' und 'Boskoop', siehe Tabelle Seite 162).

Größe und Wüchsigkeit. So herrlich ein großer Obstbaum ist, unsere kleinen bis mittelgroßen Gärten lassen weder seine Schönheit zur Wirkung kommen, noch bleibt daneben

Platz für anderes. Auch die heute übliche Kleinfamilie weiß oft nicht wohin mit der gewaltigen Fruchtproduktion eines einzigen großen Baumes. All diese Überlegungen haben Gärtner und Züchter auf den Plan gerufen, Baumformen zu entwickeln, die unseren Kleingärten und Kleinfamilien eher entsprechen.

25 beliebte Apfelsorten: Ernte- und Lagerzeit

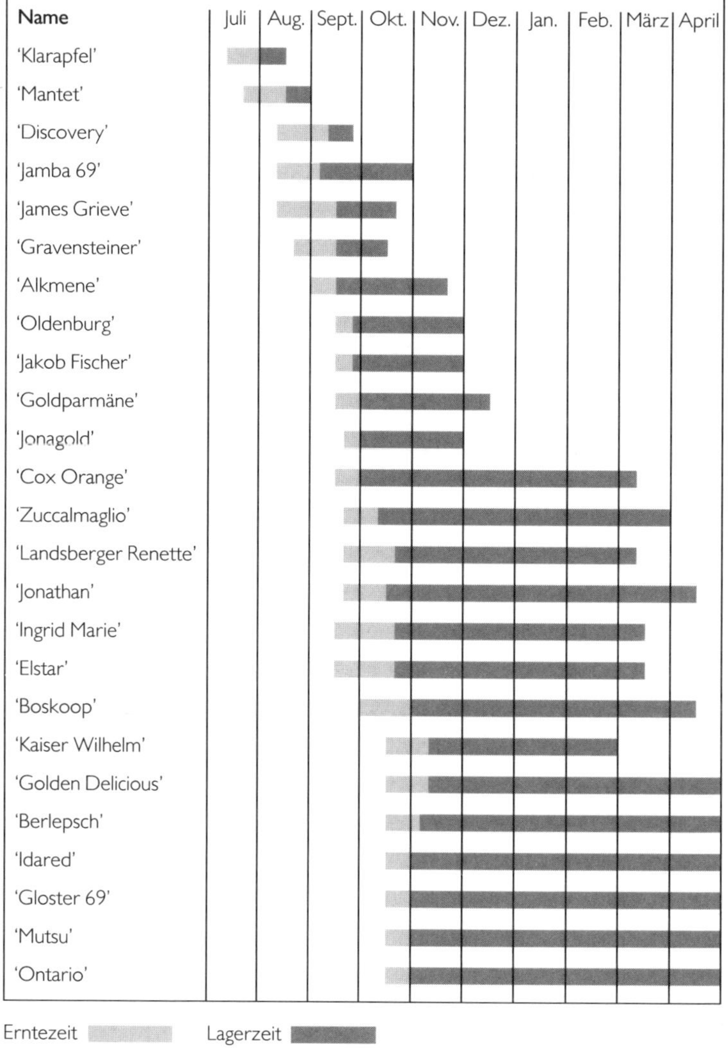

Sie können inzwischen – je nach Platz und Bedarf – unter 4 Baumgrößen wählen:

– Hochstämme besitzen die »alten« Obstbaumgrößen; ihr Stamm ist 1,60–1,80 m hoch, so daß man sich bequem unter seiner Krone aufhalten kann. Sie brauchen viel Platz, werfen großen Schatten und bringen sehr viele Früchte.

– Halbstämme haben eine Stammhöhe von 1–1,20 m und sind heute im Garten die am meisten verwendete Baumform bei Pflaume und Süßkirsche.

– Niederstämme sind 80–100 cm hoch; ihre Krone wird aber so groß wie bei Halbstämmen.

– Buschbäume erinnern mit ihrer Stammhöhe von 40–60 cm an Sträucher. Diese Form wird besonders für Pfirsiche und Sauerkirschen empfohlen, weil einmal das Ernten erleichtert wird, zum andern aber auch das starke Schneiden, das jährlich durchgeführt werden muß. Die Krone wird insgesamt kleiner.

– Spindelbüsche sind die idealen Bäumchen für den Klein- und Reihenhausgarten. Mit einer Stammhöhe von 40–60 cm werden sie etwa 2–3 m hoch; es kann bequem geerntet, geschnitten und gespritzt werden. Sie sind auf Unterlagen veredelt, die verhindern, daß sie zu stark oder zu wenig wachsen. Spindelbüsche machen sich auch wunderhübsch als Obsthecken.

Obstbäume richtig pflanzen. Halten Sie (außer bei Spindelbäumchen) mit dem Pflanzloch mindestens 5 m Abstand vom nachbarlichen Grundstück. Das entspricht gut der Hälfte

des zu erwartenden Kronendurchmessers und verhindert, daß Fallobst und Laub den Nachbarn verärgern.
– Vor der Pflanzung wird eine Fläche von etwa 2 m^2 einen Spaten tief umgegraben, bei schwerem Boden gehen Sie besser noch tiefer.
– Das Pflanzloch sollte mindestens 50 cm tief und so breit sein, daß die Wurzeln ausgelegt hineinpassen.
– Haltepfahl einschlagen. Er muß so weit in den Boden, daß er nicht in die Krone des jungen Baumes hineinreicht.
– Baum einige Stunden wässern und Wurzeln in einen Lehmbrei tauchen.
– Zuunterst in das Pflanzloch Kompost geben, darauf den Baum stellen. Bei Ballenware Ballentuch aufknüpfen. Achtung: Die Veredelungsstelle, die als Wulst deutlich zu erkennen ist, muß über der Erdoberfläche liegen. Pflanzerde mit Kompost vermischen und auffüllen, dann leicht festtreten.
– Abschließend eine Rinne rund um die Pflanzstelle anlegen und gründlich wässern.
– Bäumchen mit einer Achterschlinge am Haltepfahl festbinden.
– Im Herbst gepflanzte Obstbäume erhalten ihren Pflanzschnitt erst im Frühjahr.
– Vergessen Sie nicht, die Baumscheibe zu mulchen. Jetzt fällt im Garten viel organisches Material dafür an. Sie können auch den immer beliebter werdenden, preiswerten Rindenmulch nehmen.

Beerengehölze pflanzen

Auch für Beerengehölze ist im Oktober Hauptpflanzzeit (Alternative: Sehr zeitiges Frühjahr). Einzige Ausnahme: Brombeeren. Sie sind etwas kälteempfindlich und kommen besser erst im März in den Boden. Wie Beerengehölze gepflanzt werden, können Sie im Februar nachlesen (siehe Seite 28).

Laub – eine ideale Mulchdecke für Obstbaumscheiben.

Die Walnuß-Ernte beginnt

Ein Walnußbaum beginnt erst mit 15–20 Jahren Früchte zu tragen, wenn er aus einer Nuß gezogen wurde. Neuere Züchtungen haben jedoch kleinere Bäume geschaffen, die bereits mit 3 Jahren Früchte ansetzen.
Walnüsse zählen wie alle Nüsse zum Schalenobst und besitzen viel Fett und Eiweiß, jedoch wenig Vitamine. Sie fallen von allein vom Baum, sobald sie reif sind. Mit Schütteln können Sie nachhelfen. Hingegen hat es keinen Sinn, Nüsse, die noch fest in ihren grünen Schalen sitzen, herunterzuschlagen. Sie sind unreif und halten sich nicht. Verschimmelte und geschrumpfte Kerne sollten Sie nicht essen, sie sind gesundheitsschädlich.

Haselnüsse ernten

Haselnüsse sind reif, wenn ihre Schalen braun werden. Einige Sorten fallen beim Schütteln leicht aus ihren Fruchtständen, andere muß man pflücken und herauslösen. Die Früchte sind erst haltbar, wenn sie etwa 4 Wochen luftig (zum Beispiel auf einem Rost oder Drahtgestell) gelagert wurden.

Lassen wir uns nicht von einigen golden-sonnigen Oktobertagen täuschen: Im Durchschnitt ist die Wärmeeinstrahlung der Sonne nur noch halb so stark wie im September.

Spätes Gemüse reifen lassen

Wachsen und Reifen geht nun in einer wesentlich gemächlicheren Gangart vor sich. Lassen Sie deshalb vor allem Lagergemüse wie Möhren, Rote Bete, Sellerie und Spätkohlarten noch bis Ende Oktober ausreifen, sofern keine starken Fröste auftreten. Leichter Frost bis etwa −5 °C schadet diesem Gemüse nicht, ja er fördert bei Wirsing und Rosenkohl den Geschmack.

Gemüse einlagern

Immer mehr Gartenfreunde setzen es sich zum Ziel, sich nicht nur während des Sommers, sondern rund ums Jahr mit eigenem Gemüse zu versorgen. Im Oktober können nach und nach die Gemüsearten vom Beet geräumt werden, die fürs Einlagern geeignet sind.

10 Tips zum Lagern von Gemüse

1. Lagergemüse ausreifen lassen, bei trockenem, frostfreiem Wetter (nie gefroren!) ernten.
2. Gemüse aussortieren und säubern (Blätter kurz abschneiden, Wurzeln und Schmutz entfernen, Herzblätter müssen jedoch bleiben). Es soll zur Lagerung trocken und unbeschädigt sein.
3. Der Keller ist ein idealer Überwinterungsraum, wenn er zuvor gründlich gesäubert wurde (am besten gekalkt), kühl (3−5 °C), frostfrei und schwach feucht ist. Warme Keller mit trockener Luft sind nicht zum Lagern geeignet. Hier können Sie durch eine Schicht aus Ziegelsteinen am Boden, die zwischendurch befeuchtet werden, sowie häufiges Lüften die Lagerbedingungen verbessern.
4. In Kisten mit Sand oder angefeuchtetem Torf lassen sich Fenchel, Rote Bete, Knollensellerie und Möhren vorzüglich lagern.
5. Kohl und Endivien legt man am besten auf eine Sandschicht am Boden.
6. Kartoffeln werden dunkel, kühl und trocken in Lattenkisten gelagert.
7. Zwiebeln und Knoblauch brauchen einen trockenen Raum, in den sie luftig gehängt werden.
8. Statt der Lagerung im Keller können Sie Wurzelgemüse und Kohl auch im Garten einlagern. Entweder im Frühbeet oder in einer eigens dafür angelegten Miete (etwa 1 m lang, 30 cm tief). Dort werden die Gemüse übereinandergestapelt, mit Stroh und der aufgehobenen Erde (oder dem Frühbeet-Fenster) abgedeckt.
9. Bei Zuckerhut-Salat und Chinakohl entfernen Sie beschädigte äußere Blätter und wickeln dann die Köpfe einzeln in Zeitungspapier ein. Eng übereinandergestapelt hält der Salat auf diese Weise bis Januar.
10. So lange können Sie Gemüsearten lagern: Fenchel bis Dezember; Rote Bete, Kohl und Endivien bis Januar; Sellerie bis Februar.

Unbedingt vor dem großen Frost ernten

Blumenkohl verträgt Kälte schlecht, deshalb ist für ihn jetzt Erntezeit.
Kopfsalat erträgt zwar unter Folienschutz einige kalte Nächte, sollte aber besser jetzt geerntet und verbraucht werden. Er läßt sich nicht lagern.
Kürbis kündigt seine Reife dadurch an, daß der Stiel schrumpft. Schneiden Sie ihn dort ab; die Frucht ist kühl einige Monate lagerfähig.
Tomaten müssen nun endgültig abgenommen werden. Grüne Toma-

Gärtnerstolz – ein großer Kürbis.

ten reifen auch im Zimmer nach, allerdings dürfen Sie keine Tomate nehmen, die kleiner als Walnüsse sind. Sie enthalten gesundheitschädliche Stoffe.

Gemüse, das im Freien bleibt

Feldsalat mit einer Folie gegen Schnee abgedeckt, kann den ganzen Winter über vom Beet geholt werden.

Grünkohl kann ab Mitte Oktober bis ins Frühjahr hinein geerntet werden. Man nimmt zuerst die äußeren Blätter, damit die inneren noch nachreifen können. Er ist frosthart und deshalb meist das letzte Gemüse im Garten. Grünkohl ist sehr anspruchslos, gedeiht auf nahezu jedem Boden und kommt auch mit Halbschatten gut zurecht. Sein Geschmack wird durch Frost verbessert, weil dieser einen Teil der Pflanzenstärke in Zucker umsetzt, und der Kohl dadurch milder schmeckt.

Pastinaken keimen so langsam wie Möhren und sollen frühestens Ende Oktober geerntet werden, weil sie in diesem Monat noch an Zuckergehalt zulegen. Sie können den ganzen Winter über im Beet bleiben, günstig ist eine Abdeckung mit Laub oder Reisig.

Mischkultur mit Chicoree, Mangold, Porree, Zwiebeln.

Porree ist nahezu jedem Frost gewachsen. Ab September ist er zu ernten, erreicht aber erst seine ganze Schaftdicke, wenn man ihn um diese Zeit anhäufelt und bis Ende Oktober oder November wartet. Gut angehäufelt können Sie ihn übrigens den ganzen Winter über im Beet lassen und ernten.

Ab Oktober kann Rotkohl geerntet werden.

Wußten Sie, daß auf dem Beet überwinterter Porree im Frühjahr Blüten ansetzt, die man abknipsen sollte. Dann nämlich bilden sich am Fuß der Stange kleine Perlzwiebeln.

Mischkultur mit allen Kohlarten, Möhren, Salat, Sellerie, Tomaten.

Vorkultur: Spinat.

Rosenkohl kann geerntet werden, wenn die untersten Röschen etwa 2–3 cm dick sind. Das ist ab Oktober der Fall; aber – wie bei Grünkohl – verbessert sich der Geschmack dieses leckeren Gemüses, wenn die Pflanze Frost abkriegt. In extrem rauhen Gebieten nimmt man Rosenkohl mit den Wurzeln aus dem Beet und schlägt ihn an einer geschützten Stelle ein. Später Rosenkohl wird im Mai ausgesät oder bis Ende Juni gepflanzt.

Mischkultur mit Erbsen, Lauch, Radieschen, Salat, Tomaten.

Vorkultur: Frühkartoffeln, Kopfsalat, Radieschen.

Topinambur-Knollen sind Ende Oktober erntereif. Sie können sie den ganzen Winter nach Bedarf mit der Grabgabel aus dem Boden nehmen, denn sie sind frosthart.

Was Sie im Oktober ernten können

Blumenkohl, Bohnen, Chinakohl, Feldsalat, Fenchel, Kohlrabi, Kopfsalat, Kräuter, Kürbis, Möhren, Radieschen, Rettiche Rosenkohl, Rote Bete, Rotkohl, Sellerie, Spinat, Tomaten, Topinambur, Weißkohl, Winterrettich, Wirsing, Zwiebeln.

Rund ums Kompostieren

Kompost ist der beste und natürlichste Dünger überhaupt. Viele Gartenbesitzer haben eine Scheu vor der Anlage eines Komposthaufens, weil sie sein Anblick stört und weil sie eine Geruchsbelästigung befürchten. Beides ist unbegründet. Die Kompostieranlage ist das Herz des Gartens, die ideale Recycling-Anlage, die durch Verrottung von Abfällen neues »Pflanzenfutter« bildet. Mit etwas Einfallsreichtum findet sich in jedem Garten ein Plätzchen für eine solche Anlage. Den größten Platzbedarf hat sicher der Komposthaufen mit einer Idealbreite von 1,50 m und einer Höhe von etwa 1 m. Die Länge können Sie selbst bestimmen, sie sollte jedoch nicht weniger als 1 m betragen. Daneben gibt es im Fachhandel zahlreiche Bausätze für Kompostsilos, hier wirkt die Anlage besonders ordentlich. Für Minigärten oder Balkone und Terrassen wurden Kompostsäcke entwickelt, in denen sie auf kleinstem Raum eine »Humusfabrik« einrichten können.

Jetzt beim Herbstputz fällt viel Material dafür an – eine günstige Gelegenheit für eine sinnvolle Verwendung auf dem Kompost.

So wird ein Kompost angelegt

– Suchen Sie ihm ein Plätzchen im Schatten, das mindestens 1 m Abstand zum Nachbargrundstück hat.

– Die unterste Schicht (etwa 10 cm hoch) kommt auf den natürlichen Boden, denn es sollen Bodenlebewesen einwandern können. Sie besteht aus grobem Material, wie zerkleinerten Ästen, Staudenstengeln usw., die die Anlage von unten her »luftig« halten und dadurch Fäulnis verhindern.

– Die folgende Schicht besteht aus Kompost – oder, falls Sie keinen zur Verfügung haben, aus Erde, der großzügig Kompostbeschleuniger (Algenkalk oder Steinmehl) beigemischt wird. Ist sie trocken, muß sie angegossen werden – am besten mit Brennesseljauche.

– Darüber kommt eine 20 cm hohe Schicht vermischter organischer Abfälle. Auch hier wird trockenes Material befeuchtet.

– In dieser Reihenfolge geht es weiter: eine Lage Kompost/aufbereitete Erde, eine Lage Gartenabfälle.

– Zum Schutz gegen Kälte erhält der fertig aufgeschichtete Komposthaufen ein »Mäntelchen« aus Laub und Grasschnitt. Dann ziehen Sie eine Plane darüber. Im Frühjahr wird die jetzt angelegte Miete umgesetzt.

Was Sie kompostieren können

Küchenabfälle wie Kartoffelschalen, Gemüse, Obst, Eierschalen, Teeblätter und Kaffeesatz, Reste von Zimmer- und Schnittblumen. Gartenabfälle wie Laub, Grasschnitt, Grassoden, zerkleinerte Triebe von Sträuchern und Bäumen, Stauden- und Blumenreste, alte Erde vom Umtopfen. Aber all das nur, soweit es krankheitsfrei ist. Geben Sie Kompostaufbereiter, organische Volldünger oder Stallmist zwischen die Abfälle.

Was Sie nicht kompostieren dürfen

Fleisch-, Fisch- und Käsereste, Inhalt von Staubsaugerbeuteln, bedrucktes Papier, faules Obst, mit Konservierungsmitteln behandelte Obstreste, Kohlstrünke (Gefahr der Übertragung von Kohlhernie), unorganische Stoffe, menschliche Fäkalien.

So wird ein Komposthaufen gepflegt

Im Durchschnitt ist der Komposthaufen nach 6–9 Montaten »reif«, das heißt, die Abfälle sind verrottet, es hat sich frisch-duftender Humus gebildet.

In dieser Zeit muß eine kleine Kompostanlage nicht umgesetzt werden – es sei denn, sie beginnt zu stinken. Dies ist ein Signal, sofort umzulagern, also die äußeren Schichten nach innen und die inneren nach außen zu bringen.

Bei größeren Komposthaufen empfiehlt sich das Umsetzen in jedem Fall.

Der Komposthaufen darf nie austrocknen. Bei großer Trockenheit muß er deshalb begossen werden. Hingegen sollten Sie ihn bei längerem Dauerregen mit einer Folie abdecken, damit er nicht ausgewaschen wird. Bohren Sie gelegentlich Luftlöcher hinein, das fördert die Verrottung.

Reifer Kompost wird gesiebt, die groben Reste können Sie für den nächsten Kompostansatz verwenden.

Der Komposthaufen muß kein Schandfleck sein

In Bauerngärten sieht man ihn oft mit Kapuzinerkresse bewachsen. Wer will, kann ihn aber auch hinter Sträuchern (die ihm den nötigen Schatten geben) oder hohen, schnellwachsenden Blumen verbergen. Geeignete Sträucher sind zum Beispiel Flieder, Forsythien, Hartriegel, Haselnuß, Holunder und Hortensien. Empfehlenswerte Blumen sind Fingerhut, Goldrute, Malven, Phlox, Rittersporn und Sonnenblumen.

NOVEMBER

Novemberschnee tut den Saaten wohl,
nicht weh.

1 Allerheiligen
Allerheiligen kalt und klar,
macht zu Weihnachten alles starr.

2

3

4

5

6

7

8

9

10

11

Martin
Martinstag trüb,
macht den Winter lind und lieb.

12

13

14

15

16

17

18

19 *St. Elisabeth zeigt an,*
was der Winter für ein Mann

20

21

22

23

24

Katharina
Wie das Wetter um Kathrein,
so wird's den ganzen Winter sein.

25

26

27

28

29

30

Sitzt im November noch das Laub,
wird der Winter hart, das glaub'.

Der Garten ist kein Ballsaal und der Rasen kein Parkett – denken Sie daran, wenn Sie jetzt den Herbstputz im Garten beenden. Freilich, es soll und muß Ordnung gemacht werden, aber halten Sie das »Putzen« im vernünftigen Rahmen. Ein Haufen Reiser in einem stillen Eck stört niemand und wird vielleicht noch dankbar von einem spät häuslich-werdenden Igel angenommen.

Frostkeimer aussäen

Dies ist der Name für Stauden, deren Samen als Starthilfe zum Keimen Frost oder Schnee abbekommen müssen. Solche Pflanzen sind großenteils Wildstauden aus Gebirgsregionen, wo der Winter regelmäßig Frostperioden beschert. Die Anzucht aus Samen ist nicht immer sofort erfolgreich, manche keimen erst im 2. Jahr; außerdem ist zu beachten, daß es Licht- und Dunkelkeimer gibt. Wenn Sie einen Versuch starten wollen, achten Sie also auf die Angaben zur Aussaat auf dem Päckchen.

Beliebte Frostkeimer: Adonisröschen (*Adonis*), Akelei (*Aquilegia*), *Allium*-Arten, Anemonen (*Anemone*), Astilbe (*Astilbe*), Bergenie (*Bergenia*), Diptam (*Dictamnus*), Edeldistel (*Eryngium*), Eisenhut (*Aconitum*), Enzian (*Gentiana*), Frauenmantel (*Alchemilla*), Funkie (*Hosta*), Geißbart (*Aruncus*), Hahnenfuß (*Ranunculus*), Iris (*Iris*), Kaukasus-Vergißmeinnicht (*Brunnera*), Königskerze (*Verbascum*), Phlox (*Phlox*), Primeln (*Primula*), einige Rudbeckien (*Rudbekkia*), Salomonsiegel (*Polygonatum*), Seifenkraut (*Saponaria*), Silberwurz (*Dryas octopetala*), Steinbrech (*Saxifraga*) Steppenkerze (*Eremurus*), Sumpfdotterblume (*Catha palustris*), Trollblume (*Trollius*), Wolfsmilch (*Euphorbia*).

So wird's gemacht: Von November bis Februar ist Aussaatzeit. Samen in Aussaatschalen oder Töpfe mit Aussaat- oder Einheitserde geben. Die Gefäße 4 Wochen lang bei 18–22 °C warm stellen (zum Beispiel am Fensterbrett) und feucht halten. Anschließend ins Freie bringen, so daß Schnee und Frost ihre Wirkung tun können. Im Frühling zwischen 10–15 °C beginnen die Samen zu keimen. Sie sollten nun einen geschützten, halbschattigen Platz erhalten und feucht gehalten werden.

Rosen winterfest machen

Die meisten Rosen (außer Wildstauden, sie sind ausnahmslos winterhart) sind für einen Winterschutz dankbar. Bevor Sie ans Anhäufeln und Einpacken gehen, entfernen Sie alle abgefallenen Blätter vom Boden (darin überwintert zum Beispiel der Pilz des Sternrußtaus). Laub, das sich noch an den Trieben befindet, wird abgeschnitten. Nun häufelt man den Fuß der Rose 20–30 cm hoch an. Gut geeignet dafür sind Kompost, abgelagerter Stallmist oder Erde. Nehmen Sie auf keinen Fall Torf, er saugt sich voll Wasser und speichert es, so daß bei Frost eine regelrechte Eispackung um den Fuß der Rose liegt. Die über die Anhäufelung hinausragenden Triebe schützt man mit Fichtenreisig – und zwar weniger gegen den Frost als vielmehr gegen die Wintersonne und austrocknende Winde.

Hochstämmchen brauchen eine Spezialbehandlung. Da sich ihre Veredelungsstelle unterhalb der Krone befindet, sind sie dort besonders gefährdet.

Jüngere Hochstämmchen binden Sie von ihrem Haltepfahl los und biegen die Krone behutsam zu Boden (nicht in den Boden eingraben!). Dies sollte unbedingt an einem frostfreien Tag geschehen, denn Frost macht Holz unelastisch und brüchig. Rose am Boden festhaken, Krone mit Erde bedecken und Stamm in Reisig einpacken.

Bei älteren Hochstämmchen, die sich nicht mehr biegen lassen, füllen Sie die Krone mit trockenem Material wie Holzwolle oder Stroh und packen sie außen herum mit Fichtenreisig ein. Die Reiserzweige schuppenartig anordnen, damit das Wasser an ihnen abläuft und nicht in die Krone dringen kann. Auf keinen Fall die Krone in Plastikbeutel einpacken!

Kletterrosen werden angehäufelt und die oberen Triebe gegen Sonne und Wind mit dachziegelartig übereinandergelegten Fichtenzweigen geschützt. Sie können auch Stroh oder Rohrschilfmatten nehmen. Achten Sie jedoch darauf, daß Nässe nicht auf und zwischen die Triebe geleitet wird.

TIP: Schneiden Sie Rosen nicht vor dem Frost. Holzwunden heilen im Sommer langsam, im Winter kaum. Der Frost könnte ungestört in das Gewebe eindringen.

Immergrüne Gehölze schützen

Sie verdunsten viel Wasser und erliegen im Winter viel eher der Ge-

Sind die Blätter abgefallen, wirken Gehölze durch Wuchsform und Rindenfärbung. Oben: Roter Blumenhartriegel (*Cornus florida* 'Rubra'). Unten: Birke (*Betula utilis*).

fahr zu verdursten als zu erfrieren. In frostfreien Zeiten deshalb (vor allem bei trockenem Herbst) gut wässern. Tannen eventuell etwas Bittersalz ins Gießwasser geben. Rhododendren ebenfalls an frostfreien Tagen gut gießen und bei einzelnen Sträuchern einen Wind- und Sonnenschutz anbringen (zum Beispiel Schilfrohrmatten oder Holzgestell).

Wohin mit dem Laub?

Abgefallene Blätter müssen regelmäßig vom Rasen entfernt werden. Laub von kranken Bäumen und Sträuchern dürfen Sie weder zum Kompostieren noch zum Mulchen verwenden. Gesundes Laub hingegen ist ideal im Fußbereich von Gehölzen. Viele Frühjahrsblüher entwickeln sich in einem so gemulchten Boden besonders gut. Für die Abdeckung von Stauden und als Schutz für Gräser ist Laub ebenfalls sehr geeignet.
Natürlich können Sie damit auch Ihren Komposthaufen (siehe Seite 166) bereichern. Ist die Laubschicht sehr hoch, sollten Sie zur Vervollkommnung Hornspäne und Blutmehl darüberstreuen.

Wasserhahn, Gartenschlauch und Regentonne

Auch sie müssen jetzt winterfest gemacht – das heißt in diesem Fall trockengelegt – werden. Swimmingpools, Regentonnen und Zierteiche mit senkrechten Wänden gehören nun entleert. Am besten decken Sie sie anschließend ab, damit sich nicht erneut Wasser darin ansammelt, zu Eis gefriert und Frostrisse hinterläßt. Kunststoff-Regentonnen, die nicht ausdrücklich frostsicher sind, sollten Sie in Keller, Garage oder Schuppen unterbringen. Der Gartenschlauch wird eingerollt und unter einem schützenden Dach aufbewahrt. Wasserrohre müssen entleert, die offenen Leitungen anschließend mit einem Korken verschlossen werden.

Arbeiten am Gartenteich

Befinden sich Fische in Ihrem Teich, so darf nun nicht mehr gefüttert werden, denn unter 12 °C stellen fast alle das Fressen ein. Wie bereits erwähnt, können nur in Teichen von mindestens 1 m Tiefe Fische und Amphibien überwintern. In niedrigeren Anlagen sollten die Tiere bereits im Oktober (siehe Seite 159) herausgenommen worden sein.
Fischen Sie weiterhin regelmäßig das Laub ab, um unnötige Nährstoffanreicherungen zu vermeiden.
Bei kleinen Teichen ist das Abdekken im Winter die ideale Methode. Man nimmt dazu lichtdurchlässiges Material (Glas, Plexiglas, Wellpolydet) und bringt es über der ganzen Teichfläche schräg an, so daß Wasser ablaufen kann.
Für überwinternde Fische muß auch bei Frost Sauerstoff in das Wasser gelangen können. Halten Sie also eine Fläche eisfrei. Dazu gibt es verschiedene Möglichkeiten:
– Ein Styroporring aufs Wasser gelegt, spart eine kleine Fläche vom Zufrieren aus.
– Der »Eisfreihalter« (im Fachhandel erhältlich) schwimmt auf der Wasseroberfläche; unter seinem kreisförmigen Deckel bleibt immer eine Stelle eisfrei.

»Will das Laub nicht von den Bäumen fallen, ein strenger Winter wird erschallen« besagt eine alte Bauernregel. Wer weiß – vielleicht trifft's zu. Trotzdem: Irgendwann sind auch die Obstbäume kahl, und dann beginnt die Zeit, in der Sie den Verjüngungsschnitt von Apfel und Birne ausführen können.

Kiwi – süß und heikel

Ende Oktober bis in den November hinein ist Kiwi-Ernte – eine Tatsache, die auf Anhieb erklärt, weshalb es diese subtropischen Früchte in den meisten Gegenden bei uns so schwer haben. Kiwis sind sehr frostempfindlich und müssen bis zu ihrer Reife von ihm verschont werden. Kein Problem im Gewächshaus – aber im Freien werden sie wohl nur in milden Weingegenden und sehr geschützten Lagen gedeihen. Von Haus aus Schlingpflanzen, schaffen Kiwis unter günstigen Bedingungen im Jahr 5–8 m lange Triebe.
Sie werden im Mai nach den Eisheiligen gepflanzt, wenn keine Frostgefahr mehr besteht. Setzen Sie immer eine männliche und eine weibliche Pflanze zusammen, sonst werden Sie nie ernten können. Kalkhaltiger Boden sollte angesäuert (Aluminiumsulfat!) werden.

Noch immer ist Pflanzzeit

Obstbäume und Beerensträucher können bis Mitte November gepflanzt werden, sofern der Boden frostfrei ist (Ausnahmen: Aprikose, Pfirsich und Brombeere!).
Wie gepflanzt wird, können Sie im Oktober (siehe Seite 162) nachlesen. An dieser Stelle noch wichtige

10 beliebte Süßkirschen

Sorte	Befruchtersorten
'Bigarreau'	'Büttners Rote', 'Große Schwarze Knorpel', 'Hedelfinger'
'Büttners Rote'	'Bigarreau', 'Germersdorfer', 'Kassins Frühe', 'Schneiders Späte', 'Van'
'Burlat'	'Büttners Rote', 'Hedelfinger', 'Schneiders Späte', Sorte ist auch selbstfruchtbar
'Germersdorfer'	'Büttners Rote', 'Große Prinzessin', 'Hedelfinger', 'Kassins Frühe', 'Schneiders Späte'
'Große Prinzessin'	'Bigarreau', 'Germersdorfer', 'Hedelfinger', 'Kassins Frühe', 'Van'
'Große Schwarze Knorpel'	'Bigarreau', 'Große Prinzessin', 'Hedelfinger', 'Kassins Frühe', 'Schneiders Späte', 'Van'
'Hedelfinger'	'Kassins Frühe', 'Große Prinzessin', 'Büttners Rote', 'Schneiders Späte', 'Ostheimer Weichsel'
'Kassins Frühe'	'Bigarreau', 'Büttners Rote', 'Große Prinzessin', 'Große Schwarze Knorpel', 'Hedelfinger', 'Schneiders Späte'
'Schneiders Späte'	'Bigarreau', 'Germersdorfer', 'Große Prinzessin', 'Große Schwarze Knorpel', 'Hedelfinger', 'Kassins Frühe', 'Van'
'Van'	'Büttners Rote', 'Große Prinzessin', 'Große Schwarze Knorpel', 'Hedelfinger'

Tips zu Birnen- und Süßkirschen-Sorten:
Birnen. Sie gehören wie die Äpfel zur Familie der Rosengewächse. Dennoch gibt es einige wichtige Unterschiede: Sie sind Tiefwurzler und deshalb weniger abhängig von Oberflächenfeuchtigkeit. Während Äpfel schon nach 2–3 Jahren tragen, können Sie bei Birnen erst nach 4 Jahren (bei Halb- und Hochstämmen, die auf eine Sämlingsunterlage gepfropft sind, sogar erst nach 6 Jahren) damit rechnen. Im Unterschied zu Apfelbäumen mit ihren breit ausladenden Kronen, wachsen Birnbäume eher gestreckt, der Form ihrer Frucht ähnlich.
In Baumschulen können Sie Birnen kaufen, die auf Quittenunterlagen veredelt sind. Dies hat den Vorteil, daß die Bäume schwachwüchsiger werden. Die Unterlage 'Cydonia A' zum Beispiel macht die Früchte besonders aromatisch und sorgt für frühe und große Erträge. Die in der Tabelle genannten Sorten sind mit Ausnahme von 'Alexander Lucas' gegenseitige Befruchtersorten.
Bei Süßkirschen unterscheidet man zwischen weicheren Herzkirschen und den später reifenden Knorpelkirschen mit festem Fleisch. Im Unterschied zu Äpfeln und Birnen gibt es bei Süßkirschen noch immer keine »kleinwüchsigen« Züchtungen. Sie werden sich mit einer Süßkirsche also einen recht beachtlichen Gesel-

Beliebte Birnensorten

Sorte	Beginn der Pflückreife	Genuß-reife	Hinweis
'Alexander Lucas'	IX Mitte	X –XII	schlechter Pollenspender
'Bosc's Flaschenbirne'	IX Mitte	X –XI	wärmebedürftig
'Clapps Liebling'	VIIl Anfang	VIII – IX	guter Pollenspender, muß bald verbraucht werden
'Conference'	IX Mitte	X –XI	robust, neigt zu Jungfernfrüchtigkeit
'Esperens Bergamotte'	X Mitte	I –IV	Befruchtersorten: 'Clapps Liebling', 'Madame Verté', 'Williams Christ'
'Frühe von Trevoux'	VIII Anfang	VIII	anspruchslos
'Gellerts Butterbirne'	IX Mitte	IX –X	wird sehr hoch
'Gräfin von Paris'	X Ende	XII – II	sehr wärmebedürftig
'Gute Luise'	IX Mitte	IX –X	sehr schorfanfällig
'Köstliche von Charneux'	IX Mitte	X –XI	steilwüchsig, robust
'Madame Verté'	X Mitte	XII – II	wärmebedürftig
'Tongern'	IX Ende	X –XI	anspruchslos
'Vereins-Dechantsbirne'	X Ende	XI	wärmeliebend, neigt zu Jungfernfrüchtigkeit
'Williams Christ'	VIII	VIII – IX	wärmeliebend

len in den Garten holen. Ganz wichtig: Süßkirschen sind immer selbstunfruchtbar, brauchen also einen Pollenspender und sind hierin besonders wählerisch (siehe Tabelle, Seite 174)! Die Reifezeit von Kirschen wird in der Fachliteratur in »Kirschenwochen« (KW) von Mitte Juni bis Ende August angegeben.

Wichtige Düngezeit

November ist ein günstiger Zeitpunkt um Obstbäume zu düngen. Streuen Sie einen organischen Volldünger auf die Wurzelkrone – sie ist meist größer im Durchmesser als die Baumkrone – und arbeiten Sie ihn leicht in den Boden ein. Anschließend gründlich gießen. Gehölze können jetzt gar nicht zuviel bekommen.
Eine noch einfachere Methode besteht darin, abgelagerten Stallmist oder Kompost auf der Baumscheibe zu verteilen. So erledigen Sie Düngen und Mulchen in einem.

TIP: Bei jungen Baumpflanzungen im Rasen sollte übrigens die Baumscheibe mindestens 2 Jahre lang frei von Gras gehalten werden, damit die Nährstoffe allein den Wurzeln zugute kommen.

Der Winterschnitt kann beginnen

Sobald Ihre Apfel- und Birnbäume das Laub abgeworfen haben, können Sie mit dem Verjüngungsschnitt beginnen. Eine Verjüngung ist vor allem dann nötig, wenn die neuen Seitentriebe eines Baums im Durchschnitt kürzer als 15–20 cm sind und infolgedessen die Ernte stark nachläßt. Auch die Qualität der Früchte kann sich in Geschmack und Größe vermindern.
Verjüngung bedeutet einen starken Schnitt der Krone (je nach Vergreisung ein Drittel bis sogar zur Hälfte). Bei Hohl- wie bei Pyramidenkronen heißt dies vor allem Einkürzen der Leitäste und Ausschneiden zu dicht wachsender Triebe.
Nicht vergessen: Schnittwunden mit LacBalsam oder Baumharz verschließen!

TIP: Wer vergessen hat, seine Johannis- oder Stachelbeersträucher im August auszuschneiden, kann es jetzt nachholen.

Im Vordergrund steht die Bodenpflege der abgeräumten Beete, aber auch für die Neuanlage von Gemüsepflanzmöglichkeiten ist dieser Monat genau richtig.

Jetzt ist Bodenpflege wichtig

Die meisten Gemüsebeete sind nun abgeerntet. Für sie beginnt die große Zeit der Regeneration, bei der wir sie nach Kräften unterstützen sollten. Beete, die jetzt erst frei werden, erhalten keine Gründüngung, dafür ist es schon zu spät. Hier empfehlen sich andere Methoden, die jeweils von der Qualität Ihrer Erde im Beet abhängen.

Dunkler, humusreicher Gartenboden ist krümelig und muß nicht umgegraben werden. Er wird mit dem »Sauzahn« – einem der wichtigsten Gartenwerkzeuge des Bio-Gärtners – gelockert. Es handelt sich dabei um einen stark gebogenen, meist verkupferten Zinken, der diagonal und über Kreuz durchs Beet gezogen wird, so daß ein Rautenmuster entsteht. Auf diese Weise kommt Luft in den Boden, ohne daß – wie beim Umgraben – die Bodenschichten durcheinandergeraten. Dies ist das große Verdienst dieser Bearbeitungsmethode. Denken Sie sich unseren Boden als Anlagerung einzelner Schichten, wobei jede von ganz bestimmten Bodenlebewesen mit unterschiedlichen Ansprüchen an Licht, Luft und Wärme bewohnt wird. Diese setzen Nährstoffe in Pflanzennahrung (Humus) um. Geraten sie in eine andere »Umgebung« – wie dies beim Umstechen der Fall ist – so sterben die meisten von ihnen ab, und der Boden wird weniger fruchtbar.

Endiviensalat ist aufgrund seiner Pfahlwurzeln wenig frostempfindlich.

Wer also bereits guten Gartenboden hat, sollte ihn nicht durch Umstechen verschlechtern.

Beim Lockern und Lüften mit dem »Sauzahn« können Sie gleichzeitig halbreifen (!) Kompost oder abgelagerten Stallmist oberflächlich in die Erde einarbeiten, das »feuert« die Bodenlebewesen an. Anschließend die Oberfläche des Beets gut abdekken (zum Beispiel mit einer Schicht aus Laub, Grasschnitt oder abgelagertem Stallmist), damit nicht Regen, Wind, Schnee und Kälte die oberste Bodenschicht auslaugen.

Schwerer verdichteter Boden hat vermutlich keine großartige Ernte hervorgebracht. Hier empfiehlt sich das Lockern und Lüften mit der Grabgabel. Sie geraten damit tiefer ins Erdreich als mit dem »Sauzahn«. Stechen Sie etwa alle 10 cm in den Boden, wobei der Stiel kräftig vor- und zurückbewegt wird. Mit jedem Einstich lockern Sie eine Fläche von etwa 40×40 cm bis in eine Tiefe von 30 cm. Auch hier wird anschließend organisches »Futter« (halbreifer Kompost, organischer Volldünger, abgelagerter Stallmist) oberflächlich eingearbeitet und das ganze Beet mit einer Mulchdecke geschützt.

Sandige Böden lüften Sie mit dem »Sauzahn«; Sie brauchen hier besonders viel humusbildende Stoffe (halbreifer Kompost, abgelagerter Stallmist) und ebenfalls eine Mulchdecke.

Abgelagerter Stallmist – Pro und Contra

Glücklich der Gärtner, dem Rindermist zur Verfügung steht. Natürlich muß man ihn – wenn Sie ihn frisch

vom Bauern bekommen – mindestens ½ Jahr ablagern, oder aber mit Stroh, Laub und anderen Gartenabfällen zusammen kompostieren. Abgelagerter Stallmist ist eine »Nährstoffbombe« und fördert das Gedeihen vor allem von Starkzehrern wie Gurken, Kohl, Kürbis, Rhabarber, Porree, Sellerie, Tomaten und Zucchini gewaltig.
Erbsen, Wurzelgemüse und Zwiebeln hingegen gedeihen auf einem mit Mist gedüngten Beet schlecht. Getrockneter Mist aus der Tüte, »Perlhumus« oder »Kompost-Granulat«, heißen die Alternativen, die nicht nur diese Gemüsearten, sondern alle gleich gut vertragen. Man gibt davon etwa 4–5 Handvoll auf 1 m^2 und arbeitet den Dünger gleichmäßig ein.

Knollensellerie wird im November geerntet.

Wenn neue Beete fällig sind ...

... dann sollten Sie in diesem Monat ans Werk gehen. Stechen Sie zuerst die Grasnarbe ab – sie kommt gestürzt auf den Komposthaufen – und graben Sie anschließend 2–3 Spatenstiche tief um (siehe Seite 31). In diesem Fall ist das Umstechen unbedingt nötig, damit der Boden gründlich und tiefgründig fürs Bepflanzen gelockert wird. Bei schwerem, verdichtetem Boden bleiben die großen Schollen offen auf dem Beet liegen, damit der Frost sie feinkrümelig macht (Frostgare). Zugegeben: Diese Methode ist für viele Bodenlebewesen ein tödliches Vorgehen und die erreichte Lockerheit des Bodens ist auch schnell wieder zunichte gemacht, wenn Sie im Frühjahr nicht ganz gezielt humusbildende Maßnahmen (zum Beispiel Gründüngung, direkte Anreicherung mit Kompost, Flächenkompostierung, Mulchen) folgen lassen.

Auftakt zum »Treiben«

Wer jetzt Chicorée, Petersilie und Schnittlauch einer »Spezialbehandlung« unterzieht, kann bald schon frischen Salat und Kräuter aus dem Topf ernten.
Chicoréewurzeln werden mit der Grabgabel gelockert, bleiben aber im Beet, bis die Blätter vergilbt sind. Dann herausziehen, Blätter abschneiden, dabei etwa 3 cm vom Blattansatz stehenlassen, und darauf achten, daß das Herz nicht beschädigt wird. In Torf oder Sand eingeschlagen kommen sie mindestens 4 Wochen ins kühle (5–8 °C) Lager (Keller, Frühbeet), bevor man sie zum Treiben hervorholt. Das Gefäß hierzu (Höhe etwa 40 cm, Wasserabflußloch ist wichtig!) wird 10 cm hoch mit Erde gefüllt. Die Wurzeln kürzen Sie auf eine Einheitslänge von etwa 20 cm – auch Seitenwurzeln werden entfernt – und bestäuben sie mit einem Bewurzelungspulver. Dann werden sie Seite an Seite dicht gepflanzt und je nach Sorte ganz (oder nur halb) mit Erde bedeckt und angegossen. In einem dunklen Raum von etwa 15 °C kultiviert, können Sie die chlorophyllarmen Blätter nach 4–5 Wochen ernten.
Schnittlauch aus der Erde nehmen und auf dem Beet durchfrieren lassen. Ab Mitte Dezember bringen Sie ihn in einen kühlen Raum zum Auftauen. Danach einige Stunden wässern und eintopfen, dann ans Fensterbrett stellen, es wird nicht lange dauern, bis er austreibt.
Petersilie können Sie aus Petersilienwurzeln treiben, die Sie vor dem Frost ausgraben. Die größeren äußeren Blätter entfernt man, ohne das Herz zu verletzen. Die Rübenwurzeln werden nun in Töpfe gepflanzt, so daß ihr oberer Teil noch etwas aus der Erde herausschaut. Dann wie Schnittlauch am Fensterbrett pflegen.

Was Sie im November ernten können

Vom Beet: Chicorée, Chinakohl, Feldsalat, Grünkohl, Mangold, Meerrettich, Porree, Rosenkohl, Rote Bete, Schwarzwurzeln, Topinambur, Zuckerhut.
Aus dem Gewächshaus/Frühbeet: Endivien, Kopfsalat, Radieschen.

Ein Hügelbeet der Ernte wegen

Zugegeben: Ein Hügelbeet zu errichten ist eine harte Arbeit. Aber sie ist nie vergeblich, denn die positiven Eigenschaften dieses fruchtbaren Hügels sind nicht von der Hand zu weisen. Besitzer kleiner Gärten können, wenn sie ihn um diese Jahreszeit bauen, ihren ganzen Herbstabfall auf einmal loswerden und erhalten ein Beet, dessen Nutzfläche wesentlich größer ist als seine Grundfläche.

Weitere Vorteile:

– Sie können etwa 2 Wochen früher mit dem Bepflanzen beginnen, dann bildet sich in seinem Innern Verrottungswärme, die den Pflanzen zugute kommt.

– Sie können eher ernten, weil diese Wärme das Wachstum beschleunigt.

– Sie werden größere Früchte und mehr als auf einem Flachbeet ernten, weil Ihr Gemüse inmitten nahrhaftester Umgebung wächst und aufgrund der Hügelform einem besonders günstigen Lichteinfall ausgesetzt ist.

– Die Pflanzen werden angeblich weniger von Krankheiten und Schädlingen befallen, es bildet sich weniger Unkraut und es muß nicht gedüngt werden.

So wird ein Hügelbeet errichtet: Suchen Sie einen vollsonnigen Standort für das Beet, es sollte wegen der Sonneneinwirkung in Nord-Südrichtung verlaufen. Bei einer nötigen Breite von 1,40–1,80 m empfiehlt sich eine Länge von mindestens 2 m. Stecken Sie die Größe des Beetes ab und heben Sie auf dieser Fläche den Boden 20–30 cm tief aus. (Rasen stechen Sie in viereckigen Soden ab, die beiseite gelegt fürs Innere des Beetes Verwendung finden.)

– Unterste Schicht: Errichten Sie aus groben Pflanzenteilen wie zerkleinerten Ästen und Stengeln in der Mitte des Aushubs einen kleinen Hügel (Breite 60 cm, Höhe 40–60 cm, Länge: an den Vorder- und Rückseiten je 60 cm freilassen für die folgenden Aufschichtungen).

– 2. Schicht: Rasensoden mit dem Grün nach unten (auch Grasschnitt ist möglich), darüber kommt etwas Erde. Alles wird fest angedrückt.

– 3. Schicht: Feuchtes Laub vermischt mit Gartenabfällen (etwa 20 cm hoch).

– 4. Schicht: Mist oder halbreifer Kompost, der möglichst viele Regenwürmer enthalten sollte (etwa 15 cm hoch).

– 5. Schicht: Reifer Kompost mit Erde vermischt (20–25 cm hoch).

Damit das Gießwasser an den Seiten nicht herunterläuft, drücken Sie auf dem Kamm des Hügels über die ganze Länge eine Gießrinne ein.

TIP: Mischen Sie beim Aufschichten allen Bestandteilen Tonmineralien (z. B. Bentonit) bei, das erhält auf viele Jahre die Fruchtbarkeit. Lavagranulat sorgt für gute Durchlüftung. Zur Düngung können Sie einen organischen Volldünger, Algomin oder Steinmehl untermischen.

Bepflanzung. Hügelbeete werden immer dicht und in Mischkultur bepflanzt, wobei obenauf die höchsten Gemüsearten (also z. B. Tomaten) kommen. Im ersten Jahr sollten möglichst Starkzehrer angebaut werden. Auf keinen Fall Spinat, Schnittsalat, früher Kopfsalat oder Rote Bete; sie reichern zuviel Nitrat an und dürfen frühestens im 2. Jahr gepflanzt werden.

Jetzt im November errichtete Hügelbeete erhalten eine Mulchdecke aus halbreifem Kompost den Winter über. Im Frühjahr werden die groben Teile abgerecht, dann kann das Beet bepflanzt werden.

Wie alt werden Hügelbeete? In der Regel zwischen 4 und 6 Jahre! Sie sind aufgrund ihres »Innenlebens« einem regen Verrottungsprozeß unterworfen, der sie nach und nach unter Bildung von Humus in sich zusammensacken läßt. In den ersten 4 Jahren lassen sich Hügelbeete voll nutzen, im 5. und 6. Jahr werden sie nicht mehr hoch sein, können aber noch mit Erdbeeren bepflanzt werden. Zurück bleibt eine gesunde Humusschicht, bestes Material für ein neues Hügelbeet.

In diesen 6 Jahren braucht diese Art von Beet nicht viel Pflege. Im Spätherbst oder Frühjahr erhält es jährlich eine 5 cm hohe Kompostschicht.

Probleme bei Hügelbeeten. Hügelbeete trocknen leicht aus – und sie werden gerne von Wühlmäusen und kleinen Nagern aufgesucht. Gegen das Austrocknen empfehlen sich eine Mulchschicht, eine automatische Bewässerungsanlage oder mit Wasser gefüllte Flaschen, die mit dem Hals ins Beet gesteckt werden. Sind Wühlmäuse in Ihrem Garten zu befürchten, so errichten Sie das Hügelbeet auf einem Drahtgeflecht (diese Unterlage muß größer als die ausgehobene Fläche sein, weil ihre Kanten nach oben gezogen werden).

DEZEMBER

Auf kalten Dezember mit tüchtigem Schnee
folgt ein fruchtbares Jahr mit reichlichem Klee.

1

2

3

4 St. Barbara
Barbara im weißen Kleid
verkündet gute Sommerzeit.

5

6

7

8

9

10

11

12

Luzia
Wenn am Luzientag die Gans im Schmutz geht,
so geht sie am Christtag auf Eis.

13

14

15

16

17 Lazarus
Ist St. Lazarus nackt und bar,
gibt's einen gelinden Februar.

18

19

20

21 Winteranfang

22

23

24

Je dicker das Eis um Weihnachten liegt,
je zeitiger der Bauer Frühling kriegt.

25

26

27

28

29

30

Reif ohne Schnee
tut den Gewächsen weh.

31

Im Winter zeigt sich der Garten von einer ganz neuen Seite. Wenn alles farbenfrohe Blühen und krautige Wachstum vergangen ist, kleidet sich die Natur Ton in Ton. Die Linienführung der unbelaubten Äste, ein paar grazile Gräser vielleicht – alles macht uns ihre ornamentale Schönheit bewußt – oder auch: daß hier und dort in unserem Garten doch noch etwas fehlt. Dann sollten Sie jetzt Notizen in Ihrem Kalender machen und planen, was im nächsten Jahr alles zu tun ist.

Großer Auftritt für Immergrüne

Im Winter werden immergrüne Gehölze wohl am dankbarsten wahrgenommen. Angefangen beim Christbaum, den man sich aus Sehnsucht nach lebendigem Grün in die gute Stube stellt, erfreut sich jeder an Koniferen in den unterschiedlichsten Grüntönen oder an den immergrünen Laubgehölzen. Jeder Farbton, der vom Grau-Weiß-Beige der Natur abweicht, bekommt eine unvergleichliche Strahlkraft. Stellen Sie sich nur die elegante Koreatanne mit ihren blauvioletten Zapfen im Schnee vor!

Besonders attraktiv und fröhlich wirken immergrüne Laubgehölze mit buntem Beerenschmuck. Ganz oben an der Spitze der Beliebtheit rangiert der Feuerdorn *(Pyracantha)*, der aber längst nicht so robust ist, wie viele meinen. Die frostverträglichen Sorten werden relativ leicht vom Schorf befallen, während krankheitsresistente empfindlich gegenüber Kälte sind. Bei einem Test von 17 Sorten schnitten 'Golden Charmer', 'Orange Charmer' und der gelbe Feuerdorn 'Soleil d'Or' am besten ab. Sie sind widerstandsfähig gegenüber Krankheiten, und sollte einmal ein Frostschaden entstehen, sind die Triebe zurückzuschneiden. Das bedeutet im nächsten Jahr allerdings weniger Blüten und Beerenschmuck.

Vergessen Sie im Winter nicht in frostfreier Zeit immergrüne Gehölze zu gießen; sie verdunsten viel Wasser über ihre Blätter und Nadeln.

Ziergehölze mit bunter Rinde

Einen Farbtupfer in die winterliche Farbskala bringen auch Bäume und Sträucher, deren Rinde besonders farbig ist. Meist ist dies an den jungen einjährigen Trieben am ausgeprägtesten. Hier einige Beispiele:

Immergrüne Sträucher mit bunten Beeren

Name	Standort	Blütenfarbe	Blütezeit	Beerenfarbe
Berberitze *Berberis x stenophylla*	○-◍	orangegelb	V	purpurrot
Felsenmispel *Cotoneaster dammeri, Cotoneaster conspicuus decorus, Cotoneaster salicifolius floccosus*	○-◍	weiß	V –VI	rot
Feuerdorn *Pyracantha coccinea*	○-◍	weiß	V –VI	leuchtend rot
Pyracantha-Hybride 'Golden Charmer' und 'Orange Charmer'	○-◍	weiß	V –VI	orangefarben
Pyracantha-Hybride 'Soleil d'Or'	○-◍	weiß	V –VI	gelb
Mahonie *Mahonia aquifolium*	○-●	gelb	IV –V	blauschwarz
Scheinbeere *Gaultheria procumbens*	◍	weiß bis rosa	VII –VIII	rot
Skimmie *Skimmia x formannii*	◍	weiß	IV –V	scharlachrot
Stechpalme *Ilex aquifolium*	◍	weiß	V –VI	rot
Stranvaesia *Stranvaesia davidiana*	◍	weiß	IV –V	rot

Wildfrüchte im Winter – ein reich gedeckter Tisch für Vögel.

Attraktive Rinden

– Chinabirke
Betula albosinensis: orange
– Golderle
Alnus incana Aurea: rötlich-gelb
– Hartriegel
Cornus alba 'Sibirica': korallenrot.
Cornus stolonifera 'Flaviramea': gelb
– Ranunkelstrauch
Kerria japonica: grün
– Sand- oder Weißbirke
Betula pendula: weiß abblätternd
– Sommer-Tamariske
Tamarix pentandra: rot
– Streifenahorn *Acer pensylvanicum*,
Acer rufinerve: weißgestreift
– Winterjasmin
Jasminum nudiflorum: grün

Winterschutz für empfindliche Sträucher

Einige der laubabwerfenden Sträucher kommen mit höheren Frostgraden nur schlecht zurecht. Verteilen Sie über den ganzen Wurzelbereich Laub und beschweren Sie es mit abgeschnittenen Ästen oder Reisig, damit es der Wind nicht wegweht. Eine solche Wärmepackung benötigen:
Bartblume (*Caryopteris*); Gartenhortensie (*Hydrangea macrophylla*); Geißklee (*Cytisus decumbens*); Roseneibisch (*Hibiscus syriacus*); Säckelblume (*Ceanothus*); Schmetterlingsstrauch (*Buddleia davidii*); Strauchpfingstrose (*Paeonia suffruticosa*); Trompetenblume (*Campsis radicans*).

TIP: Einzelstehende Sträucher in ungeschützten Lagen umhüllen Sie mit Sacktuch. Dazu wird ein Gerüst aus Stäben (rechteckig oder zeltförmig) um den Strauch errichtet und mit Sackleinen umgeben. Wer will, kann sogar noch mit Fichtenzweigen oder Stroh »auspolstern«.

Knollen im Winterquartier überprüfen

Dahlien, Gladiolen und alle anderen eingelagerten Knollen sollten regelmäßig überprüft werden. Die günstigste Lagertemperatur beträgt 5–10 °C. Schimmelige und braune Stellen werden ausgeschnitten und anschließend mit Holzkohlenpuder gegen weiteren Pilzbefall bestäubt. Ist die Knolle zu einem Großteil befallen, werfen Sie sie besser weg.

Barbarazweige

Eine Frühlings-Vorahnung zaubern Zweige von Blütengehölzen, die am 4. Dezember (Barbara) abgeschnitten und im Zimmer in die Vase gestellt werden. Die Kälte bis zu diesem Tag genügt bereits, damit die Zweige Blüten ansetzen.
Zweige von Forsythie, Golderle, Haselnuß, Kornelkirsche, Süßkirsche, Weidenkätzchen, Winterjasmin und Zaubernuß blühen bereits zu Weihnachten.
Zweige von Mandelbäumchen, Pfirsichbäumen und Spiräen brauchen etwas länger.
Und so wird's gemacht: Legen Sie nach dem Schnitt die Zweige 12 Stunden lang in warmes Wasser (35 °C), dann kommen sie in die Vase. In trockener Zimmerluft tut ihnen tägliches Besprühen gut.

Die Obstbäume sind nun für die Vögel da. Oder können Sie sich einen idealeren Platz zum Anbringen der Futterhäuschen und Aufhängen der Meisenknödel vorstellen? Achten sollte man freilich darauf, daß nicht gerade Katzen diese Orte als Lieblingsplätzchen besetzen. Notfalls müssen Sie einen Katzenabwehrgürtel am Stamm anbringen.

Die Erdbeer-Kontrolle

Gar nicht so selten kommt es vor, daß der Frost die Erdbeerpflanzen aus der Erde drückt. Im schlimmsten Fall liegen Wurzeln frei. Damit sie nicht erfrieren, umgeben Sie die Pflanzen mit Stroh oder Torf. Im Frühjahr, wenn der Boden wieder frei ist, werden sie in den Boden zurückgebettet (siehe Seite 46).

Das große Rindenpflege-Programm

Viel ist in diesem Monat im Garten nicht zu tun. Umso besser – denn dadurch bleibt Zeit für die Obstbäume.

Säubern. Legen Sie in schneefreier Zeit ein altes Tuch unter den Obstbaum und schrubben Sie den Stamm mit einer Wurzelbürste. Nehmen Sie dazu auf keinen Fall eine Bürste mit Stahlborsten – nur zu leicht können sich in offenen Verletzungen Krankheitskeime ansiedeln. Mit dem Bürsten entfernen Sie – auf völlig ungiftige Weise! – zusammen mit abgestorbenen Rindenteilen Schädlinge, deren Eier und Puppen, die sonst dort überwintern. Nehmen Sie ferner alte, zusammengerollte Blätter ab, denn darin können die Raupen des Goldafters und Baumweißlinge überwintern, die im Frühling ganze Bäume kahlfressen.

Wenn der größte Teil der Blätter abgefallen ist, kommen auch vergessene Früchte zum Vorschein. Pflükken Sie all diese Fruchtmumien ab, sie sind Wirte für Pilze, wie zum Beispiel die Fruchtmonilia.

Nach all diesen Arbeiten packen Sie das unter dem Baum liegende Tuch zusammen und verbrennen es.

Streichen. Nun kann die Rinde des Baums ihren Weißanstrich erhalten, der sie vor Frostrissen, vor allem im Spätwinter (siehe Seite 17) schützt. Im Fachhandel gibt es viele Präparate, die gleichzeitig Moos- und Flechtenbildung verhindern.

Leimringe kontrollieren. Sie sollen bereits Anfang Oktober (siehe Seite 160) angebracht worden sein. Falls einige nicht mehr recht kleben, müssen sie nicht ausgewechselt werden, ein Aufkratzen der Klebeschicht genügt.

Baumbänder kontrollieren. Bei junggepflanzten Bäumen kann ein einziger Sturm zum Knick führen, wenn der junge Baum nicht sachgerecht am Haltepfahl befestigt ist. Prüfen Sie gelegentlich nach, ob das Band noch »sitzt«.

Frostrisse behandeln. Ist das Rindengewebe an einer Stelle aufgeplatzt, umwickeln Sie die Stelle mit einer Schnur, so daß die Rinde fest auf das Holz gepreßt wird. Darüber streichen Sie Baumwachs.

Schutz vor Wild-Verbiß

Sind die Obstgehölze in Ihrem Garten von Wildverbiß bedroht, müssen Sie ein Drahtgeflecht, eine Plastikspirale oder einen Verbißschutz aus dem Fachhandel anbringen. Gefährdet sind vor allem junge Gehölze. Hasen und Kaninchen verursachen schräge Fraßspuren, während Rotwild senkrecht schält. Ist die Rinde rings um den Stamm weggefressen, ist der Baum zum Eingehen verurteilt.

Kopfkohl jetzt unbedingt ernten – er verträgt nur −5 °C.

Für erfahrene Gärtner eine Selbstverständlichkeit, für Neulinge auf grünem Terrain eine erstaunliche Vielfalt an Gemüsearten, die sich noch aus dem Garten holen läßt.

Klirrende Kälte ohne Schnee

... sollte Anlaß sein, Wintergemüse zu schützen.
Frühlingszwiebeln, Feldsalat und Spinat erhalten eine Abdeckung aus Stroh oder Folie. Fichtenzweige sind in diesem Fall ungünstig, weil Sie sonst Tannennadeln zwischen den Salatblättern entfernen müssen.
Rosenkohl wird bei extremer Kälte im Frühbeet oder an einer geschützten Stelle eingeschlagen. Praktischer ist es allerdings, die Röschen gleich zu ernten und einzufrieren.

Beete unter Dach bearbeiten

Sobald das letzte Gemüse aus Mistbeet, Frühbeet und dem Gewächshaus geerntet ist, wird der Boden gründlich aufbereitet.
Mistbeet. Jedes Jahr im Februar (siehe Seite 30) wird es neu eingerichtet. Jetzt ist Zeit die alten Schichten auszuräumen, die gut vermischt auf den Komposthaufen wandern. Die unterste Schicht – das Laub – können Sie bereits einfüllen. Schichten Sie es ruhig 15 cm hoch, es fällt bis zum Februar etwas zusammen.
Frühbeet. Hier ist die Beetbearbeitung einfach: Mit dem »Sauzahn« wird die Erde diagonal gelockert, wobei Kompost, Perlhumus oder ähnliches oberflächlich eingearbeitet wird.
Gewächshaus. Nach intensiver Nutzung während des Jahres wird die oberste Bodenschicht (10–15 cm) abgetragen und kommt auf den Kompost. Darunter lockern Sie den Boden gründlich mit dem »Sauzahn« und geben abgelagerten Stallmist oder zumindest einen organischen Volldünger in die Erde. Füllen Sie nun mit Kompost oder kompostvermischter Gartenerde auf.

Mangold sollte unbedingt vor größerem Frost geerntet werden.

Arbeiten rund um den Kompost

Darf man nun, oder darf man nicht? – fragt sich so mancher Hobbygärtner in diesem Monat, wenn es um seinen Kompost geht, denn es kann immer noch genügend organisches Material dafür anfallen.
Im Idealfall ist Ihr Komposthaufen jetzt mit einer Folie überspannt, die ihm Wärme sichert und ein Ausspülen der Nährstoffe den Winter über verhindert. Hier empfiehlt es sich, daneben in einem Kompostsack die Reste anzusetzen.
Ist Ihr Kompost nicht abgedeckt und außerdem schneefrei, können Sie einiges tun:
– Große Zweige häckseln.
– Herbstabfälle aufsetzen, aber nur, wenn sie nicht gefroren sind.
– Fertige Komposterde abstechen und durchsieben, abschließend am besten mit einer Folie abdecken.
Was Sie nicht tun dürfen:
– Den Komposthaufen jetzt umsetzen. Sie nehmen ihm die Wärme für den Verrottungsprozeß.
– Schnee, Torf und Branntkalk dazugeben. Schnee und Torf verzögern die Verrottung, während Branntkalk sie zwar beschleunigt, aber organische Bestandteile verbrennt, so daß sich kein gesunder Humus bilden kann. Sie gewinnen eine tote mineralische Erde.

Was Sie im Dezember ernten können

Vom Beet: Feldsalat, Grünkohl, Meerrettich, Porree, Rosenkohl, Schwarzwurzeln, Topinambur.
Aus dem Gewächshaus/Frühbeet: Endivien, Kopfsalat, Radieschen.

Biotop Wildhecke

Wenn der Boden nicht gefroren ist, können Sie noch im Dezember Gehölze pflanzen – sogar eine ganze Hecke!
Eine Wildhecke ist ein Schmuckstück in jedem naturnahen Garten und bietet einer Vielzahl von Tieren Nahrung und Lebensraum.
Nahrungsquelle. Bienen, Hummeln, Wespen, Schmetterlinge, Käfer und Vögel sind auf ein ganz bestimmtes Nahrungsangebot spezialisiert. Unsere heimischen Tiere finden dies bei den heimischen Wildsträuchern und Bäumen in besonders hohem Maß. Wählen Sie deshalb für Wildhecken vorwiegend heimische Gehölze. Sie haben den weiteren Vorteil, daß sie an unser Klima optimal angepaßt und somit sehr robust sind.
Die Blüten bieten Bienen, Hummeln und Schmetterlingen Nahrung, die Blätter mancher Gehölze sind Lekkerbissen für Raupen und Schmetterlinge. Einige Sträucher ziehen bevorzugt Blattläuse an, die wiederum Nahrungsquelle für Vögel sind – ebenso wie die Früchte mancher Sträucher im Herbst.
Vom gefallenen Laub ernähren sich Käfer, Asseln und sonstige Kleintiere, aber auch Regenwürmer und andere Bodenlebewesen.
Lebensraum. Eine Hecke ist Wohnstätte, Nistplatz und Kinderstube für viele Vogelarten. Sie bietet ihnen Schutz vor Feinden, vor Sonne und Regen. Im feuchten Laub wohnen Igel, Kröten und Eidechsen. Sogar Wiesel und Greifvögel können sich in einer ausladenden Wildhecke einfinden.

TIP: Der Lebensraum in einer Wildhecke vergrößert sich, je breiter und länger sie ist. Das wird in einem großen Garten leichter zu machen sein als in einem kleinen. Gehen Sie in jedem Fall von einer Mindestbreite von 2 m aus.
Die Sträucher werden mit einem Abstand von 1 – 1,50 m gepflanzt. Soll die Hecke dichter werden, pflanzen Sie sie 2–3reihig, und zwar so, daß die höher werdenden Gehölze nach hinten, die niedriger bleibenden nach vorn kommen. Die einzelnen Sträucher werden dabei jeweils auf Lücke gesetzt.

10 beliebte Vogelschutzgehölze

Blasenstrauch (*Colutea arborescens*)
Eberesche (*Sorbus aucuparia*)
Gemeiner Liguster (*Ligustrum vulgare*)
Gemeiner Schneeball (*Viburnum opulus*)
Heckenkirsche (*Lonicera nitida*)
Pfaffenhütchen (*Eunonymus europaeus*)
Schwarzer Holunder (*Sambucus nigra*)
Traubenholunder (*Sambucus racemosa*)
Wildrose (*Rosa canina, Rosa hugonis*)
Wolliger Schneeball (*Viburnum lantana*)

10 beliebte Vogelnährgehölze

Brombeere (*Rubus*)
Heckenkirsche (*Lonicera xylosteum*)
Kornelkirsche (*Cornus mas*)
Sanddorn (*Hippophae rhamnoides*)
Sauerdorn (*Berberis*-Arten)
Schlehe (*Prunus spinosa*)
Schwarzer Holunder (*Sambucus nigra*)
Stechpalme (*Ilex aquifolium*)
Vogelkirsche (*Prunus avium*)
Weißdorn (*Crataegus monogyna*)

10 beliebte Bienenweide-Gehölze

Bartblume (*Caryopteris × clandonensis*)
Besenginster (*Cytisus*-Arten)
Blasenstrauch (*Colutea arborescens*)
Brombeere (*Rubus*)
Haselnuß (*Corylus*-Arten)
Johanniskraut (*Hyperium*-Arten)
Roter Hartriegel (*Cornus sanguinea*)
Schlehe (*Prunus spinosa*)
Schmetterlingsflieder (*Buddleia davidii*)
Wildrose (*Rosa canina, Rosa hugonis*)

10 beliebte Falternährgehölze

Besenginster (*Cytisus*-Arten)
Brombeere (*Rubus*)
Heckenkirsche (*Lonicera xylosteum*)
Sandbirke (*Betula pendula*)
Schlehe (*Prunus spinosa*)
Schmettterlingsstrauch (*Buddleia davidii*)
Traubenholunder (*Sambucus racemosa*)
Vogelkirsche (*Prunus avium*)
Waldhasel (*Corylus avellana*)
Weißdorn (*Crataegus monogyna*)

Welche Stauden für welchen Boden?

Für lehmige, kalkreiche Böden

Alpendistel (*Eryngium alpinum*)
Alpenveilchen (*Cyclamen europaeum*)
Aurikel (*Primula auricula*)
Blaukissen (*Aubrieta x cultorum*)
Brennende Liebe (*Lychnis chalcedonica*)
Christrose (*Helleborus niger*)
Ehrenpreis (*Veronica incana*)
Gelber Fingerhut (*Digitalis grandiflora*)
Gemswurz (*Doronicum orientale*)
Haselwurz (*Asarum europaeum*)
Küchenschelle (*Pulsatilla vulgaris*)
Leberblümchen (*Hepatica nobilis*)
Madonnenlilie (*Lilium candidum*)
Pampasgras (*Cortaderia selloana*)
Pfingstrose (*Paeonia lactiflora*)
Purpurglöckchen (*Heuchera sanguinea*)
Schleierkraut (*Gypsophila paniculata*)
Schlüsselblume (*Primula elatior*)
Silberdistel (*Carlina acaulis*)
Staudenwicke (*Lathyrus latifolius*)
Türkenbundlilie (*Lilium martagon*)

Für feuchte, schwere Böden

Adonisröschen (*Adonis vernalis*)
Akelei (*Aquilegia alpina*)
Alant (*Inula ensifolia*)
Bergenie (*Bergenia cordifolia*)
Bergflockenblume (*Centaurea montana*)
Blutweiderich (*Lythrum salicaria*)
Braunelle (*Prunella grandiflora*)
Duftveilchen (*Viola odorata*)
Eisenhut (*Aconitum x arendsii*)
Fingerkraut (*Potentilla aurea*)
Frauenmantel (*Alchemilla mollis*)
Funkie (*Hosta sieboldii*)
Gartenchrysantheme (*Chrysanthemum indicum*)
Geißbart (*Aruncus sylvester*)
Goldfelberich (*Lysimachia punctata*)
Herkulesstaude (*Heracleum mantegazzianum*)
Kaukasusvergißmeinnicht (*Brunnera macrophylla*)
Kissenprimel (*Primula vulgaris*)
Kokardenblume (*Gaillardia aristata*)
Kreuzkraut (*Ligularia przewalski*)
Lungenkraut (*Pulmonaria angustifolia*)
Nachtviole (*Hesperis matronalis*)
Pfennigkraut (*Lysimachia nummularia*)
Pfingstrose (*Paeonia lactiflora*)
Prachtscharte (*Liatris spicata*)
Prachtspiere (*Astilbe arendsii*)
Salbei (*Salvia superba*)
Schachbrettblume (*Fritillaria meleagris*)
Schaumblüte (*Tiarella cordifolia*)
Silberkerze (*Cimicifuga cordifolia*)
Silberling (*Lunaria biennis*)
Sibirische Iris (*Iris sibirica*)
Skabiose (*Scabiosa caucasica*)
Sonnenbraut (*Helenium*-Hybriden)
Sonnenhut (*Rudbeckia laciniata*)
Storchschnabel (*Geranium platypetalum*)
Taglilie (*Hemerocallis*-Hybriden)
Tränendes Herz (*Dicentra spectabilis*)
Trollblume (*Trollius europaeus*)
Wasserdost (*Eupatorium purpureum*)
Wasserschwertlilie (*Iris pseudacorus*)
Wiesenknöterich (*Polygonum bistorta*)

Für sandige, trockene Böden

Ballinblume (*Platycodon grandiflorum*)
Bitterwurz (*Lewisia cotyledon*)
Edelweiß (*Leontopodium alpinum*)
Fackellilie (*Kniephofia uvaria*)
Federnelke (*Dianthus plumarius*)
Feldthymian (*Thymus serpyllum*)
Feinstrahlaster (*Erigeron*-Hybriden)
Fetthenne (*Sedum spurium*)
Gemeine Schafgarbe (*Achillea millefolium*)
Geranie (*Pelargonium zonale*)
Glockenblume (*Campanula garganica*)
Goldrute (*Solidago*-Arten)
Grasnelke (*Armeria maritima*)
Habichtskraut (*Hieracium aurantiacum*)
Heidenelke (*Dianthus deltoides*)
Herbstanemone (*Anemone japonica*)
Hornveilchen (*Viola cornuta*)
Inkalilie (*Alstroemeria*)
Islandmohn (*Papaver nudicaule*)
Katzenminze (*Nepeta faassenii*)
Kissenaster (*Aster dumosus*)
Kugeldistel (*Echinops ritro*)
Lavendel (*Lavandula angustifolia*)
Lein (*Linum perenne*)
Lilien (*Lilium*-Arten)
Lupine (*Lupinus*-Hybriden)
Maiglöckchen (*Convallaria majalis*)
Nachtkerze (*Oenothera missouriensis*)
Präriemalve (*Sidalcea malveflora*)
Riesenflockenblume (*Centaurea macrocephala*)
Sandglöckchen (*Jasione perennis*)
Schneeheide (*Erica carnea*)
Schwertlilie (*Iris barbata-elatior*)
Sonnenhut (*Rudbeckia sullivantii*)
Staudenmohn (*Papaver orientale*)
Staudensonnenblume (*Helianthus atrorubens*)
Staudenwicke (*Lathyrus latifolius*)
Steppenkerze (*Eremurus robustus*)
Stockrose (*Althaea*)
Strandflieder (*Limonium tataricum*)
Wiesenmargerite (*Chrysanthemum leucanthemum*)
Wollziest (*Stachys lanata*)

Nährstoffbedarf von Gemüsepflanzen

Starkzehrer

Artischocke (*Cynara scolymus*)
Aubergine (*Solanum melongena*)

Blumenkohl (*Brassica oleracea var. botrytis*)
Brokkoli (*Brassica oleracea var. italica*)

Cardy (*Cynara cardunculus*)

Gurke (*Cucumis sativus*)

Kartoffel (*Solanum tuberosum*)
Kopfkohl (Rot-, Weiß- und Grünkohl, Wirsing) (*Brassica oleracea*)

Porree, Lauch (*Allium porrum*)

Rhabarber (*Rheum rhabarberum*)
Riesenkürbis (*Cucurbita maxima*)
Rosenkohl (*Brassica oleracea var. gemmifera*)

Sellerie (*Apium graveolens var. rapaceum*)

Tomate (*Lycopersicon lycopersicum*)

Zuckermais (*Zea mays convar saccharata*)

Mittelstarke Zehrer

Blatt-, Pflück- und Schnittsalat (*Lactuca sativa var. crispa*)

Chicorée (*Chicorium intybus var. foliosum*)
Chinakohl (*Brassica chinensis*)

Endivie (*Eichorium endivia*)

Feldsalat (*Valerianella locusta*)

Knoblauch (*Allium sativum*)
Knollenfenchel (*Foeniculum vulgare var. azoricum*)
Kohlrabi (*Brassica oleracea var. gongylodes*)
Kopfsalat, Krachsalat (*Lactuca sativa var. capitata*)

Mangold (Beta vulgaris)
– Blattmangold (*Beta vulgaris var. vulgaris*)
– Stielmangold (*Beta vulgaris var. flavescens*)

Möhre (*Daucus carota ssp. sativus*)

Neuseeländer Spinat (*Tetragonia tetragonioides*)

Paprika (*Capiscum annuum*)
Pastinake (*Pastinaca sativa*)

Radicchio (*Cichorium intybus var. foliosum*)
Radieschen (*Raphanus sativus var. sativus*)
Rettich (*Raphanus sativus*)
Rote Bete (*Beta vulgaris var. conditiva*)

Schwarzwurzel (*Scorzonera hispanica*)
Spinat (*Spinacia oleracea*)

Wassermelone (*Citrullus lanatus*)

Zucchini (*Cucurbita pepo*)
Zuckermelone (*Cucumis sativus*)
Zwiebel (*Allium cepa*)

Schwachzehrer

Acker-, Sau-, Pferdebohne (*Vicia faba*)

Bohnen (Busch- und Stangenbohnen) (*Phaseolus vulgaris*)

Erbse (*Pisum sativum*)

Feuerbohne (*Phaseolus coccineus*)

Topinambur (*Helianthus tuberosus*)

Verträglichkeit von Gemüsepflanzen

Name	Gute Nachbarn	Schlechte Nachbarn
Bohnen	Bohnenkraut, Gurken, Kartoffeln, Kohlarten, Mangold, Radieschen, Rettich, Rote Bete, Salate, Sellerie, Spinat, Tomaten	Erbsen, Knoblauch, Knollenfenchel, Porree, Zwiebeln
Chirocée	Bohnen, Knollenfenchel, Kopfsalat, Möhren, Tomaten	
Endivien	Bohnen, Knollenfenchel, Kohlarten, Porree	
Erbsen	Dill, Gurken, Knollenfenchel, Kohlarten, Kohlrabi, Kopfsalat, Mais, Möhren, Radieschen, Rettich, Rote Bete, Zucchini	Bohnen, Kartoffeln, Knoblauch, Porree, Tomaten, Zwiebeln
Erdbeeren	Bohnen, Feldsalat, Knoblauch, Kopfsalat, Porree, Radieschen, Rettich, Spinat, Zwiebeln	
Gurken	Bohnen, Dill, Erbsen, Knollenfenchel, Knoblauch, Kohlarten, Kopfsalat, Koriander, Kümmel, Porree, Rote Bete, Sellerie, Zwiebeln	Kartoffeln, Radieschen, Rettich, Tomaten
Kartoffeln	Bohnen, Dill, Kapuzinerkresse, Kohlarten, Kohlrabi, Knoblauch, Kümmel, Mais, Meerrettich, Pfefferminze	Gurken, Kürbis, Rote Bete, Sellerie, Sonnenblumen, Tomaten
Knoblauch	Erdbeeren, Gurken, Möhren, Rote Bete, Tomaten	Bohnen, Erbsen, Kohlarten
Knollenfenchel	Chicorée, Endivien, Erbsen, Kopfsalat, Pflücksalat, Radicchio	Bohnen, Tomaten
Kohlarten	Bohnen, Dill, Endivien, Erbsen, Feldsalat, Gurken, Kartoffeln, Kopfsalat, Mangold, Pflücksalat, Porree, Radicchio, Radieschen, Rettich, Rote Bete, Sellerie, Spinat, Tomaten	Knoblauch, Zwiebeln
Kohlrabi	Bohnen, Erbsen, Kartoffeln, Kopfsalat, Porree, Radieschen, Rettich, Rote Bete, Schwarzwurzeln, Sellerie, Spinat, Tomaten	
Kopfsalat	Bohnen, Dill, Erbsen, Erdbeeren, Gurken, Kohlarten, Kohlrabi, Knollenfenchel, Möhren, Radieschen, Rettich, Rote Bete, Schwarzwurzeln, Tomaten, Zwiebeln	Petersilie, Sellerie
Mangold	Bohnen, Kohlarten, Möhren, Radieschen, Rettich	Spinat als Vorkultur
Möhren	Bohnen, Chicorée, Dill, Erbsen, Knoblauch, Kopfsalat, Mangold, Pflücksalat, Radieschen, Rettich, Salbei, Schwarzwurzeln, Schnittlauch, Tomaten	
Pflücksalat	Bohnen, Dill, Knollenfenchel, Kohlarten, Radieschen, Rettich, Rote Bete, Tomaten	
Porree	Endivien, Erdbeeren, Feldsalat, Gurken, Kohlarten, Kohlrabi, Möhren, Radicchio, Sellerie, Tomaten, Zwiebeln	Bohnen, Dill, Erbsen, Rosenkohl, Rote Bete
Rote Bete	Bohnen, Dill, Erbsen, Gurken, Knoblauch, Kohlrabi, Pflücksalat, Tomaten, Zucchini, Zwiebeln	Kartoffeln, Mais, Porree, Spinat als Vorkultur
Sellerie	Bohnen, Gurken, Knoblauch, Kohlarten, Kohlrabi, Porree, Schwarzwurzeln, Spinat, Tomaten	Kartoffeln, Mais, Salat
Spinat	Bohnen, Erdbeeren, Kartoffeln, Kohlarten, Kohlrabi, Radieschen, Rettich, Sellerie, Tomaten	nicht als Vorkultur vor Mangold und Rote Bete
Tomaten	Bohnen, Chicorée, Kapuzinerkresse, Knoblauch, Mangold, Möhren, Petersilie, Radieschen, Rettich, Rote Bete, Sellerie, Spinat, Zucchini, Zwiebeln	Auberginen, Erbsen, Gurken, Kartoffeln, Knollenfenchel
Zucchini	Bohnen, Erbsen, Kapuzinerkresse, Mais, Rote Bete, Salate, Zwiebeln	Kartoffeln
Zwiebeln	Bohnenkraut, Dill, Erdbeeren, Gurken, Kohlrabi, Möhren, Rote Bete, Salate, Sellerie, Tomaten, Zucchini	Bohnen, Erbsen, Kohlarten, Radieschen, Rettich

Halbfett gedruckte Seitenzahlen verweisen auf Abbildungen.